浙江省教师教育基地(宁波大学)资助出版

本书系浙江省哲学社会科学规划课题
"对话教学的课堂话语环境研究——以浙江省中小学为例"
（课题编号：11JCJY08YB）的部分研究成果

传承与发展：
教育科学探索丛书

解释学视域下的对话教学

张光陆　著

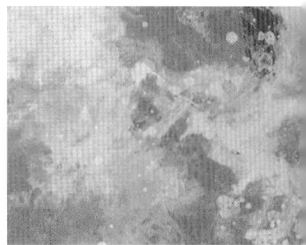

中国社会科学出版社

图书在版编目(CIP)数据

解释学视域下的对话教学/张光陆著.—北京:中国社会科学
出版社,2012.11

(传承与发展:教育科学探索丛书)

ISBN 978 - 7 - 5161 - 1674 - 6

Ⅰ.①解… Ⅱ.①张… Ⅲ.①教育哲学—解释学—研究

Ⅳ.①G40 - 02

中国版本图书馆 CIP 数据核字(2012)第 251559 号

出 版 人	赵剑英
责任编辑	夏　侠
责任校对	何又光
责任印制	李　建

出　　版	中国社会科学出版社
社　　址	北京鼓楼西大街甲 158 号(邮编 100720)
网　　址	http://www.csspw.cn
	中文域名:中国社科网　　010 - 64070619
发 行 部	010 - 84083685
门 市 部	010 - 84029450
经　　销	新华书店及其他书店

印　　刷	北京君升印刷有限公司
装　　订	廊坊市广阳区广增装订厂
版　　次	2012 年 11 月第 1 版
印　　次	2012 年 11 月第 1 次印刷

开　　本	710×1000　1/16
印　　张	18
插　　页	2
字　　数	299 千字
定　　价	49.00 元

凡购买中国社会科学出版社图书,如有质量问题请与本社联系调换
电话:010 - 64009791

总　序

教育是什么，它能做什么，又该怎样做？对这些教育最本质的问题，人们试图从不同的视角给出确切的答案，但这些答案如同回答"人是什么"一样扑朔迷离，因为教育研究的对象是活生生的人；而对人的研究，正如爱尔维修所言，人是摆在不同人们眼前的一个模特儿，每一个教育家或教育工作者都可以从不同的立场和视角考察人有关教育的某些方面，谁也不能确定是否确证了教育的全部本质与全部内涵。人是自然存在物与社会存在物的统一，无论是作为自然存在物，还是作为社会存在物，人都是一个未完成的存在。这就意味着人具有与生俱来的生成性本质。而教育的终极关怀与根本宗旨就在于：确立人在教育中的崇高地位，让教育融入人的生命与心灵发育成长的过程，让人行走在自我成长的路上，进而发展为富有个性的理想自我。人的未完成存在与教育价值追求的定在，决定培养人的教育只能是创造性的，决定教育学学科理论、知识不是先在的、现成的、制作的，只能是在教育理论和实践的探索中萌发、发展、建构的。

海德格尔认为，我们每个人都走在路上，而且是走在林中布满荆棘的路上。教育的世界里也有许多路，有通衢大道，有羊肠小道；有在场之路，也有不在场之路。教育与教育研究的魅力恰恰在于此：每条路各行其是，无论你选择什么样的道路，采取什么样的态度，信奉什么样的信念，教育只有走在崎岖的探索路上，徜徉于教育的山水之间，沉湎于教育的画卷之中，你才可以领略教育的殊异风景，领悟隐匿于丰富多彩之中的教育真谛；才有可能把准教育内在因素与外在因素的辩证关系，把握教育教学工作规律的脉搏；才会发展人的自然禀赋与潜藏的善性，促使受教育对象行走在自我成长与发展的路上。

"田庐弥望，海桑苍苍。"三江汇流的宁波，背依赤堇山，面朝大海。独特的地理环境孕育独特的人文精神：在行走中实践，在实践中进取。追溯前人的脚步：七千年前的河姆渡祖先刀耕火种，开创了中华民族新石器时期农耕文明的先河；八百年前的唐代祖先涉江过海，开凿了沟通"黄土文明"与"海洋经济"对接的通道；百年来的中国近代、现代灿如星河的"宁波帮"儒商更是以家乡、中国、世界为起航的港口，创造了一个又一个叱咤风云的商海奇迹。历世缅邈，宁波地域文化尽管不断注入时代的源流活水，其精神也逐渐演变为爱家兴邦的互助精神、张扬个性的开拓精神、锲而不舍的务实精神、信誉至上的诚信精神和兼容并蓄的开放精神，宁波人勇于探索的生命底色永远不变。

宁大人承继这种生命的底色，秉承"实事求是，经世致用"的校训，发扬"兼容并包、自强不息、务实创新、与时偕行"的宁大精神，在众多海内外"宁波帮"和"帮宁波"人士的大量帮助和广泛支持下，不断探索既适应学生长远发展需要，又满足地方发展需求的人才培养模式，使宁波大学成为一所具有鲜明特色的综合性的教学、研究并重的地方大学。作为一所地方综合性大学，历史的传统与现实的需要决定其教育学的发展必须以宁波区域教育为探索的出发点与立足点，其教育学人首先必须成为宁波区域教育田园栖居者。坚持高校为地方社会、经济、文化服务，是宁波大学的办学宗旨，同样也是宁波大学教育学学科建设的重要使命。而实现这个崇高的使命的重要途径就是行走与实践。近十年来，宁波大学教育学科一大批教授、博士紧跟前人的步伐，深入学校、深入中小学课堂，或兼职中小学副校长，或与中小学教师互换角色，不仅在宁波区域教育田园行走，而且勇于从实践中探索教育新理念、实践教育新途径和新方法，努力做到服务地方与学术研究的统一，取得了比较丰硕的教育教学和科学研究成果。为了不断推出富有原创性、继创性、可操作性的教育理论与实践成果，不断深化区域教育研究的力度、广度、深度，经过相关教育学人的认真组织、评审，决定推出"传承与发展：教育科学探索丛书"系列学术专著。这些著述都是宁波大学教育学人多年行走与实践的心血之作。他们或纵观几代天骄的教育历史，挖掘深埋其中的教育意义；或横跨一方厚土的教育田野，实践蕴育表里的教育真谛。

科学研究与学术创新的历史性特征，常常是在我们回顾探索者行走过的道路所产生的生命感动与灵魂震颤中感受到的。这些学者的学术研究起始于教育现实中的问题，承继了宁波教育先贤"行走与实践"的治学品质。行走，能够从多种因素、多个侧面、多个视角审视师与生、教与学等区域教育系统中多种矛盾对立的内容；实践，能够增长学术生命的活力与学术研究的效度与信度。风帆正举，在向"两个文明"建设进军的伟大变革中，在迎接海洋经济发展的历史机遇与挑战中，期待我们的学校，我们的老师，尤其是宁波大学教育学人，责无旁贷地肩负起历史的、时代的、职业的神圣使命，在区域教育中行走并实践，发出有特色、有影响的教育声音。是为序。

聂秋华

目　　录

导言　走向学生声音在场的对话教学

教育者不能无视学生的现实处境和精神状况，而认为自己比学生优越，对学生耳提面命，不能与学生平等相待，更不能向学生敞开自己的心扉。这样的教育者所制订的教育计划必定以我为中心。[①]

——雅斯贝尔斯

从21世纪之初的我国基础教育课程改革算起，对话教学理念的提出已经近10年了，毋庸置疑，当今"对话教学"已经成为教育领域一个耳熟能详的"老词"。但反观教学实践，许多教师仍然通过一种精心设计的"教育科学"向学生灌输着既定的客观"真理"，课堂中即使有师生的交流，教师也拥有一种"独白"真理的话语特权，不容许有学生的声音存在，学生被剥夺了表达自己见解或异见的机会，教师既不愿平等对待学生，亦不能敞开心扉去倾听学生的声音，仅仅在课堂上重复着号称是"真理"的话语。这种教学剥夺了学生的独立思考和精神自由，消弭了学生的生命存在的独特性，压制了学生的创新意识，造就了一个个标准化的"工具人"。

一　学生声音缺席的"对话教学"

自2007年以来，笔者坚持每周抽出一天时间到实验学校G中学去亲身观察、体验课堂教学实践，而且还经常不定期地参与导师所主持的多所实验学校的课题交流活动，共听了近百位教师的课。笔者发现课堂教学中

---

① ［德］雅斯贝尔斯：《什么是教育》，邹进译，生活·读书·新知三联书店1991年版，第1页。

师生的交流互动逐渐增多，过去那种教师"满堂灌"的现象则日趋减少；但是另一方面，笔者也发现了一个普遍存在的现象：在多数情况下，师生的交流以教师提问学生的方式发起，而且在师生交流中当学生的回答与教师的预设答案不一致并且超出教师的预期时，很少有教师给予学生解释自己观点的机会，大多数的教师立即选择或者自己给出答案，或者叫下一位同学回答，直到获得教师的预设答案。课堂教学中虽然师生的言语交流在逐渐增多，但是许多教师依然独享真理的最终裁判权，教师的预设答案仍然是衡量学生回应正确与否的最终标准，在这种类型的师生交流中虽然有学生的发言，但没有学生的声音。

1. 课堂交流的 IRE 模式被认为是对话教学

在教学实践中，不同的教师说着不同的"对话教学"话语。许多教师甚至简单地认为，只要课堂中有师生之间的言语交流，就是一种对话教学。笔者在实验学校 G 中学采访了多位教师，请他们描述自己的对话教学观：

> Z 老师是一位有 20 多年教龄的中学化学高级教师，他说，"基本上，学生与教师的交流就是一种对话，老师经常问，'怎么样'，这就是一种对话。我不直接问'懂了没有？'我一般会问，'下一步怎么做'，这就是一种对话。对话在课堂上分布是比较广的，这些形式都可称之为对话。对话就是一种交流。"W 老师是一位有近 20 年教龄的中学语文高级教师，她认为"对话教学的目的就是要吸引学生参与课堂交流，让学生们的思想、注意力围绕着教师的思绪转，不要让学生们开小差"。J 老师是一位有 10 年教龄的中学数学一级教师，他说，"对话起到一个反馈的作用。在与学生们的口头交流当中，从书面对话当中，我知道了学生们的知识掌握情况。"Y 老师是一位仅有两年教龄的年轻的英语教师，她说，"在英语教学中一定要有口语，我在教学中经常运用口语交际教学。"①

从这些教师的发言中可以清楚地发现，他们把对话教学等同于师生的言语交流，认为对话教学的目的在于吸引学生的注意力，让教师能够随时

---

① 引自笔者在实验学校 G 中学对教师的访谈记录。

了解学生的知识掌握情况，这位年轻的英语教师甚至把师生之间的口语交际视为对话教学。在我国当前的教学实践中，师生课堂交流①的主导模式是教师提问—学生回答—教师评价的 IRE（Initiation-Response-Evaluation）模式。IRE 模式是由美国学者卡兹登（C. Cazden）所提出的一种课堂交流中的话语结构。"I"指教师主动并主导着课堂的提问和指示，"R"指学生的被动应答，"E"指教师对学生的回答的评价。另一位美国学者，也是卡兹登的合作伙伴——梅汉（H. Mehan）通过研究指出：这种结构是出现频率最高的课堂交流结构。在我国当前的课堂交流中，情况基本如此。课堂中的提问绝大多数是由教师主动提出，学生很少主动提问，更不必说质疑教师的讲解。IRE 模式的一个重要特点就是教师所提问题的"虚假性"，换言之，教师在提问之前就已经知道标准答案了。许多教育学者指出，课堂教学中充斥着太多的由已经知道答案的教师向不知道答案的学生提问的情况，其普遍的形式就是"猜测我正在想什么"的问题，从某种意义上讲，课堂交流的 IRE 模式并非是真正的对话，而是对学生的知识掌握情况的一种变相考查，标准答案在提问之前就已经确定了，教师往往依据自己心中的预设答案对学生的回答作出评价，所以教师就容易忽视那种与其预设答案不一致的回应。梅汉认为，IRE 交流模式体现了教师的权力性、师生之间的不平等性。这种交流模式虽然被许多人冠以"对话教学"之名，但实际上行"背诵加考查"之实。

对于"对话教学"的理解不能离开对"对话"含义的考察。"'对话'的英文为'dialogue'，在希腊语中，'dia'不仅仅指'二'的意思，它还是一个介词，意思是'穿过'或'通过'，其表达的核心观点就是跨越或连接。所以对话并不仅仅发生在二人之间，它可以发生在任何数量的人之间，甚至也可以自我对话。'logos'这一术语不仅仅指'词'或'言语'，而且也指'思想'、'理智'和'判断'。"② 由此可见，对话的字面意义就是指跨越或连接不同的人之间的"思想"、"理智"和"判断"。纵观历史，许多学者被对话丰富而又深邃的含义所吸引，从不同的角度进行研究，给出了不同的对话概念，这些研究和概念给了我们许多启发和明

---

① 笔者在论文中用"交流"泛指人与人之间的所有言语互动，以区别"对话"。

② Crapanzano, V.（1990），"On dialogue", in T. Maranhao（Ed.）, *The interpretation of dialogue*. Chicago：University of Chicago Press, pp. 269 – 291.

示。例如，英国著名的学者戴维·伯姆（David Bohm）认为"对话仿佛是一种流淌于人们之间的意义溪流，它使所有对话者都能够参与和分享这一意义之溪，并因此能够在群体中萌生新的理解和共识"①。巴西著名教育学者保罗·弗莱雷（Paulo Freire）认为"对话是人与人之间的接触，以世界为中介，旨在命名世界"②。俄罗斯著名文艺理论家巴赫金（Mikhail Bakhtin）则指出"真正的对话是由不相融合的意识所构成。社会必定被理解为处在持续的对话之中，而且是多声音的和非趋同的"③。宗教神学家和教育家马丁·布伯（Martin Buber）则认为"真正的对话——无论是开口说话还是沉默不语——在那里每一位参与者都真正心怀对方或他人的当下和特殊存在，并带着在自己与他们之间建立一种活生生的相互关系的动机而转向他们"④。我国著名学者滕守尧认为"对话是一种平等、开放、自由、民主、协调、富有情趣和美感、时时激发出新意和遐想的交谈"⑤。

由于对话含义的丰富性和复杂性，到目前为止尚未出现一个主导的对话概念，从某种意义上讲，这也正是对话的魅力和吸引力所在，因为每个人都可发挥自己的想象力，使对话概念中的"未定点"或"空白"之处"具体化"，从而形成其独特的对话概念。笔者坚信，任何人都不可能一劳永逸地为对话下一个确切的定义，这是因为对话的含义本身是需要不断"对话"的。另一方面，综观以上的阐述，可以发现这些对话概念的含义虽然各不相同，但是也蕴涵着许多共同的主张：对话双方是一种平等的交往关系，任何一方的声音都不能主宰对话，对话绝不是一方向另一方的"真理"独白，对话是双方合作创造真理的行为，真正的对话是一种相互倾听、相互开放、相互融合、相互理解的过程。真正的对话教学既需要学生倾听教师的观点，又需要教师敞开自己，真诚地倾听学生的声音，即使有些学生的观点乍听起来像"毫无意义的胡言乱语"，对话教学中的真理是对话参与者合作创造的。那种最终的"真理"裁判权由教师所独享的

---

① ［英］戴维·伯姆：《尼科编．论对话》，王松涛译，教育科学出版社2004年版，第6页。

② ［巴西］保罗·弗莱雷：《被压迫者教育学》，顾建新等译，华东师范大学出版社2001年版，第38页。

③ Quantz, R. A., & O'Connor, T. W. (1988), "Writing critical ethnography: Dialogue, multivoicedness and carnival in cultural texts," *Educational Theory* 38.

④ ［德］马丁·布伯：《人与人》，张健、韦海英译，作家出版社1992年版，第30—31页。

⑤ 滕守尧：《对话理论》，台北扬智文化事业股份有限公司，1997年，第22页。

师生交流 IRE 模式绝非是真正的对话教学。例如，有学者将此种类型的交流模式称之为问答教学，"教师接连地提问，学生习惯性地举手，教师指名，学生短促地回答，教师补充讲解，下一个提问的设定……这种仪式是一种典型的问答式教学。"① 亦有学者将这种所谓的对话教学称之为"'背诵加考查'：教师提问，一个或多个学生回答问题，然后教师又问另一个问题。这种提问—回答—提问的形式被称之为背诵。它的目的主要是对学生进行测查，从而确定他们了解或理解了什么。"②

2. 学生"异向交往话语"被忽视

课堂交流的 IRE 模式是一种虚假的对话教学，是一种学生声音缺席的"对话教学"。由于教师在提问之前就已经有预设答案，而且教师往往依据自己的预设答案对学生的回应作出评价，如此一来，教师就很难敞开自己去倾听那种与自己的预设答案不一致的学生观点：

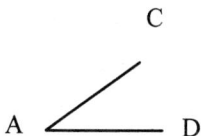

这是一堂预备年级（相当于六年级）的几何课，教师问道："哪位同学能在黑板上画出∠CAD（见上图）的补角?"。这时有位同学立即举手，教师就让他到黑板前画出∠CAD 的补角，这位同学分别延长射线 CA 和 DA，画出了∠CAD 的两个补角。很显然，这位同学的画法很符合这位教师的预设答案，教师很高兴并且说"很正确"。正要进行下一个教学环节，这时有位同学突然站起来说"老师，∠CAD 有无数个补角"。这位教师脸色一沉，说"请你再仔细考虑一下，如果再不明白，下课后再问我"。笔者发现这位同学一脸不服气，但又无可奈何地坐下了。下课后，笔者找到了这位同学，请他解释一下。他说，"这个问题其实有无数个答案，无论是否延长射线 CA 和 DA，只要在射线 CA 和 DA 上任取一点，而且画出射线 DA 和

① 钟启泉、崔允漷、张华主编：《基础教育课程改革纲要（试行）解读》，华东师范大学出版社 2001 年版，第 217 页。

② ［美］克里克山克等：《教学行为指导》，时绮等译，中国轻工业出版社 2003 年版，第 155 页。

CA 的平行线，就会有两个∠CAD 的补角。"①

在这个案例中，这位教师想当然地认为∠CAD 的补角应该以点 A 为顶点，或者教师在提问时无意漏掉了这个限定条件，或者教师没有意识到这个限定条件的必要性，总之，单凭教师的问题，认为∠CAD 只有两个补角是值得商榷的。而且这位教师由于笃信自己预设答案的绝对正确，在尚未倾听这位同学的解释之前，就先判定这位同学的观点是错误的，没有给这位同学任何解释自己观点的机会，师生之间的交流就此结束。下课后笔者也询问过这位教师，"为什么不给学生一个解释的机会？"这位教师说，"∠CAD 只有两个补角，这是很明显的事情，他却认为有无数个补角，显然他对补角的概念没有掌握。这种情况下没有解释的必要。"② 在这个教学案例中，由于这位同学的发言与教师的思路岔开，超出了教师的预期，让教师难以了解，而且教师又根据自己心中的被认为是绝对正确的预设答案对学生的发言作出评价，所以认为与这位同学没有继续对话的必要性。在现实的课堂教学中，正是因为有些教师不愿意倾听学生的声音，导致了真正的对话教学的缺失。

日本著名教育学者佐藤学把这种学生与教师思路岔开或各异的发言称为学生的"异向交往话语"③，这是他借用日本哲学家坂原资明先生对交往类型的划分而提出的一个概念。佐藤学指出，学生的"异向交往话语"特别容易被教师所忽视，这是因为教师倾向于按照自己的思路来评价学生的发言，"教师在讲台上授课时，不管怎样，总是容易按教师的思路来听学生的意见。与教师的思路岔开的'异向交往话语'，由于是教师难以了解的发言，所以特别容易被忽视。"④ 用美国新实用主义哲学家、新解释学家理查德·罗蒂（Richard Rorty）的话来说，这种"异向交往话语"就是一种"反常话语"。罗蒂区分了对话中的"正常话语"和"反常话语"："正常话语具有相互通约性，而且按照一套约定俗成的惯例来执行，这些惯例规定了什么被认为是相关的发言，什么被认为是对问题的回答，什么被认为是对那个答案的很好的论证或评论。而当有人对惯例一无所知

---

① 引自笔者对实验学校 G 中学某堂数学课的课堂观察记录。

② 引自笔者对实验学校 G 中学的教师访谈记录。

③ ［日］佐藤学：《静悄悄的革命》，李季湄译，长春出版社 2003 年版，第 46 页。

④ 同上书，第 47 页。

或不理会惯例，但又加入对话，这时反常话语就出现了……反常话语的产物可能是从毫无意义的胡言乱语到智力革命的所有事情。"① 一般来说，"正常话语"倾向于再现，它在已经接受的范式和语言游戏中运行，它所产生的结果可被有理性的一切参与者视为真理，而"反常话语"的结果就可能是一种批判、超越和颠覆。由此可见，学生的"异向交往话语"或"反常话语"具有如下特点：其一，这种话语不但与教师的预设答案不同，而且与教师的思路岔开，让教师难以了解和接受，完全超出教师的预料；其二，这种话语的产生是由于学生或者对如何回答问题一无所知，或者不理会可能的标准答案，而敢于说出自己的真实的想法；其三，这种话语正是学生存在意义和独特个性彰显的重要体现；其四，这种话语特别容易被教师忽视或拒绝。

实际上，在课堂教学中，学生"异向交往话语"的被忽视现象已经引起了许多学者的关注。一个在多篇文章中②被广泛引用的教学案例足以证明这一点。虽然这个案例的版本不尽相同，但基本内容是一致的：某位老师在课堂上问了这样一个问题："雪融化了是什么？"大部分的同学都纷纷说"水"，但是一个小学生近乎异想天开地回答道："是春天！"然而，这位老师却非常严肃地告诉他"错了"，并把"标准答案——水"写在黑板上，叫同学们用心去记住。在这个案例中，学生的回答——"春天"——就是一种与教师的思路岔开的"异向交往话语"，这样的回应超出了教师的预期，结果被老师判定为错误的答案。这样师生之间的交流就不能再持续下去，由此可见，教师对学生"异向交往话语"的拒绝或忽视是导致师生交流中学生声音缺席的重要原因。

教师忽视或拒绝学生的"异向交往话语"不但使师生交流中学生的声音缺席，更为严重的是，导致了教学的创新性缺失和学生的个体存在意义的遮蔽。在 IRE 模式中，教师对学生的不同声音表现出了一种不尊重、不宽容、不倾听的态度。只要学生的回答与教师的预设答案不一致，教师就会想尽办法压制学生的声音，竭力将教学引到自己预设的轨道上来，而学生的回应一旦被教师忽视或被评判为错误的回答，学生就不愿意再次发

---

① ［美］理查德·罗蒂：《哲学和自然之镜》，李幼蒸译，商务印书馆 2003 年版，第 302 页。

② 如：朱华贤的《也谈"雪融化了究竟是什么"》，《天津教育》2007 年第 1 期；苗作斌的《从"雪融化后是什么"谈起》，《当代教育论坛》2002 年第 4 期；曾文广的《雪融化了是什么》，《思维与智慧》2002 年第 8 期。

言，也不敢再坚持自己的观点，学生只能按照教师的预设方向前行，用教师的思考来代替自己的独立思考，长此以往，学生就会荒疏自己的独立思考和自由批判的能力。所以课堂教学就会按照教师的预设思路在前行，课堂教学中就不会出现碰撞的火花，课堂教学就不会以一种丰富而又深刻的方式展开，就会缺乏生成性和创新性。这种教学模式显然不利于学生的独立性、自主性以及质疑、调查、探究等能力的培养。正如佐藤学指出的那样，教师忽视或拒绝学生的"异向交往话语"，会挫伤学生的发言积极性，这个学生可能不愿再次发言了，所以他指出，"在课堂教学中没有比倾听'异向交往话语'更重要的了……耐心地倾听'异向交往话语'就能使教学中的交往丰富而深刻地展开。"① 长期以来，我国教育中所存在的"千校一面，千人一面"的同质化现象一直被国人所诟病。像课堂交流 IRE 模式这样的同质化教学把学生塞进预先设置好的模子中，让学生按照教师所预设的标准成型，生产了一个个具有同质性而缺乏独特人格的"群众人"。已逝的科学巨匠钱学森先生认为，导致我国教育缺乏创新性的一个重要原因在于学校教育中缺乏那种"想别人未想到的东西，说别人未说过的话"的教学精神。毫无疑问，当今的中国已经成为"世界工厂"，成为一个名副其实的世界"制造大国"，但是中国远非是一个"创造大国"，正是因为我国创造能力和创新精神的缺失，我们不掌握许多产品的核心技术，只能沦为为发达国家"打工"的地步，赚取微薄的利润。有报道指出，"中国产品只是处于获利链的最低端。如中国企业每出口一台 DVD，售价 32 美元，交给外国人的专利费是 18 美元，成本 13 美元，只能赚取 1 美元的利润。一台售价 79 美元的国产 MP3，国外要拿走 45 美元的专利费，制造成本要 32.5 美元，中国企业获得的纯利润只有 1.5 美元。就算是中国微波炉第一大品牌格兰仕，其利润率也是低至 3%—5%。过低利润使企业难以积累雄厚资金搞自主技术开发，没有自主技术开发，则只能从事低级的组装加工，获取低利润，这种低层次循环永远不能导致中国企业的进化升级，难以形成和长远维持世界级的知名品牌。"②

更为严重的是，这种同质化的课堂教学剥夺了学生的个人认识与表达的独创性，使课堂中的知识像市场上流通的商品一样被剥夺了"原创性"

---

① ［日］佐藤学：《静悄悄的革命》，李季湄译，长春出版社 2003 年版，第 47—49 页。
② 《孙善广为什么不是中国创造？》，《中国社会导刊》2006 年第 23 期。

和"非人称化",这样的知识"是一种既丧失了唤起想象力又丧失了产出新思考的知识,在丧失了主体、经验、背景、价值这一点上,也许把它称之为信息来得妥当"。① 这样就使学生丧失了自己的主体性和个性,而同化为普遍化的"学生"这一角色,转化为多数的"某一位"(somebody),从而遮蔽了学生个人的存在意义。学生只能行走在老师已经预设好的划一化的道路上,其结果必然戕害学生的个体精神自由。而缺失了个体精神自由的学生自然也就缺乏创造、探究的欲望与冲动。

如果在师生的交流中,仅仅能够听到教师的声音,而学生没有表达自己见解或异见的机会,如果课堂仅仅成为教师"独白"所谓的正确话语的舞台,那这种类型的师生交流就不是真正的对话教学。

二 学生"异向交往话语"的可对话性:
从传统认识论到新解释学

既然教师忽视或拒绝学生的"异向交往话语"会导致如此严重的教学后果,那么为什么许多教师依然如此行动呢?对这一问题的回答必须将另外一个问题的回答置于优先位置,那就是从哲理上讲学生的"异向交往话语"是否具有可对话性?所谓"可对话性"是指具有对话的可能性。

1. 传统认识论:"异向交往话语"的不可对话性

传统认识论植根于亚里士多德的逻辑和分类系统、笛卡尔的二元论、洛克的白板说以及康德的唯心主义,认为知识必须建立在某种"基础"之上,这种"基础"是独立于人的中性客观的东西,是我们评判、比较以及选择不同知识的标准。传统认识论具有两大特点,一是主张"真理符合论",二是主张"基础主义"。所谓"真理符合论"是指真理即人的心灵对客观现实的正确反映,是"主观"对"客观"的符合,一种"镜式"本质论。所谓"基础主义"是指人具有一个恒定的本质,在人类生活、思想和艺术实践中存在着一种"第一原理",在宇宙中存在着一种使一切话语的可通约性(commensurability)得以成立的本质性知识,即共同基础的最大值。传统认识论认为"正常话语"具有可通约性,具有可对话性;而"反常话语"或"异向交往话语"不具有可通约性,不具有

---

① [日]佐藤学:《课程与教师》,钟启泉译,教育科学出版社 2003 年版,第 118 页。

可对话性。传统认识论并非否定对话，而是认为对话只能发生在具有相互通约性的"正常话语"之内。"真理"是客观的，是放之四海而皆准的，而教师往往被认为是这种"真理"的化身，所以教师的预设答案就是完全正确的，是毋庸置疑的，秉持这样一种"真理"观的教师自然认为自己的预设答案就是终极性的理解，而学生的"异向交往话语"是错误的，是不完整的，是不具有可对话性的。

但是罗蒂认为，不仅"正常话语"具有可对话性，而且"反常话语"也具有可对话性。罗蒂当然不是在传统认识论中寻求这种"反常话语"的可对话性，而是求助于以伽达默尔的哲学解释学为理论基础的新解释学。罗蒂是伽达默尔的哲学解释学思想在北美大陆的主要倡导和传播者之一。

2. 新解释学："异向交往话语"的可对话性

解释学（Hermeneutics）① 一词与希腊神话中的信使神赫尔墨斯（Hermes）直接相关。赫尔墨斯的任务就是把奥林匹亚山上的众神的旨意和消息迅速传递给人世间的凡夫俗子。由于众神的语言和人间的语言不一致，所以这种传递就不是简单的报道，而是需要翻译和解释的，由之而形成的"解释学"则是一种理解、阐明与解释的技术。从总体上说，解释学的发展经历了一个从特殊解释学到普遍解释学、从普遍解释学到哲学解释学以及围绕着哲学解释学展开的批判和回应的演变过程。其中蕴涵着两次大的转变，首先是从作为解释技艺的特殊解释学到作为一般方法论的普遍解释学，其次是从作为一般方法论的普遍解释学到作为本体论的哲学解释学。在伽达默尔的哲学解释学诞生之前的解释学不管是对个别片断的解释规则的收集还是作为解释科学和艺术的解释规则体系，以及作为精神科学的普遍方法论，都主要关注于理解和解释的方法。"纵观解释学的发展，我们一般可以区分为两种解释学：一种是以方法论为主要取向的解释学理论或解释理论，其代表人物有施莱尔马赫（Schleiermacher F. D. E.）、狄尔泰（Wilhelm Dilthey）以及以后的贝蒂（Emilio Betti）和伦克（Hans Lenk）等；一种是以存在论（本体论）为主要取向的解释学哲学，其代

---

① 关于 Hermeneutics 一词的翻译，在国内主要有三种译法：一为解释学，二为诠释学，三为阐释学，笔者在行文时一律用解释学，但是在引文中可能出现诠释学或阐释学等字样，在书中笔者对这三个术语的意思不再作区别。

表人物是海德格尔（Martin Heidegger）、伽达默尔以及以后试图批判和综合哲学解释学的哈贝马斯（Habermas J.）、利科尔（Paul Ricoeur）和阿佩尔（Karl-Otto Apel）等。"① 罗蒂把以方法论为主要取向的解释学称之为传统解释学，而把以存在论（本体论）为主要取向的解释学称之为新解释学。

无论是施莱尔马赫还是狄尔泰的解释学主张，基本上都沿袭了西方传统哲学的认识论取向，因此他们的解释学都可称之为方法论解释学，他们认为文本理解的过程是一个复制或再现的过程。而伽达默尔的哲学解释学认为，作品的真正意义并不存在于作品本身之中，而是存在于对它的不断理解和解释之中，理解的本质不是复制或模仿，而是创造。伽达默尔认为，解释者和文本具有不同的视域，理解的过程就是两种视域的不断交融，不断对话，直至"视域融合"，形成一个新的视域。任何的理解都是"视域融合"的过程，都是对话的过程。哲学解释学认为，任何个人都不可能掌握事物的全部真理，真理存在于人与人之间的不断对话之中。

罗蒂继承和发展了伽达默尔的解释学理论，对传统认识论提出批判，他认为传统认识论是一种发现可依赖的（外在于自身的）基础的愿望，罗蒂希望我们抛弃这种依靠并接受人类当前状况的暂时性、知识的不确定性、自我的偶然性。为此，"罗蒂要求哲学脱离认识论—可证实性方式的偏见，转向诠释性—历史性方式，从与现实相互作用的角度来考虑知识，并发展一种'实践而非理论'的词汇"。② 所以罗蒂主张用新解释学取代传统认识论，并且指出了"反常话语"的可对话性。罗蒂认为，"反常话语"的目的不在于追求共同的可通约的"基础"，而在于教化，从解释学的角度来看，"反常话语"也是可对话的。"用教化一词来代表发现新的、较好的、更有趣的、更富成效的说话方式的这种构想。去教化的企图，可能就是在我们自己的文化和某种异国文化或历史时期之间，或在我们自己的学科和其他似乎在以不可公度的词汇来追求不可公度的目的的学科之间建立联系的解释学活动。"③

教化（Bildung）被伽达默尔视为人文主义传统的几个主导概念之一，

---

① 洪汉鼎：《诠释学——它的历史和当代发展》，人民出版社2001年版，第30页。

② Rorty, R. (1982), *Consequences of Pragmatism.* Minneapolis：University of Minnesota Press p. 202，转引自多尔著《后现代课程观》，王红宇译，教育科学出版社2000年版，第185页。

③ ［美］理查德·罗蒂：《哲学和自然之镜》，李幼蒸译，商务印书馆2003年版，第338页。

从根本上看，是一种"极其深刻的精神转变。"① 伽达默尔认为18世纪德国的人文主义传统对教化一词的贡献有两点。其一是区分了教化与一般培养或教育，伽达默尔写道："教化的结果总是处于经常不断的继续和进一步教化之中……教化没有自身之外的目的……教化概念超出了对天赋的自然素质单纯培养的概念，尽管它是从这样的概念推导出来的。"② 一般的教育或培养只是发展人类自己本身的自然素质和能力的特定方式，而教化主要指一种自己存在或品性的获得。一般的教育或培养仅仅是一种单纯的手段，本身不是目的，而教化在自身之外没有目的，它本身就是目的。其二是德国人文主义传统论证了教化的辩证结构，即异化和返回的结构。"人之为人的显著特征就在于，他脱离了直接性和本能性的东西，而人之所以能够脱离了直接性和本能性的东西，就在于他的本质具有精神的理性方面——人按其本性就不是他应当是的东西——因此，人就需要教化……使自身成为一个普遍的精神存在。谁沉湎于个别性，谁就是未受到教化的。"③ 这就是教化的异化方面，即舍弃自己的特殊性，从而成为一个普遍的精神存在。但是，单纯的异化并非是教化的根本特征，教化的根本特征是在他物中重新认识自己，"在异己的东西里认识自身，在异己的东西里感到是在自己的家，这就是精神的基本运动……构成教化本质的并不是单纯的异化，而是理所当然以异化为前提的返回自身。"④ 教化不仅使精神历史地实现向普遍性的提升，而且还要求在他物中找到自己的家，使自己重新返回到自身，正是在这种自身异化的过程中，我们才重新发现了自己。所以，教化就是人在精神上走出自身、获致"普遍性"，同时又返回自身的辩证过程。黑格尔认为这种教化的异化和返回的辩证过程有个终点，即在哲学的绝对知识中达到完全实现。但是伽达默尔否认这种教化的辩证运动有一个终点，他认为，"完满的教化"并不是一个终点，而是指一个无限的发展过程，它永远只能是一个不断要去实现的理想。这种精神的异化和返回的辩证运动是一个无限进行、无止境的过程，精神的运动总是通过离开自己熟悉的家园到陌生的不熟悉的世界去，在陌生的世界中找到自己的家，从而返回自身。教化过程的无止境性也表明了理解或对话过

① ［德］伽达默尔：《真理与方法》，洪汉鼎译，上海译文出版社2004年版，第10页。
② 同上书，第13页。
③ 同上书，第14页。
④ 同上书，第17页。

程的持续性。

教化概念表明了人的精神运动过程，有学者认为，教化是一种"启蒙和自由的实践，教化是精神的引导和创造的结合，是启迪与自我建构的结合。教化所面对的是在追求真、善、美的过程中精神的自由创造……在尊重个人自由的基础上促使人的精神的成长、发展和自我形成"①。对于学生来说，走出自己熟悉的家园，来到外面陌生的世界，接受所谓的客观知识，这仅仅是教化的第一步，但是教化的完成还需要学生返回自己的"家"，找到客观知识的个人意义，彰显自己的存在价值，获得个人品性，从而不断提升自己的精神自由。正如史密斯（David G. Smith）指出的那样，教学的最终目的在于教化，而不是获得所谓的客观真理。"从终极意义上讲，教学只有一个正当理由，一个将不同文化、不同时代、不同地域的教师联合在一起的理由：教与学的目的在于启迪（教化）——这个词有双重含义：一是将光明带给某个情境，一是照亮（减轻）人类经验的重负。"②

3. 从传统认识论到新解释学：教育完整性的必然要求

新解释学和传统认识论有着不同的真理观。传统认识论将真理问题看做那种以命题形式出现的判断与对象的符合，持一种经验性的、对象性的思维方式，把存在归结为"物性"，只想穷究万物之"属性"，但是那种以认识对象为唯一标准，作为实践工具的真理，则可能与人的存在隔膜，甚至成为一种与人怎样立身处世这一生命意义无关的真理，使真理丧失了本体论意义。传统认识论视角下的学习仅仅走了一半的路程，完整的学习是不能脱离"返回自身"的运动的。如果学生的学习仅仅局限于认知层面，即使他的学习能力很强，他的精神也是匮乏而不健全的。生命及其价值失去了终极的根出，工具价值凌驾于生命价值，人的生命存在降格为物的存在。正如雅斯贝尔斯所言，"教育是人的灵魂的教育，而非理智知识和认识的堆集。"③ 教育不是一种技术性实践，其本真价值不在于传递客观知识，而是作为一种符合人性生活方式的文化和价值体验，其根本意义

---

① 金生鈜：《规训与教化》，教育科学出版社 2004 年版，第6—8 页。

② ［加］史密斯：《全球化与后现代教育学》，郭洋生译，教育科学出版社 2000 年版，第231 页。

③ ［德］雅斯贝尔斯：《什么是教育》，邹进译，生活·读书·新知三联书店 1991 年版，第4 页。

在于寻找精神之根，追寻、提升个体的精神自由和生活意义，从而不断深化自我理解。伽达默尔赞同海德格尔的看法，"坚决抛弃这种异化真理观，确信真理就是存在的敞亮，即展露自身随之揭示他者的澄明过程。质言之，真理就是去蔽，就是对人生意义的本真阐明。"① 所以没有学生"返回"自身的教育就不是完整的教育。"科学中根本不存在作为立身之本和对终极价值叩问的东西，因此也就没有绝对价值可言……作为人类存在的不可或缺基础的科学思维方式，应该在一个自身有限范围为人的生成造福，相反，对人的本体追问则是人的深度价值所在。"② 伽达默尔的哲学解释学克服了传统认识论的二元论框架，用对主体性的追求取代了对客体本质和规律性的认识。

同时二者又是一种互补的关系。罗蒂指出用新解释学代替传统认识论，这并不意味着完全否定传统认识论的作用，二者都有其存在的价值。"正常话语"和"反常话语"是对话的两个方面，二者不是相互竞争而是相互补充的关系。"正常话语"是"反常话语"的基础，正如生成性的解释总是依赖于传统那样，但是没有"反常话语"我们就不能超越自身，不会产生任何新解释。这正如布鲁纳（Bruner）所指出的那样："除了逻辑的、分析的、科学的思想方式，还有另外一种可与之互补的方式——即隐喻的、描述的、诠释的方式……对于前者，教师希望获得讲解的精确性；对于后者，教师希望'保持会话继续'。"③

三　基于学生"异向交往话语"的对话教学：有待进一步研究和完善

从解释学的视域看，学生的"异向交往话语"具有可对话性，倾听、尊重、宽容学生的"异向交往话语"是教育完整性的必然要求，但是在我国的教学实践中，许多教师忽视或拒绝学生的"异向交往话语"，使学

---

① 王岳川：《现象学与解释学文论》，山东教育出版社 1999 年版，第 207 页。

② ［德］雅斯贝尔斯：《什么是教育》，邹进译，生活·读书·新知三联书店 1991 年版，第 30 页。

③ Bruner, J. (1986), *Actual Minds, Possible Worlds*. Cambridge, MA: Harvard University Press, Chapter 2, 转引自多尔著《后现代课程观》，王红宇译，教育科学出版社 2000 年版，第 240 页。

生的声音在师生交流中缺席，所以探究这些教师如此行动的原因必然具有非常重大的价值。当然，原因的探究仅仅是问题解决的第一步，重要的还要研究如何使学生声音缺席的"对话教学"转变为学生声音在场的对话教学。

综观国内外的研究，已经有许多学者意识到了学生"异向交往话语"的教育价值，并进行了一些初步的研究，亦有不少学者从解释学的角度对对话教学展开了研究，并且取得了许多有价值的成果，笔者的研究离不开对这些奠基工作的借鉴与反思。

1. 基于学生"异向交往话语"的对话教学之历史考察

虽然苏格拉底被普遍认为是"对话教学"的鼻祖，但是由于苏格拉底在对话中并没有尝试去倾听对话伙伴的不同观点，反而总是试图引导对话伙伴朝自己所期待的方向前进，所以从根本上讲苏格拉底是忽视"异向交往话语"的可对话性的。20世纪维果茨基的"支架式"教学虽然强调师生和生生之间的合作，但是由于对话的目标在开始对话之前就已经由教师或水平更高的伙伴确定好了，所以与实现目标不一致的"异向交往话语"是不可能得到尊重的。被誉为"万圣之师"的孔子虽然倡导启发教学，但是孔子也经常以"全知者"的姿态出现，并没有以一种完全平等开放的态度面对学生。总体而言，与学生"异向交往话语"的对话是在伽达默尔的哲学解释学诞生之后才开始的。

虽然解释学与教育的联系在古希腊时期就已经存在了，例如当时对诗的解释就被视为一种重要的教育实践，但是从解释学的角度对对话教学进行研究的历史并不长。这是因为解释学虽然已经有漫长的历史，但是直到伽达默尔哲学解释学诞生之前，解释学一直作为一门如何获得文本或作者原意的技艺而存在，从根本上讲不主张读者与文本或作者之间进行对话。从20世纪70年代末期开始，应用伽达默尔的哲学解释学理论的教育研究逐渐增多，其中加拿大阿尔伯塔大学已经成为国际上用解释学和现象学理论研究教育问题的一个重要堡垒。其代表人物主要有大卫·史密斯（David G. Smith）和马克斯·范梅南（Max Van Manen）等。

史密斯教授现为加拿大阿尔伯塔大学著名的教育学教授，从20世纪70年代末开始，他就开始运用现象学和解释学理论探讨教育问题，近来他的研究中心逐渐转移到全球化与当代教育的关系上来。1991年，他发表了《解释学想象力与教学文本》，该文是他用解释学理论研究教育问题的一篇力作。在该文中，史密斯认为，解释学想象力能够让人们跨越民族和文化的界限，使那些表面上相互不和的民族和传统之间进行对话。这是因为解释学能够让人们摆脱僵化的传统观念，以一种新的视角看待自己和他人，发现能够让彼此交流的空间。史密斯强调解释学想象力在对话教学中的作用。"阐释学想象力总是不断地追问有哪些东西以独特的言论和行动方式相互作用着，以期推动对于世界的总体性和整合性的不断深入的理解——只有这样才能进行思考和行动。"① 史密斯还进一步指出解释学想象力的要求。

范梅南也是阿尔伯塔大学的著名教育学教授。较之于史密斯，国内对范梅南更为熟悉，他的著作《教学机智——教育智慧的意蕴》以及《生活体验研究》都被译成汉语，在国内引起很大反响。范梅南是一位现象学—解释学教育学者，他的"机智"一词用来指人类互动的一种特殊品质。在范梅南看来，教育机智不但表现在师生之间的主体间性的交往之中，还表现在教师对课程内容的理解和解释之中。范梅南认为，教育学理解和教学机智实际上是同一过程的两个方面，而教育学理解就是对孩子在具体的情境中生存和成长的一种实际的解释学。"教育学理解是一种敏感的倾听和观察……它包含了反思性的和交互作用的因素。"②

另外，加拿大英属哥伦比亚大学的教育学教授卡罗琳·希尔兹（Carolyn M. Shields）以伽达默尔的解释学理论为基础，提出了对话即理解的观点。她从如下方面论述了师生之间如何开展对话："保持开放性、情境的重要性、时刻保持警惕、承诺倾心投入、确认他人的本意、真诚提问等"。③ 希尔兹还特别指出对话需要建立高度民主的"异质化社区"。

在北美大陆，除了加拿大之外，美国也有不少学者以解释学为理论基础进行对话教学研究。阿特肯斯（E. Atkins）从解释学的视角对课程理论和对话教学实践进行了研究。她指出，"解释学视角下的对话不是探究

① ［加］史密斯：《全球化与后现代教育学》，郭洋生译，教育科学出版社2000年版，第125页。

② ［加］范梅南：《教学机智——教育智慧的意蕴》，李树英译，教育科学出版社2001年版，第111—112页。

③ ［加］卡罗琳·希尔兹、马克·爱德华兹：《学会对话：校长和教师的行动指南》，文彬译，教育科学出版社2009年版，第70—78页。

真理的伪装形式，而是促使参与者作出明智选择的活动。"① 1987 年，阿特肯斯向美国教育研究协会提交了论文《以解释学和实践重建课程理论：解释学的视角》，尝试以解释学的概念和方法重新界定课程研究。她总结道："解释现象学依赖于这些观念：历史意识、实践智慧、对话、解释、共同体和语言。海德格尔、伽达默尔和罗蒂都相信人类生活和文化的历史真实性，相信真理、知识和道德植根于传统和社会实践。"② 伊利诺斯大学教育学教授博布勒斯（Nicholas C. Burbules）把对话分为四种类型，其中之一是以伽达默尔的哲学解释学为理论基础的"谈话型（conversation）对话"。博布勒斯指出了这种类型的对话的两个重要特征：其一是宽容对话伙伴，其二是对话的目的不在于达成合意。另一位美国著名教育学者肖恩．加拉格尔（Shaun Gallagher）在《解释学与教育》一书中，把当代的解释学流派分为四种类型③：即以贝蒂和赫希为代表的保守（conservative）解释学、以伽达默尔为代表的中庸（moderate）解释学、以哈贝马斯为代表的批判（critical）解释学、以德里达为代表的激进（radical）解释学。加拉格尔认为，以伽达默尔的中庸解释学理论为基础的教育观从本质上讲就是一种对话教育观。他认为对话的缘由就是理解总是受到传统的限制，所以理解总是意味着不同的理解。而对话的过程就是一个不断自我超越的过程，是一个不断加深自我理解的过程，也是一个不断生成新的理解的过程。加拉格尔还特别强调了实践智慧在对话过程中的作用。

日本的佐藤学教授虽然提及教师倾听学生"异向交往话语"的重要性，但是他的研究多聚焦于意义层面，对于学生"异向交往话语"的可对话性的哲学基础以及如何展开对话，佐藤学并没有展开论述，这或许与佐藤学没有从解释学的角度来研究这一问题有关。

我国的对话教学研究以 2001 年新课程改革为分界点，根据笔者在中国学术期刊网获取的数据，从 1979 年到 2000 年，没有一篇有关对话教学

---

① Atkins, E. S. (1988), "The relationship of metatheoretical principles in the philosophy of science of metatheoretical explorations in curriculum", *Journal of Curriculum Theorizing*, 8 (4), pp. 60 - 86.

② Atkins, E. S (1988), "Reframing curriculum theory in terms of interpretation and practice: A hermeneutical approach", *Journal of Curriculum Studies*, 20 (5), p. 438. 转引自派纳等著《理解课程（上、下）》，张华等译，教育科学出版社 2003 年版，第 444 页。

③ Gallagher, S. (1992), *Hermeneutics and Education*. Albany: State University of New York Press, pp. 9 - 11.

研究的博士或硕士论文，正式发表的期刊论文共有 44 篇（其中 9 篇是连载，1 篇论文被重复了 4 次，1 篇被重复 2 次），实际上仅有 32 篇，这 32 篇论文主要针对某一学科的教学（其中英语教学占到 20 篇左右）或某篇文章的教学，仔细阅读就会发现，这里所谓的对话教学实际上更多的是语言交际教学，不是真正意义上的对话教学。从 2001 年新课程改革以来，有关对话教学的论文、专著像雨后春笋般涌现，根据笔者的统计，从 2001 年到 2009 年，关于对话教学的博士论文有 4 篇，分别是张增田的《对话教学研究》（西南大学，2005），沈晓敏的《对话教学的意义与策略》（华东师范大学，2005 年），冯茁《论教育场域中的对话》（东北师范大学，2008 年），许丽莹《中国大学英语课堂中的对话教学》（上海外国语大学，2008 年）；硕士论文有 44 篇；正式发表的期刊论文多达 500 多篇；有关对话教学的专著有 3 部，还有多部著作的章节中涉及对话教学研究。这些研究涉及对话教学的本体论、意义、理论基础、应用和建构、形式和模式等多个方面。应该说在如此之多的有关对话教学研究的作品之中再挖掘出新意来，确实不是一件易事，但是经过笔者仔细阅读发现，这些研究基本上忽视了如何与学生"异向交往话语"进行对话，有的作品即使提及对话教学应该尊重学生的不同观点，但是并没有展开论述。

虽然国内的许多论文和著作在论述对话教学的理论基础时提及了伽达默尔的哲学解释学理论，但是从解释学的角度展开对话教学研究的著作或论文并不多见，其中金生鈜教授和熊川武教授的研究比较深入。金生鈜教授在《理解与教育》一书中，以伽达默尔的哲学解释学为基础，论证了师生交往关系的建构，他指出，"师生之间的对话和相互作用的交往是以理解为导向的。对话就是教师和学生相互理解的过程。教师和学生在教育中进行交往就必须形成相互理解，教育与对话必须以理解为定向。"① 他认为，以理解为导向的师生对话具有如下特点：第一，师生作为完整的人之间的理解与沟通；第二，强调师生双方真正的平等；第三，是一种精神与心灵的沟通，相互"敞开"自己的精神世界；第四，强调师生之间的共享。熊川武教授在《理解教育论》一书中，在论述理解的本质时，提

---

① 金生鈜：《理解与教育——走向哲学解释学的教育哲学导论》，教育科学出版社 1997 年版，第 135 页。

及理解具有对话性，并指出理解教育的实质①：师生同益、感情先行、强德富智、笃行不懈，但作者并未展开论述师生之间的对话关系。另外冯茁的博士论文《论教育场域的对话——基于教师视角的哲学解释学研究》（东北师范大学，2008年），主要关注于教育对话的本体论研究，从教师与学生、教师与课程、教师与自我以及教师与研究者等不同角度论述了教育对话的不同特征。教育学者邓友超的著作《教育解释学》主要探讨了教育解释学的"原意"，教育解释学的主体、情境、语言以及行动"意味"，但没有聚焦于师生对话。

这些学者的研究从不同的角度论述了解释学理论在对话教学中的作用。史密斯强调解释学是一种想象力。很显然，这样的一种想象力对于那些试图与学生"异向交往话语"展开对话的教师来说是必需的。当然，对教师而言，仅仅有想象力是不够的，教师还需要有对课堂情境的敏感、在与学生互动过程中的教学机智，而这正是教师实践智慧的集中体现，也是范梅南的研究重点。阿特肯斯、博布勒斯、加拉格尔、金生鈜以及熊川武等则重点阐述了解释学视角下的对话教学的特点与意义。相对而言，希尔兹更关注于师生之间如何对话，特别指出对话教学需要把学校构建为一个高度民主的"异质化社区"。这些学者的研究为如何开展与学生"异向交往话语"的对话奠定了一定的基础，但是他们的研究或者侧重于对话教学的某一方面，或者仅仅提出了一个理论构架，并未详尽阐述。总之，他们并未聚焦于与学生"异向交往话语"的对话。

2. 本研究的思路

在课堂交流中，学生的"异向交往话语"正是学生的个体存在意义彰显的一个重要方面，对学生"异向交往话语"的倾听、宽容并与之对话就是一种学生声音在场的对话教学。虽然学生的"异向交往话语"具有重要的教育价值，但是在我国的课堂交流中却经常容易被教师忽视，本研究将以如何展开与学生"异向交往话语"的对话作为主线。除师生之间的交流之外，完整意义的课堂交流还包含生生之间的交流，在书中虽有涉及，但并未作为重点展开论述，本书的研究重点在于师生之间的交流。

传统认识论思维使许多教师在课堂交流中总是试图引导学生获得教师的预设答案或标准答案，认为学生的"异向交往话语"不具有可对话性，

---

① 熊川武、江玲：《理解教育论》，教育科学出版社2005年版，第33—45页。

这就需要教师转变传统认识论思维，以一种解释学意识对待学生的"异向交往话语"。大致而言，本研究主要分三个主要部分：其一是通过对解释学视域下的对话思想进行梳理，从哲学的角度论证学生"异向交往话语"的可对话性以及阐明各种对话思想的教学意蕴；其二是对解释学视域下的对话教学进行本体研究，其目的在于凸显此种类型的对话教学与其他类型的对话教学在含义、价值、课堂实践形态等方面的异同；其三，对解释学视域下的对话教学的实践应用进行研究，研究的重点在于探寻教师拒绝或忽视学生"异向交往话语"的缘由，在教学实践中教师如何展开与学生"异向交往话语"的对话以及所需要的课堂话语环境等。

具体而言，本研究主要从以下几个方面展开：

1. 不同的解释学流派中的对话思想；

2. 对话教学的不同类型以及解释学视域下的对话教学类型；

3. 解释学视域下的对话教学的含义、价值与课堂实践形态；

4. 解释学视域下的对话教学类型在教学实践中的实施：对师生的要求；

5. 解释学视域下的对话教学类型在教学实践中的实施：对课堂话语环境的要求；

6. 对解释学视域下的对话教学类型在教学实践中的反思。

另外，需要特别说明的是，本研究主要采用一种质性研究方法。通过问卷调查和访谈的方式研究当前我国师生的对话观，通过课堂观察的方式研究教师在师生交流中的具体表现，通过文献研究法了解历史上已有的研究，通过说理和案例的方法进行论述。

第一章　解释学视域下的对话思想

> 理解其实总是这样一些被误认为是独自存在的视域（Horizont）的融合过程。[①]
>
> ——伽达默尔

文本理解者与文本或作者之间是否是一种对话关系？这一直是不同解释学流派争论的焦点之一。由于特殊解释学和普遍解释学或认为文本真理内容或认为作者的原意是固定不变和唯一的，所以认为文本的理解和解释过程就是理解者单方面"倾听"文本或作者的过程，文本的真理内容或作者的原意处于想当然的权威地位，理解者不能挑战这种权威地位，只能想方设法地去发现文本的真理内容或作者的原意，文本的真理内容或作者原意成为衡量解释正确与否的标准。理解者被认为只有在消解了自身的个体性和历史性的前提下，才有可能实现理解，这是一种"独白式"的文本理解方式，所以不论是特殊解释学抑或是普遍解释学都认为理解者与文本或作者之间的对话是不必要的。正相反，伽达默尔的哲学解释学提出了"对话式"的文本理解模式，认为理解不是复制，而是创造，理解正是人的一种存在方式，理解总是意味着不同的理解，文本的理解过程是理解者与文本之间的一种"对话"过程，一种读者与文本展开的相互"问—答"过程。另一方面，伽达默尔的"对话式"文本理解观自诞生之日起，就受到各方面的质疑与批判。针对这些批判和质疑，伽达默尔一方面提出了自己的回应和反驳，另一方面也汲取了他们当中许多有价值的观点，正是这种批判—反驳—再反驳推动着解释

[①] ［德］伽达默尔：《真理与方法》，洪汉鼎译，上海译文出版社2004年版，第396页。

学理论不断向前发展。从某种意义上讲，这种批判—反驳—再反驳的关系不正是一种"对话"关系吗？

纵观解释学与对话关系的历史发展，大致可分为三种情况：传统解释学认为对话是不必要的，对话在文本理解过程中处于一种缺席状态；哲学解释学主张文本理解是一个对话的过程，对话开始出场；当代不同的解释学流派围绕着伽达默尔的"对话式"文本理解观展开了激烈论争。

第一节　对话的缺席、在场与纷争：解释学视域下的对话思想之历史考察

一　传统解释学：对话的缺席

传统解释学认为：理解和解释的过程是一种复制和再现的过程，文本的理解是一种"独白"模式，在理解和解释的过程中，对话是没有必要的。需要特别指出的是，关于狄尔泰的理解观是否具有对话性，不同的学者持不同的看法。

（一）传统解释学的主要类型

1. 特殊解释学

对"解释学"一词最古老、也可能是最为广泛的理解，就是指《圣经》解释的原则。《圣经》作为上帝的书，被看做是负载上帝旨意的神圣文本，本身具有一个超出其具体内容的真理要求，而这种要求必须被阐明出来，因此圣经解释学就是对上帝的话的注释学。马丁·路德的"因信称义"论主张，每个人获得拯救是因为自己内心信仰上帝而不是遵守教会的教条，所以上帝存在的意义就在于每个人对《圣经》的理解与解释之中，这样就极大地促进了解释学的发展。但是不管是教会的教条还是个人的圣经解释，都认为圣经的意义是确定的，圣经中的真理是固定不变的。特殊解释学中的另一重要类型就是法学解释学。法学解释学开始于古罗马帝国时期，特别是查士丁尼一世制定的罗马法《法典》为西方法学解释学的发展提供了基础。在法律案例的判决中，法官认为法律条文的意义是确定的，法学解释学的目的就在于发现这种确定的法律意义。解释学是作为对《圣经》以及法典的一种解释技艺发展起来的。

早期解释学的基本目标就是努力形成对圣经文本中的教义和法律文献

中的法律意义正确解释的技术。不管是圣经还是其他经典文本，都被视为有一个超出其具体内容的真理要求，而这种要求必须被阐释出来。不管是圣经文本中的教义还是法律文献中的意义都是固定不变的，其真理内容是毋庸解释者置疑的。解释圣经或法律的目的不在于探究圣经或法律条文的意义，而在于将这些意义应用于具体的情境中，解决现实的问题。这种应用是把一般应用于个别，而个别服从于一般。特殊解释学的基本任务就是要提出正确理解与解释圣经以及其他经典文本的方法规则。

2. 普遍解释学

到了 19 世纪上半叶，在德国著名哲学家、神学家施莱尔马赫的努力下，解释学作为一门关于理解和解释的一般学说出现。施莱尔马赫不再将解释学只看做是对某些学科的理解问题，而是认为所有的精神学科都存在着一个理解性的解释学问题。在他看来，我们要理解的东西不是作品的真理内容，而是作者个人的个别生命。文本的意义不是文本的真理内容，而是作者的思想，而理解和解释就是重构作者的原意。理解不是相互理解，而仅仅是读者对作者的单方面理解。读者理解和解释的目的在于发现作者的意图，由于作者的意图被认为是固定不变的，所以作品的意义是唯一的。作者的意图是衡量作品的解释有效性标准。

（二）传统解释学：文本理解的"独白"模式

不管是特殊解释学抑或是普遍解释学都有一个共同特征，即认为文本的意义或作者的原意是固定不变和唯一的。不同之处在于特殊解释学认为文本的意义就是文本的真理内容，而且文本的真理内容不但固定不变，而且清晰明了，所以解释者的任务就是将这种意义内容机械地应用于当前的情境；而普遍解释学认为文本的意义是作者的原意，解释者的任务就是用适当的方法来发现作者的原意。所以在传统解释学中，读者与作者、读者与文本之间的对话是不必要的。

虽然施莱尔马赫大大拓宽了解释学的研究领域，实现了从特殊解释学向普遍解释学的转向，但是解释学研究的目标并没有发生根本的转变，仍然视解释学为理解和解释的方法论。由于解释学研究领域的扩大，解释的目标不再是圣经和其他的经典文本，而是包括所有的流传下来的文本和精神作品，文本被视为作者的思想和生活的表现，因此解释学的目的不再是阐释文本内容的真理要求，而在于发现作者的原意。"在施莱尔马赫看来，真正的理解活动是与作者处于同一层次，通过这种与作者处于同一层次的活动，本文就被解释为它的作者的生命的特有表现。"① 理解就是要通过语言重构和心理重构这两个方面来重构作者的原意，"我们必须想到，被写的东西常常是在不同于解释者生活时期和时代的另一时期和时代里被写的；解释的首要任务不是要按照现代的思想去理解古代文本，而是要重新认识作者和他的听众之间的原始关系。"② 在施莱尔马赫看来，理解不是解释者与作者之间的相互理解，而是解释者对作者的单方面理解，所以最重要的解释原则就是复制或再现，换言之，最有效的解释就是能够最准确地复制或再现作者原意的解释，作者的原意是衡量解释效度的标准。他明确指出，解释者要把握作者的原意，就只能通过"心理移情"的方法，即通过摆脱解释者自身的历史性和偏见，在心理上进入作者创作时所处的社会历史情境，重建文本与它所赖以形成的社会历史情境的联系，所以正确的解释是以消解解释者的历史性和个性为前提的，正如施莱尔马赫所说，"解释的重要前提就是，我们必须自觉地脱离自己的意识而进入作者的意识。"③ 所以，在文本理解的过程中，解释者与作者之间是没有必要对话的，解释者只要"倾听"作者的"独白"就足以了。

二　哲学解释学：理解即对话

传统的解释学基本上都沿袭了西方传统哲学的认识论取向，因此都可称之为方法论解释学。1927 年，海德格尔发表了《存在与时间》一书，开始了解释学从认识论到本体论的转变。海德格尔认为，要探讨存在本身，只有通过能够显现这种存在的一种特殊的在者——"此在"（Dasein）来进行。"此在"是对存在本身的领会，具有本体论的意义，构成和决定着存在。海德格尔认为，"此在"通过人的理解存在并以此来显现出存在本身。理解的本质是作为"此在"的人对存在的理解，理解是"此在"的存在方式本身。在马丁·海德格尔的引领下，伽达默尔完成了解释学从方法论到本体论的转向。"我认为海德格尔对人类此在的时间性分析已经令人信服地表明，理解不属于主体的行为方式，而是此在本身的存在

① ［德］伽达默尔：《真理与方法》，洪汉鼎译，上海译文出版社 2004 年版，第 248 页。
② ［德］施莱尔马赫：《诠释学讲稿》，载洪汉鼎主编《理解与解释——诠释学经典文选》，东方出版社 2001 年版，第 55—56 页。
③ 同上书，第 23 页。

方式。"①

　　海德格尔认为任何理解都基于一种"前理解"，因而理解活动具有有限性、相对性和历史性。哲学解释学认为，作品的真正意义并不存在于作品本身之中，而是存在于对它的不断理解和解释之中，理解的本质不是复制或模仿，而是创造。伽达默尔写道："理解就不只是一种复制行为，而始终是一种创造性行为，把理解中存在的这种创造性的环节称之为完善理解，这未必是正确的……实际上，说理解不是完善理解，既不是由于有更清楚的概念因而有更完善的知识这种意思，也不是有意识性对于创造的无意识性具有基本优越性这个意思。我们只消说，如果我们一般有所理解，那么我们总是以不同的方式在理解，这就够了。"② 伽达默尔认为，解释者和文本具有不同的视域，理解的过程就是两种视域的不断交融，不断对话，直至"视域融合"，形成一个新的视域。这个新视域既受解释者和文本的原视域的限制，又超越了这两个视域，从而形成新的理解。可以说，任何视域都是流动生成的，所以任何理解都是开放的，绝对的理解是不存在的。任何的理解都是"视域融合"的过程，都是对话的过程。"伽达默尔对解释学最根本的贡献就在于他努力把解释学从解释的技艺学或方法论中解放出来，并使理解活动作为一种对话式的并且超主观的过去与现在的中介事件。所谓对话式的，就是说理解的每一过去与现在的中介都是理解—解释者与文本的特定对话，所谓超主观的，就是说理解中所发生的过去与现在的中介都是超越理解—解释者的自觉控制。"③ 伽达默尔把理解活动从一种理解—解释者倾听文本"独白"的模式，转变为理解—解释者与文本的"对话"模式。伽达默尔认为理解活动具有对话性，而且对话的进程超越理解—解释者的主观控制，具有"游戏"性。伽达默尔之所以认为理解是　种超主观的对话过程是与其独特的语言观分不开的。伽达默尔认为：语言是对话的媒介，理解本质上是一种语言过程。

三　当代解释学流派的对话观之论争

　　伽达默尔的"对话式"文本理解模式提出之后立即遭遇到不少反驳

---

① ［德］伽达默尔：《真理与方法》，洪汉鼎译，上海译文出版社 2004 年版，序言。

② 同上书，第 383 页。

③ ［德］伽达默尔：《哲学解释学前言》，夏镇平译，上海译文出版社 1994 年版，第 19 页。

和批判。其中主要有三个方面①：首先，是由意大利历史学家贝蒂（Emilio Betti）和美国的文学教授、教育学家赫希（E. D. Hirsch）所代表的保守解释学流派，这一流派主张恢复施莱尔马赫与狄尔泰所确立的解释传统，他们认为伽达默尔的解释学主张具有主观主义和相对主义的倾向，削弱了解释的客观性和有效性，相反，他们认为理解和解释的目的就在于恢复作者的原意，坚持解释的客观性标准。其次，是由当代德国最著名的哲学家之一哈贝马斯（Jurgen Habermas）为代表的批判解释学流派，这一流派并不否认理解的对话模式，但是他们认为伽达默尔的对话观仅仅关注于语言本身，而忽视了一些语言之外的因素，如权力、强迫和统治等造成解释扭曲和变形的原因，所以他们主张进行意识形态批判，揭示和消解理解所蕴涵的内在扭曲，实现没有扭曲的对话，达到完全的合意。再次，是由法国著名的哲学家德里达（Jacques Derrida）所代表的解构主义解释学，德里达把语言理解为意义不确定的能指的游戏，认为唯一的真理就是没有真理，所有的解释都是虚假的。同时他也认为伽达默尔所提出的作为对话前提的"善良意愿"具有形而上学的背景，所以对话概念也是形而上学的产物，本身是需要解构的。

（一）保守解释学：对话的退隐

伽达默尔的哲学解释学确立之后，以施莱尔马赫为代表的传统解释学虽然不再是解释学的主流，但是他们的主张并没有消失，反而出现了不少继承者和传播者，意大利历史学家贝蒂和美国文学家和教育学家赫希就是其中的代表。他们都认为伽达默尔的哲学解释学缺乏有效性标准，具有相对性和主观性，所以倡导恢复作者原意作为解释的有效性标准。贝蒂认为："理解就是意义的重新认出和重建——通过它的客观化形式而知道它——在共享的人性的基础之上思想意识与事物达到一致……解释是一种创造过程的倒置：在解释过程中，解释者通过在内心深处重新思考这些步骤从而从反方向追溯它们。"② 而在赫希看来，意义的同一性和不变的稳定性正是通过能够再现而被表现出来，"文本的意义就是作者意图通过特

---

① 参考加拉格尔、洪汉鼎等学者的观点。

② Emilio Betti (1980), "Hermeneutics as the General Methodology of the *Geisteswissenschaften*", trans. In Josef Bleicher *Contemporary Hermeneutics: Hermeneutics as Method, Philosophy, and Critique* (London: Routledge and Kegan Paul, p. 57. 转引自加拉格尔著《解释学与教育》，张光陆译，华东师范大学出版社 2009 年版，第 171—172 页。

定的语言符号所表现出的。作为语言，这种意义是共有的，也就是自我同一的和可再现的……作为可再现的，不管在何时何地另一人都有相同的理解。"① 贝蒂和赫希都认为通过适当的方法和不断的努力，解释者能够脱离自己的历史境遇、消解自己的独特个性，从而获得作者的原意。解释者与作者的地位是不平等的，作者的权威地位是不能被挑战的，解释学研究的目的在于能够找到发现作者原意的方法，而且认为这些方法是普遍适用的。这种类型的文本理解从根本上讲就是一种"独白"模式。

贝蒂批评伽达默尔的偏见观，怀疑以偏见为本质的解释的客观性和有效性。贝蒂认为伽达默尔的理解观并不能为理解的正确性提供任何可靠的标准，因为理解的正确"必须要达到与作为心灵客观化物的文本所根深的意义完全符合，只有这样，结论的客观性才被保证是基于可靠的解释过程"②。在贝蒂看来，解释学的目的就是要规定解释的过程应该如何进行，这样我们可以成功地理解心灵的客观化物。贝蒂虽然承认解释中存在不同的视角是可能的，但是他认为这不能妨碍解释的客观性，和历史状况相一致的客观性能够而且也必须达到。他认为伽达默尔过分强调了偏见在理解中的作用，导致了理解的主观性和相对性。贝蒂认为，包含在解释之中的偏见是主观因素，不应该被允许削弱解释的客观性，而解释的客观性可以通过适当的方法或良好的程序规则达到。因此，在贝蒂看来，成功的解释就是再现了作者原意，达到客观性的解释。

赫希也站在贝蒂的立场，反对伽达默尔的解释观，他的主要任务就是"重建作者原意"，坚持寻找"作品客观存在的意义"。赫希反对解释是"视域融合"的观点，他认为作品的意义是自明的，通过不断解释、发掘，就可以客观地获得作品的原意。赫希认为，伽达默尔过分强调了解释者对文本的创生意义，而忽略了作者原意，这将导致在后世的解释中，作者的原意将被逐渐湮没。赫希将试图恢复作者作为文本意义决定者的地位。正如赫希所说："一篇文本的重要特点在于，可以从它分析出不是一种而是多种各不相同的复杂的意味（significance），而其中只有作者的意

---

① Hirsch, E. D. (1965), "Truth and Method in Interpretation," *Review of Metaphysics* 18, p. 498. 转引自加拉格尔著《解释学与教育》，张光陆译，华东师范大学出版社 2009 年版，第 172 页。

② ［意］贝蒂：《作为精神科学一般方法论的诠释学》，载洪汉鼎主编《理解与解释——诠释学经典文选》，东方出版社 2001 年版，第 147—148 页。

义（meaning）才具有这种禀有统领一切意味的确切资格"。① 换言之，在赫希看来，只有作者的原意才是衡量解释是否合理的标准，只有发现这种已经客观存在的作者原意，解释才是有效的。在区分作者原意和解释的意义时，赫希用了两个关键词：一个是意义（meaning），即作者的原意，或者是等同于作品的字面意义，它是客观的，内在于文本和文本与其历史语境的关系之中；另一个是意味（significance），是作者字面不变的确切意义和其他解释意义的叠加，由于解释者的特殊情境而仅属于在场的解释。赫希认为，伽达默尔过分强调了依赖于解释者及其情境的意味，而忽视了永恒的、不变的文本意义。赫希反对伽达默尔所说的解释是一种读者与文本的"对话"，相反，他认为，"只能按照文字意义本身的方式去进行理解，而超出这个之外，就变成了相对主义的，甚至是怀疑主义的观点。倘若我们并不是用文本自己的方式去分析文本的话，我们便根本没有触及到文本本身，根本就理解不了任何一个以我们自己的方式加以改变的东西。"② 所以成功的理解就是准确地再现了作者原意或文本意义的解释。

（二）解构解释学：对话的不可能性

文本解读的"解构"模式的代表性人物就是德里达（Jacques Derrida）。德里达认为解释学的目的在于解构文本的意义，而不是为了分析它或重建一个不同的意义。它的目的不是用一个文本代替另一个，而是取代在文本内外发生作用的某些形而上的概念，例如一致性、相同性、意义或者起源。解构并不期望确立某些解释作为合适或正确的解释，而是要表明所有的解释都是偶然的或相对的。在德里达看来，"解释有两种"，于是就有了两种解释学："一种寻求破解或梦想破解真理或起源，在这种意义上，解释学总是瞄准一个最初的需要阐释的文本，因此就瞄准一个隐蔽的真理、起源、存在或在场，它的作用就是在形而上学的传统内去保存、再现和茁壮成长；另一方面，激进的解构主义解释学，不再转向起源，而是肯定游戏。"③ 在德里达看来，伽达默尔更多的是接受了保守的寻求真理的方法。对激进解释学来说，原初意义是不能获得的，激进解释学的目的

---

① E. D. Hirsch (1967), *Validity in Interpretation*, New Haven: Yale University Press, p. 25.

② Ibid., p. 135.

③ Derrida (1978), *Writing and Difference*, trans. Alan Bass (Chicago: University of Chicago Press, p. 292. 转引自加拉格尔著《解释学与教育》，张光陆译，华东师范大学 2009 年版，第 17 页。

在于解构文本的意义，解构并不期望确立某些解释作为合适或正确的解释，而是要表明所有的解释都是相对的或偶然的。激进解释学认为，理解的终点绝非是达成一致，而是多义误解。谁也不能规定对文本的理解方式是唯一的，相反，对文本思考和理解方式是无限的，不可能获得所谓的一致的意义。换言之，人与人之间是不可能进行真正对话的。

德里达从以下三个方面挑战了伽达默尔的对话观。首先，德里达把语言理解为意义不确定的能指的游戏。文本是语言活动的领域，而语言为意义不确定的能指的游戏，文本之外别无他物，文本是一个自我指涉的体系。文本以能指为中心，只重视言说行为本身，而且无意将词与事物一一对等起来，文本的意义为语言符号的游戏。其次，德里达认为，解释具有偶然性，唯一的真理就是没有真理。"激进解释学的任务就是要破解、解码或揭示意识、资本主义和基督教（西方的）形而上学的'真情'或'真理'，目的在于表明这些体系的偶然性或相对性。"[①] 所有的解释都是虚假的，不可能最终脱离虚假意识。不存在对文本的唯一正确的解释方式，不可能获得所谓的终极意义。真理、起源和存在等范畴都属于传统的形而上学，都是需要解构的。再次，德里达怀疑伽达默尔所提出的作为对话前提的"善良意愿"的概念。德里达认为伽达默尔太信任对话本身和对话过程。伽达默尔认为对话的参与者都必须有"善良意愿"去竭力相互理解，言说是为了寻求理解，理解者从未打算去歪曲别人的言说的意义，而德里达认为伽达默尔预先设定人人都怀有理解的"善良意愿"是一种形而上学。

德里达的解构解释学理论代表了一种彻底的后现代精神，他为了文本而放逐历史，进而寻找没有起源的超越于主体和真理之上的"游戏解释学"，他在揭露形而上学的危害性的同时，也同样对自己的理论造成了颠覆性的危险。

（三）批判解释学：对话需要批判反思

在当代的四种主要解释学流派中，以伽达默尔和哈贝马斯为代表的解释学流派虽然有分歧，但是都不否认文本理解过程的对话性。

哈贝马斯站在意识形态批判的立场，揭示了伽达默尔哲学解释学缺乏

---

① ［美］肖恩·加拉格尔：《解释学与教育》，张光陆译，华东师范大学 2009 年版，第 18 页。

反思与批判精神。哈贝马斯认为，解释学不应仅仅局限于语言学领域，只在文本的字面发挥作用，而应当是一种"深度解释学"（depth hermeneutics），揭示和消除交流中的欺骗和扭曲。在哈贝马斯看来，解释学应该批判和质疑那些支持和维护统治权力结构的意识形态和机构，需要一种消除和超越意识形态偏见的理解，其最为理想的形式就是获得一种意识形态中立的和无偏见的交流。总之，哈贝马斯认为，对话是一个超语言事件。哈贝马斯和伽达默尔的论争可以概括如下："解释学，甚至于当被认为是深度解释学时，实际上能否让我们脱离受到限制的交流而到达一种反思的解放，还是说这样一种批判反思本身亦受解释学的限制所束缚呢？换句话说，在多大程度上，在理解中传统（和各种各样的权威或权力结构）需要被同化或再现，让它们成为控制的力量呢？或者在多大程度上，在解释学的经验中，传统（权威或权力结构）被转变呢？"① 虽然，哈贝马斯在语言、权力以及解释学的普遍性等方面与伽达默尔产生了严重的分歧，但是从根本上说哈贝马斯并未否认文本理解的过程是一个对话的过程。有关哈贝马斯的对话思想将在下一节中详细论述。

（四）伽达默尔的回应

1. 对保守解释学的回应

针对贝蒂和赫希的批评，伽达默尔一方面吸取了其中的一些有价值的观点，另一方面也站在自己的哲学解释学立场上进行了回应。伽达默尔说："我们是在探究：理解怎样得以可能？这是一个先于主体性的一切理解行为的问题，也是一个先于理解科学的方法论及其规范和规则的问题。"② 伽达默尔不像传统的解释学那样关注经验的描述或程序的规则，而在于解释学的原则，揭示所有的理解模式的共同之处。"像古老的诠释学那样作为一门关于理解的'技艺学'，并不是我的目的。我并不想炮制一套规则体系来描述甚或指导精神科学的方法论程序……我本人的真正主张过去是，现在仍然是一种哲学的主张：问题不是我们做什么，也不是我们应当做什么，而是什么东西超越我们的愿望和行动与我们一起发生。"③ 因此，伽达默尔认为，贝蒂试图让他回答一个他从未打算回答的问题。

---

① Gallagher, S. (1992), *Hermeneutics and Education*. Albany: State University of New York Press, p. 19.

② ［德］伽达默尔：《真理与方法》，洪汉鼎译，上海译文出版社 2004 年版，序言。

③ 同上书，第 2 页。

　　贝蒂和赫希都坚持作者的原意是衡量解释有效性的唯一标准，但是作者的原意到底是什么？解释者却拿不出证据来证明作者原意的真相，特别是在解释古代的作品或作者已经去世很久的作品时，所以解释者只能自己认为自己的解释是正确的，那么他只能面对这样一个悖论：解释者自己的解释才是作者意向性的原意。这样一来，就在这种顽固的、坚持己见的看法中，离正确的解释就会越来越远。

　　2. 对解构解释学的回应

　　伽达默尔首先否认自己所说的"理解的一致"与形而上学的关联，同时指出希望获得理解的"善良意愿"仅仅是希望能够被人理解，因为达到"理解的一致"是消除误解的前提。但是伽达默尔也指出，那些将人与人联系在一起成为对话伙伴的因素并不足以让人们达到完全一致的理解。由于人们的经验和期待视域的不同，总会产生不同的理解，当然，也正是因为理解的不同，才需要不间断地理解，所以达成"理解的一致"就意味着要求人与人之间、人与自我之间进行一场永远持续下去的对话。在伽达默尔看来，理解既是相互理解，又是自我理解。当然，人们的理解经常受到各种制约，有时甚至是自说自话，相互矛盾，南辕北辙。在这种情况下，获得共识的惟一的方法就是共同进行长期的多方面的对话。伽达默尔强调，"每一种寻求理解的阅读都只是在一条永无尽头的道路上迈出的一步。走上这条道路的人知道，他或她将永远不会完全支配文本，文本的意义在于不断的对话式的求索之中，在于自我体验的对象化认识中。"①

　　3. 对批判解释学的回应

　　伽—哈之争的本质在于"理想的对话环境"是否存在，对话是否能够达成绝对的合意。哈贝马斯坚持认为，通过批判反思，可以消除所有的意识形态的扭曲，创设"理想的话语环境"，从而达到完美的合意。伽达默尔并非否认对话环境的重要性，他本身也提出了"解释学反思"的概念，这就是一个很好的例证，但是他认为不存在"理想的话语环境"，既然哈贝马斯承认这种对话环境的"理想性"，那他就必然同意根本没有这样的对话情境。伽达默尔认为："意识形态的批判高估了反思和理智的能力。因为它寻求洞察影响公共观点的隐蔽的兴趣，所以它暗示摆脱任何的意识形态的控制；反过来，这意味着它使自己的规范和理想达到登峰造极

---

① 王岳川：《现象学与解释学文论》，山东教育出版社 1999 年版，第 284 页。

的地步，成为明显和绝对的事情。"① 教育情境总是达不到哈贝马斯的那种意义上的理想性，所以总是解释学的并且绝不可能是严格再现的。正是因为这个原因，合意或解放是可能的，但是绝不会有绝对意义上的合意或解放。伽达默尔认为所有的对话情境都是解释学情境，"相对的扭曲"是不可避免的，那种没有偏见的、不受意识形态影响的对话是不存在的，对话是永远持续进行的，绝对的完美的合意是不可能达成的。伽达默尔主张语言的解释学普遍性，这不是否认所谓的超语言的因素，而是认为所谓的超语言因素也只能在解释学情境中发挥作用。"扭曲的解释"这一概念具有相对的意义，只要来自一个不同的解释学的立场，解释就是"扭曲"的，从最初的解释的立场来看，这个不同的解释学的立场本身就是"扭曲"的。哈贝马斯通过求助于一种超验的和超历史的立场来绝对宣告某些解释的"扭曲性"，在伽达默尔看来，这样的一种超验的和超历史的立场是不可能获得的。虽然伽达默尔对哈贝马斯的批判进行了反批判，但是毋庸置疑，哈贝马斯的批判也弥补了伽达默尔的解释学理论的不足之处，那就是说仅有解释学是不够的，还要对理解的条件进行社会分析。所以，对话环境对于形成真正的对话，确保对话的进程的"非扭曲性"是非常重要的。

纵观解释学的历史，可以发现解释学理论并非从一开始就主张文本理解的对话模式，而只有在伽达默尔的哲学解释学理论确立之后才奠定了文本理解的对话模式，而且这一模式确立之后就遭遇到了各方的批判与挑战，当然也包含继承与传播。伽达默尔毫无疑问是解释学视域下的对话理论的集大成者，所以伽达默尔的对话理论将作为本研究的最重要的理论基础，但是另一方面也应该意识到伽达默尔的对话理论也面临着危险，需要进一步在对话之中将其完善。

第二节　解释学哲学家的对话思想及其教学意蕴

通过对解释学视域下的对话思想的历史考察，可以从宏观的角度了解不同解释学流派的对话观，对于全面把握解释学对话思想对教学的影响而

---

① Gadamer (1975), "Hermeneutics and Social Science" *Cultural Hermeneutics* 2, p. 315. 转引自加拉格尔著《解释学与教育》，张光陆译，华东师范大学 2009 年版，第 222 页。

言，这种宏观的了解是非常必要的，但绝非是充分的，还需要从微观的角度详细研究一些具有代表性的解释学哲学家的对话思想。我国学者滕守尧认为解释学中的对话可分为四个阶段："第一阶段是狄尔泰的解释学；第二阶段是弗洛伊德式的发掘式解释，换言之，也就是哈贝马斯的解释学；第三阶段是伽达默尔的对话式解释学；第四阶段是文本与文本之间的对话，换言之，也就是德里达的解释学。"① 而美国学者加拉格尔则认为只有伽达默尔和哈贝马斯的解释学主张是对话式的，狄尔泰和德里达的解释学主张从根本上讲都是反对话的。笔者基本赞同加拉格尔的主张，正如前文所述，德里达认为对话是不可能的，但是笔者认为狄尔泰的解释学主张中也含有对话思想，虽然不能否认包含许多反对话的成分。

大致而言，主张文本理解是一个"对话"过程的解释学流派主要有三种类型，每种类型都有其代表性的人物：一种是传统解释学流派中的狄尔泰，他的对话思想具有矛盾性：一方面肯定了解释者的个性与历史性，但另一方面又认为理解和解释的目的在于领悟作者的原意；一种以伽达默尔和罗蒂为代表，认为文本并不仅仅是一个等待着读者去认识的对象，而是一个正在与读者进行积极对话的另一个人，这一类型的对话强调理解的语言性，强调语言的普遍性原则，认为"语言是存在的家"，而非一种人可以随意处置的工具，一切的理解活动都发生在语言之内；一种是以哈贝马斯为代表的"批判型"对话，认为理解被"超语言"的因素所扭曲，一些隐藏在语言行为之中的霸权力量妨碍并扭曲了理解，只要理解是非批判的，就包含虚假意识，所以理解需要批判反思。

一 狄尔泰：对话是一种体验

深受施莱尔马赫影响的德国生命哲学家威廉·狄尔泰（Wilheim Dilthey）是解释学发展历史上的一位重要人物。狄尔泰把理解和解释确立为精神科学的普遍方法论。狄尔泰认为自然科学和精神科学具有不同的方法论，自然需要"说明"，而精神需要"理解"。所谓"说明"就是通过观察和实验把个别事例归入一般规律之下，即自然科学通用的因果解释方法；而狄尔泰的"理解"概念为："我们把这种我们由外在感官所给予的

① 滕守尧：《对话理论》，台北扬智文化事业股份有限公司，1997年，第36—41页。

符号而去认识内在思想的过程称之为理解"①。所谓的理解就是通过外在的符号而进入他人的内在生命。由于生命既贯穿于人类个体生命经验之中，也构成为人类团体和社会的共同经验，所以读者通过对文本作者的生命的体验，从而进入人类的精神世界。

狄尔泰认为解释学就是通过精神的客观化物去理解过去生命的表现，他提出了体验和再体验这类概念。狄尔泰并未完全消解解释者的历史性和个性，而是将解释者的个性与作者的个性一同纳入生命之流，为理解的发生提供可能。狄尔泰在某种程度上肯定了解释者的个性与历史性，为文本理解的"对话"模式作出了贡献，"狄尔泰的理解的意义在于，任何一种文本一经理解，其文化产物就失去了它陌生与不可思议的特点，它开始有意义，而我们则发展了同它的关系。它成为一个'你'，而不是一个'它'……一旦我们去理解或解释它时，我们就同它建立起一种类似对话的关系。"② 狄尔泰认为，文本理解的过程需要读者和文本之间的"促膝谈心"，就像面对文本的作者那样，甚至比作者本人更好地理解文本，"人文科学的解释诉诸于理解和体验，人不再把外物当作'物'，而是把它当成一个主体，当成一个与之作推心置腹的对话的'你'，而要对话，就要以人所特有的同情心去体验对方之所思和所想，最后与之熔融，达到心灵的沟通。"③

但另一方面，狄尔泰通过历史学派继续走着施莱尔马赫的道路，力图把施莱尔马赫的普遍解释学发展成为精神科学的普遍方法论。狄尔泰要求到作品之外，即作者创作时的心理活动中寻找关于作品的真实和它的意义之源，简单地把对作品真理内容的认识等同于对作者创作时的原始意图的领悟。狄尔泰认为人可以通过理解表达式，解释客观精神，重新把握过去的生命，进入陌生心理，达到对历史的客观的科学的理解。所以在狄尔泰看来，理解就是重新体验过去的精神生命。狄尔泰认为对话的目的在于重新体验作者的精神生命。狄尔泰的理解就是一个人进入另一个人之中，一个人融入另一个人之内，就是把一个人的理解作为主导的或唯一正确的理解强加给另一方，所以狄尔泰的理解是单方面理解。换言之，狄尔泰的对

① ［德］狄尔泰：《诠释学的起源》，载洪汉鼎主编《理解与解释——诠释学经典文选》，东方出版社 2001 年版，第 76 页。

② 王岳川：《现象学与解释学文论》，山东教育出版社 1999 年版，第 191—192 页。

③ 滕守尧：《对话理论》，台北扬智文化事业股份有限公司，1997 年，第 37 页。

话就是通过对他人的心理体验和揣摩，探寻到他人的原意。从根本上讲，这里的理解是一种模仿或复制。"理解既然是通过理解者的内在经验在感官呈现的外在符号上去领会他人的心灵或精神，那么理解也可以说是一种模仿或复制或再体验。"① 狄尔泰虽然区分了自然科学和精神科学的方法论，但是他的目的却在于将一切精神科学在解释学基础上建成类似自然科学的科学。

狄尔泰的对话思想对于教学有重要的启示意义。狄尔泰不但指出理解的目的在于把握他人的精神生命，理解的过程就是一个不断对作者的精神生命的体验和再体验过程，而且特别指出了"推心置腹"、"同情心"、"用心体验"等在理解和解释中的作用。所以对话教学不但应是一个认知的过程，更应是一个精神交融和心灵沟通的过程，教师不但要了解学生的知识掌握情况，而且还需要了解学生的内心的精神世界，把握其生命表现。对话教学具有情感性，虽然在对话中师生达到完全的"推心置腹"或"同情"是不可能的，但是尝试站在对方的角度来思考问题对于达到相互理解无疑是非常重要的。

二 伽达默尔：对话即视域融合

"本书已得到的关注无疑使作者有义务吸取一切有价值的批评意见而修订全书。然而一种长年累月所形成的思路有它自身的凝固性，因此不管作者怎样力图去领会批评者的意见，他自己一贯坚持的观点总是在起主导的作用。"② 这是伽达默尔在《真理与方法》的第二版序言中的第一段话。伽达默尔用通俗易懂、简洁明了的话语勾勒出了他的理解观与对话观。因为每个人所"一贯坚持的观点"主导了自己的理解，所以理解其实意味着不同的理解，为了达到理解的一致，就需要人与人之间的对话。在对话的过程中，每个人都不应固执己见，而应持开放的态度，吸取对方有价值的观点，不断修正自己所谓的"一贯坚持的观点"，从而形成新的理解，当然新的理解又会成为自己新的"一贯坚持的观点"，继续主导着自己下一次的理解。伽达默尔认为，对话就是要碰撞和生成一种新的理解，达到一种不同视域的融合。"在碰撞和相互作用中，调动出二者最大的潜力，

---

① 洪汉鼎：《诠释学——它的历史和当代发展》，人民出版社 2001 年版，第 110 页。
② ［德］伽达默尔：《真理与方法》，洪汉鼎译，上海译文出版社 2004 年版，序言 1。

喷射出绚丽的火花，从而使对话成为一种活泼的事件。用一种形象的话说，在这种对话中，文本就像是一部乐谱，在其演奏中不断得到读者的反应；又像是一个具有无限魅力的提问者，用自己一个又一个的深邃而迷人的问题，迫使理解者做出回答，而理解者一接触到这样的问题，就受到启发和感悟。"①

伽达默尔的对话观强调理解是一种分享的理解。分享是伽达默尔对话观的核心，所谓分享是指解释者与文本的分享，而要达到分享的真理，就需要解释者的视域与文本的视域的融合。伽达默尔认为"理解其实总是这样一些被误认为是独自存在的视域（Horizont）的融合过程"②。"视域概念本质上就属于处境概念。视域就是看视区域，这个区域囊括和包容了从某个立足点出发所能看到的一切。"③ 视域概念具有两个重要特点：首先，视域概念确定了理解的出发点，视域概念表明理解总是从一个特定的立足点出发，而且是有界限的，从而表明任何理解都是有限的。在伽达默尔看来，这个特定的立足点就是前见、传统或历史。其次，视域概念意味着，具有视域就不局限于近在眼前的东西，而能够超出这种东西向外去观看，"获得一个视域，这总是意味着，我们学会了超出近在咫尺的东西去观看，但这不是为了避而不见这种东西，而是为了在一个更大的整体中按照一个更正确的尺度去更好地观看这种东西。"④ 视域融合既不是把自己的个性移入另一个个性之中，也不是使另一个人受制于我们自己的标准，而总是意味着这两者共同向一种更高的普遍性的提升，这种普遍性不仅克服了我们自己的个别性，而且也克服了那个他人的个别性。在伽达默尔看来，文本理解的本质实际上就是解释者视域与文本视域的不断融合过程，换言之，就是解释者和文本从各自的视域出发不断进行对话，直至相互理解的过程。

视域融合是一个动态的持续循环过程。解释学循环作为解释学的一个核心原则，主要有两种模式：一是传统的循环模式，即部分与整体之间的循环。部分的意义只有在整体中才能被理解，而除非理解了各个部分的意义否则整体的意义就不可能获得。所以传统的解释学循环是一个从部分到

① 滕守尧：《对话理论》，台北扬智文化事业股份有限公司，1997年，第41页。
② ［德］伽达默尔：《真理与方法》，洪汉鼎译，上海译文出版社2004年版，第396页。
③ 同上书，第391页。
④ 同上书，第394—395页。

整体和从整体到部分的循环运动。施莱尔马赫认为解释学循环终会结束，理解终会完结或达到完整，但是海德格尔却持有不同的循环概念。海德格尔认为解释学循环结构是前见→新理解→前见，也就是说，新的理解总是以前见为基础，而新的理解又成为下一次理解的前见，理解的过程就是这样一个循环过程，这是一个不断螺旋上升但绝不会停止的循环过程。具体来说，理解的过程就是解释者以自己的前见为基础与新的信息进行不断的对话，用皮亚杰的话来说，这个对话的过程就是一个同化和顺应的过程，前见或者同化新的信息，或者被修改从而顺应新的信息，从而形成新的理解，而新的理解将会是下一次理解的前见。伽达默尔接受了海德格尔的解释学循环概念，认为文本的理解一直由前见的有所期待运动所决定，"谁想理解某个文本，谁总是在完成一种筹划。当某个最初的意义在文本中出现了，那么解释者就为整个文本筹划了某种意义。一种这样的最初意义之所以又出现，只是因为我们带着对某种特殊意义的期待去读文本。作出这样一种预先的筹划——这当然不断地根据继续进入意义而出现的东西被修改——就是对这里存在的东西的理解。"① 在伽达默尔看来，解释学循环是一个持续的过程，循环不会结束或破裂。理解的过程是一个持续的循环过程，完整的理解是不可能达到的，在循环的过程之中，理解一直不断地被修正。我们只能更加接近对文本内容的充分理解，但是永远达不到完整理解。我们总是处在对意义的推测、修正、再推测、再修正的进程之中。

对话的持续循环建基于真问题之上。伽达默尔在《真理与方法》中用专章论证了"问题在解释学里的优先性"。问题具有方向性的意义。"问题的本质包含：问题具有某种意义。但是，意义是指方向的意义。问题的意义就是这样一种使答复惟一能被给出的方向，假如答复想是有意义的、意味深长的答复的话。问题使被问的东西转入某种特定的背景中。问题的出现好像开启了被问东西的存在。"② 在伽达默尔看来，问题是处理文本的普遍性与读者的特殊性之间的张力的关键，问题正好构成了普遍和特殊之间的中介。如果我们把理解视为一种读者与文本之间的对话关系，那么只有首先提出问题，才能开启被问东西的存在，答案是否具有意义，在很大程度上取决于问题，因为问题引导着回答的方向。换言之，如果读

① ［德］伽达默尔：《真理与方法》，洪汉鼎译，上海译文出版社 2004 年版，第 345 页。
② 同上书，第 471 页。

者提不出问题，也就不能得到任何答复，也就不能理解文本的意义。

视域的融合方式具有游戏性。"任何一种对话的进行方式都可以用游戏概念作出描述……现在我要提出我的看法：游戏的基本规范，就是要满足游戏的精神——轻松的精神、自由的精神和成功的喜悦的精神——并满足游戏者，等等。这一切同语言成为现实的对话的规则有结构相似性。如果一个人加入与另一个人的谈话并将对话进行下去，那时就不再是单个人的意愿便可以阻止谈话或控制谈话进程了，这一点具有决定意义。"① 伽达默尔把对话比作游戏，认为所有的对话方式都可以用游戏概念来表述，而且认为游戏规则与对话规则非常相似，所以在某种程度上，我们可以说，游戏体现了对话的本质，视域融合的方式具有游戏性。

对话的视域融合观是与伽达默尔对前见的正名分不开的。前见概念自启蒙运动以来，一直是作为否定性的概念而具有消极的意义，因此，启蒙运动时期以及以后的以施莱尔马赫为代表的浪漫主义解释学都以消除解释者前见作为达到真正理解的前提，视解释者的前见为理解的障碍。在试图消除解释者前见的同时，解释者的个性和传统也被消解了。但是伽达默尔认为，如果认为任何前见就它是前见而言就不可能是恰当的，换言之，如果认为理解就是要摒除前见，那么这是因为我们自己仍分享了启蒙运动的前见。伽达默尔的观点是，从启蒙理性时代开始一直到浪漫主义解释学，被视为是理解的障碍的前见恰恰是理解的条件。摒除自己的前见从根本上讲就是要去摒除自己的历史。如果人的理解是建立在消除前见的条件之下，那么所有的人都有可能获得相同的理解，所以对话是没有必要的。伽达默尔接受了海德格尔的观点："解释绝非是对呈现给我们的事物没有预先假设的理解，而实际上理解都是在解释者清楚但又不能言说的假设的指引下。"② 这里的预先假设就是解释者的前见，在海德格尔看来，理解必须建立在前见的基础之上。前见不是理解的障碍而是理解的前提和基础。同样，在伽达默尔看来，前见仅仅是一种理解之前的判断而已，并非意味着一种错误的判断。"实际上，前见就是一种判断，它是在一切对于事情具有决定性作用的要素被最后考察之前被给予的……'前见'其实并不

① ［德］伽达默尔：《哲学解释学》，夏镇平译，上海译文出版社1994年版，第66页。

② Martin Heidegger（1962），*Being and Time*，trans. John Macquarrie and Edward Robinson，New York：Harper and Row，pp. 191－192，转引自加拉格尔著《解释学与教育》，张光陆译，华东师范大学出版社2009年版，第50页。

意味着一种错误的判断。它的概念包含它可以具有肯定和否定的价值。"①
前见具有开放性和关系性。虽然理解是以前见为基础，但是这绝不意味着
我们可以顽固地坚持我们的前见，我们需要持一种开放的态度，在理解的
过程中随时准备修正它们，并且把它们置于一种关系思维之中。"我们不
能盲目地坚持我们自己对于事情的前见解，假如我们想理解他人的见解的
话。当然，这并不是说，当我们倾听某人讲话或阅读某个著作时，我们必
须忘掉所有关于内容的前见解和所有我们自己的见解。我们只是要求对他
人的和文本的见解保持开放的态度。但是这种开放性总是包含着我们要把
他人的见解放入与我们自己整个见解的关系中，或者把我们自己的见解放
入他人整个见解的关系中。"② 所以通过努力倾听文本向我们诉说的内容，
我们能够批判地意识到我们的偏见，从而不断修正这种偏见。但是这种对
偏见所作的修正不再被视为对所有偏见的超越，从而可以达到对文本的无
偏见的理解。存在着这样一种能够被修正的偏见而不是存在一种永恒的、
固定的偏见。

我们的开放并不意味着我们是一块等待铭刻的白板，开放首先意味着
他人的见解与我们自己的见解是联系在一起的，而不是彼此分离的，我们
以自己的见解为基础同化和顺应他人的见解，从而形成新的见解。事实
上，只有当我们被关涉时，我们才能采取开放，以至于我们的前见出现于
开放，因而我们才能理解事物。这也就意味着启蒙时代理性主义关于我们
要摆脱一切前见的这一方法论是不能被实现的，因为理性主义的要求也是
一种前见，而且是一种错误的前见。正如伽达默尔所说："解释者无须丢
弃他内心已有的前见解而直接地接触文本，而是只要明确地考察他内心所
有的前见解的正当性，也就是说，考察其根源和有效性。"③ 正是因为对
前见的正名，解释者与文本或作者处于同等的位置上；正是因为前见的开
放性，解释者与文本或作者之间的对话才有可能性。

对话的视域融合观对于教学有重大的启示和影响。在教学实践中，因
为教师和学生具有不同的视域和"前理解"，所以师生之间就有产生不同
理解的可能性，而理解总是一种创造，绝对的理解是不存在的。所以教师

① ［德］伽达默尔：《真理与方法》，洪汉鼎译，上海译文出版社 2004 年版，第 349—350
页。
② 同上书，第 347 页。
③ 同上书，第 346 页。

不应以自己的理解作为衡量学生理解的终极标准，而应视学生的理解为一个新的文本，对话的结果不是学生获得教师的预设答案或标准答案，或者把教师的理解作为主导的或惟一的理解强加给学生，而是师生的"视域融合"，形成一种新的理解。对话就是师生的相互理解和自我理解，绝非是学生对教师的单方面理解，而且这样的一个理解过程是一个持续的循环过程，实际上，绝对的理解是不可能达到的。真理不是教师所独享的，不是既定的僵死物，而是存在于师生之间、生生之间的不断对话之中。真正对话的开启离不开真问题的提出，这就意味着在课堂教学中，教师不能总是提那种已有标准答案的虚假问题，否则师生之间难以展开真正的对话，这就需要教师在提问时，对自己的观点、信念、评价、解释和阐释等持一种开放的心态，提出开放性的真问题，而且真诚地仔细了解学生对某一主题的所思、所想或所知，随时准备修正自己的前理解，只有这样对话才能持续下去。

三　罗蒂："反常话语"的可对话性

当代美国新实用主义哲学家、新解释学家理查德·罗蒂继承和发展了伽达默尔的哲学解释学。罗蒂将哲学划分为启迪性哲学（新解释学）和体系性哲学（认识论哲学）。罗蒂标榜"无镜哲学"的新解释学原则，一种主张对话和理解的原则。罗蒂认为，真正的哲学是"无镜的哲学"，是由对传统认识论扬弃而出现的新解释学，是人类在对话中达到理解并增进共识的哲学。罗蒂认为，从传统认识论到解释学是哲学发展的必由之路，这是因为解释学表达了这样一种希望："由认识论的撤除所留下的文化空间将不被填充，也就是说，我们的文化应成为这样一种状况，在其中不再感觉到对限制和对照的要求"。① 罗蒂区分了对话中的"正常话语"和"反常话语"，罗蒂认为"反常话语"也是可对话的，但是很明显传统的"镜式"知识论是无法发现"反常话语"的可对话性的，这是因为传统的知识论认为"反常话语"不符合约定俗成的惯例，在"反常话语"中不能发现使一切话语的可通约性得以成立的基础。

解释学放弃追求绝对真理和终极本质的要求，而只是追求一种人生价值，目的不在于发现一切话语的共同基础，而在于"教化"。罗蒂认为

---

① ［美］罗蒂：《哲学和自然之镜》，李幼蒸译，商务印书馆2003年版，第315页。

"教化性的话语应当是反常的，它借助于异常力量使我们脱离旧我，帮助我们成为新人"①。罗蒂进一步指出，这种新解释学的目的不在于发现绝对的终极真理，而在于不断进行人与人、人与世界、人与文本之间的对话。"新解释学把各种话语之间的关系看做某一可能的对话中各线索的关系，这种对话不以统一着诸说者的约束性模式为前提，只要对话持续下去，在对话中彼此达成一致的希望就不会消失。这并不是一种发现在先存在的共同基础的希望，而只是达成一致的希望，或至少是达成刺激性的、富于成效的不一致的希望。"② 但是仅有希望本身尚不足以发现"反常话语"的可对话性，从而使对话持续下去。罗蒂认为，发现"反常话语"的可对话性是没有技术规则可以遵循的，只能依靠智慧，"把保持谈话继续下去看做哲学的充分的目的，把智慧看做是维持谈话的能力，就是把人类看做新描述的产生者，而不是希望能去准确描述的人。"③ 在罗蒂看来，维持谈话进行所需要的智慧不是一种能够再现或复制文本或他人意义的技术知识，"是参与对话所必需的实践智慧"④，是能够缓解文本的普遍意义和谈话者的独特情境之间的张力，从而能够创造性地解读文本意义的实践智慧。

只有"反常话语"的对话才能让我们超越自身，从而成为新人。然而当前，在课堂交流中有些教师过分突出了"正常话语"的对话，其目的在于发现惟一的标准答案，而忽视了"反常话语"的对话，忽视了对自我的超越。另一方面，罗蒂也指出，"反常话语"的对话的维持没有现成的规则可以遵循，只能依赖实践智慧。这就需要教师在教学实践中发挥自己的想象力和敏锐的判断力，并且不断反思自己的教学经验，从而形成教学智慧。

四　哈贝马斯：对话需要"理想的话语环境"

哈贝马斯站在意识形态批判的立场，揭示了伽达默尔哲学解释学缺乏反思与批判精神。哈贝马斯认为，解释学不应仅仅局限于语言学领域，只在文本的字面发挥作用，而应当是一种"深度解释学"（depth hermeneu-

---

① ［美］罗蒂：《哲学和自然之镜》，李幼蒸译，商务印书馆2003年版，第338页。
② 同上书，第299页。
③ 同上书，第353页。
④ 同上书，第348页。

tics），揭示和消除交流中的欺骗和扭曲。有学者称这种类型的对话为"弗洛伊德式的发掘式的解释。发掘就是要在他人或文本的表面现象的'下面'或'后面'，发掘出一种深层的或'言外'的意义"①。实际上，哈贝马斯的批判解释学就深受弗洛伊德的精神分析思想的影响。

哈贝马斯坚持认为解释的语言方面并非是解释的全部，解释不仅仅是语言的，正常的解释被一些像经济地位和社会阶级这样一些超语言的因素所扭曲。这些因素正如同语言和特定的传统那样制约着解释和交流。实际上，语言的习得和应用在某种程度上总是受它们发生的社会条件和权力关系的限定。哈贝马斯认为，语言也是意识形态的，解释被一些虽然没有表现出来但是隐藏在语言行为之中的社会力量所决定，经常受其妨碍。所以交流总是受一些超语言的因素所制约。

哈贝马斯认为，只要解释是非批判的，就会包含虚假意识，解释就没有意识到它的社会偏见或在语言背后控制它的力量，那么对话就具有霸权性。哈贝马斯批判那种对传统无所作为、一味开放的解释学态度，我们既要看到语言的积极作用，又要意识到语言的消极作用。解释学不应仅仅局限于语言学领域，单纯地从对文本的理解出发，而要把理解上升到人和社会的意义。哈贝马斯说："真理应该被定义为话语主体通过语言交往而达成的共识。"② "只有在所有其他人均进入与我的对话，赞同我对某一对象的谓语性陈述时，我的陈述才可被认为是真实的。我认为，为了区别真实与虚假的陈述，必须依靠别人的判断，即所有与我进行对话者的判断（包括我所能遇到的每一个反对我的陈述的对话伙伴）。"③ 也就是说，只有在话语主体的交往对话中，话语的真实性才能得到检验。解释离不开对解释的社会条件和环境进行分析。哈贝马斯认为，通过批判反思能够使在解释者背后发挥作用的语言、传统以及超语言因素显现，这样解释者就能够控制那些造成交流扭曲的条件，从而改变我们与它们的关系。在哈贝马斯看来，"传统被反思地纳取打破了传统的类似于本质的实质，并改变了

---

① 滕守尧：《对话理论》，台北扬智文化事业股份有限公司，1997 年，第 38 页。

② ［德］哈贝马斯：《交往行为理论的准备性研究及其补充》，法兰克福：苏尔坎普出版社 1984 年版，第 147 页，转引自章国锋著《关于一个公正世界的"乌托邦"构想》，山东人民出版社 2001 年版，第 143 页。

③ 同上。

传统中主体的地位。"① 伽达默尔坚持认为所有的解释都受传统的过程限制，哈贝马斯批评道，伽达默尔的理论缺乏对传统本身的反思与批判，过分注重传统的重要性，使可以判断真伪的理性屈从于传统的权威之下，容易导致政治保守主义和历史相对主义。哈贝马斯认为，虽然传统和前见是理解和解释的必要条件，但是这并不意味着解释者对制约他理解和解释的传统无所作为，只能全盘接受，实际上，通过批判反思可以取消或缓解传统的限制。通过批判反思，能够使传统的过程以及其他一些超语言因素显现，从而使其中立化，走向一种意识形态中立的解释，这是因为已经显现的传统和前见就不能再作为前见发挥作用了。"伽达默尔用传统来证明成见的权力这种成见，否定了反思的力量。然而，后者在能拒绝传统的主张中证明了自己……权威和认识并不集于一处。当然，知识植根于真实的传统，它仍然受偶然条件的限制。但反思并不是无所作为地在传下来的规范的事实性上消磨自己。"②

批判反思的目的就在于修正解释学情境，建立没有霸权的对话环境，使交流成为没有扭曲的和意识形态中立的，从而获得解放。在伽达默尔看来，由于解释总是受传统过程和语言的限制，总是处于特定的情境之中，所以解放只能是相对的，但是哈贝马斯认为，通过批判反思可以取消解释学情境中的各种限制，从而达到完全的合意，实现绝对的解放。哈贝马斯认为理解不能单纯局限于语言学领域，应该批判地重建理解的社会环境，抑或说，构建对话所需的"理想的话语环境"是非常重要的。哈贝马斯指出："理想的话语环境将能够保证，只有话语的潜在有效性要求才可成为讨论的对象；能够保证参与者、话题和意见绝不受到限制，除了更有说服力的论证不存在任何强制，除了共同寻求真理，任何其他的动机都必须摒弃。"③

伽达默尔和哈贝马斯的解释学理论对寻求"异向交往话语"的可对话性都有所助益，他们之间虽然有分歧，但是他们的分歧正好也是他们的

---

① ［美］肖恩·加拉格尔：《解释学与教育》，张光陆译，华东师范大学出版社 2009 年版，第 199 页。

② 王岳川：《现象学与解释学文论》，山东教育出版社 1999 年版，第 272 页。

③ ［德］哈贝马斯：《后期资本主义的合法性问题》，法兰克福：苏尔坎普出版社 1973 年版，第 148 页，转引自章国锋著《关于一个公正世界的"乌托邦"构想》，山东人民出版社 2001年版，第 153 页。

互补之处。学生的"异向交往话语"的被忽视至少有两方面的主要原因：
一是前文提及的传统认识论，这样一种哲学思维使教师误认为自己的预设
答案就是客观真理，从而不能开放自己；另一种就是教师的特权，特别是
教师的课堂管理权和评价权。制度赋予的教师权力和教师角色使师生之间
处于一种指导与被指导、命令与服从的关系。有些学生为了获得教师的好
的评价，可能故意隐瞒自己的真实观点，而只去猜测教师的预设答案，即
使与教师的预设答案不一致，也不敢去继续坚持自己的观点，这样就会导
致师生之间交流的扭曲，这种事实上的师生关系不平等是阻碍对话教学的
一个重要原因。所以哈贝马斯提出，对话的首要前提就是建立"理想的
话语环境"。哈贝马斯的对话思想将为构建理想的教学对话环境提供非常
有价值的启示。

第二章　解释学视域下的对话教学：
新谈话型对话教学

　　艺术作为上帝笑声的回声，创造出了令人着迷的想像空间，在里面，没有一个人拥有真理，而所有人都有权利要求被别人正确地理解。[①]

——米兰·昆德拉

第一节　对话教学的类型学分析

　　由于不同的人拥有不同的对话观，而且到目前为止尚未形成一个主导的对话概念，所以对话教学的类型也不会仅有一种，而每一种对话教学的类型都有其理论基础和历史沿革。从总体上展开对话教学类型的研究，对于揭示不同对话教学类型之间的联系与区别是非常必要的，而且可以有助于更好地凸显解释学视域下的对话教学的特征、独特价值与课堂实践形态。

一　两种对话教学的分类标准

　　大致而言，有两种比较常用的对话教学的分类标准：一种是根据对话主体的不同而进行分类；另一种是根据对话观的不同而进行分类。这两种不同的分类标准是相互关联的，对话教学包含哪些主体是与对话观紧密相关的。

---

　　① ［捷克］米兰·昆德拉：《小说的艺术》，董强译，上海译文出版社 2004 年版，第 206 页。

1. 根据对话主体的不同分类

根据对话主体的不同进行分类是一种比较常见的分类形式。日本著名教育学者佐藤正夫的对话理论在我国影响很大，他将师生交流分为三种模式："一种是教师与单个学生的对话，即教师发问，学生举手回答，然后教师再发问，其他学生再作答；一种是教师与全班学生的对话，即教师发问，众多学生作答，教师从众多回答中选取正确、适当的答案；一种是教师不但与全班学生对话，而且学生相互之间也展开互动，即学生不仅注意教师方面，学生之间也彼此直接联系而展开活动。"① 佐藤正夫认为第三种师生交流模式才是真正的对话教学。佐藤正夫的对话教学的分类实际上仅局限于人际对话的社会过程之中，换言之，佐藤正夫认为对话教学仅仅包含师生对话和生生对话。社会建构主义者维果茨基（Vygotsky）的对话理论奠基于他的最近发展区概念以及外部语言（沟通的语言）和内部语言（思维的语言）的概念。"'最近发展区'意味着儿童的'发展可能性'。儿童的'发展可能性'是有所伸缩的取决于该儿童与教师的关系、同其他儿童的关系以及同工具的关系。'发展的可能性'受社会情境的制约，是借助课堂内的人际关系社会地构成的。为了实现维果茨基所倡导的沟通学习，要求实践'最近发展区'的组织——学习环境的组织、教师与儿童以及儿童与儿童之间的沟通的组织，以及儿童自我内部对话。"② 由此可见，维果茨基所倡导的沟通学习包含三种对话：教师与儿童的对话、儿童与儿童的对话、儿童的自我对话。另一位日本学者佐藤学则在综合了杜威和维果茨基的学习理论之后，提出了他的对话教学观，他把对话教学分为三种形式："第一种对话实践，是同客体的对话。儿童直面教育内容的概念、原理和结构，从事具体客体的观察、实验和操作，运用概括化的概念和符号，建构客体的意义世界并且构筑结构化的控制关系。第二种对话实践，是同自己的对话。学习者通过自我内部的对话，改造自己所拥有的意义关系，重建自己的内部经验。第三种对话实践，是在同他人的沟通这种对话的社会过程中实现的。包括师生之间和伙伴关系之间的对

---

① ［日］佐藤正夫：《教学原理》，钟启泉译，教育科学出版社2001年版，第316—317页。

② ［日］佐藤学：《学习的快乐——走向对话》，钟启泉译，教育科学出版社2004年版，第15页。

话。"① 通过分析发现，佐藤学的对话教学类型除了师生对话、生生对话之外，还包含学生或儿童与客体的对话和自我对话。佐藤学并没有提及教师是否需要与客体展开对话和自我对话。

在我国，根据对话主体的不同进行对话教学的分类，主要有三种情况。一是将对话教学分为两种类型："把师生之间的对话称为问答行为，而把生生之间的对话称为讨论行为。"② 二是把对话教学分为四种类型："教师—学生的对话、学生—学生的对话、学生—文本的对话、教师—文本的对话。"③ 这种对话教学的分类中不包含师生的自我对话。三是把对话教学分为六种类型："师生对话、生生对话、师本对话、生本对话、教师的自我对话、学生的自我对话。"④ 值得注意的是，我国学者所提出师生与文本的对话不同于佐藤学所提出的学生与客体的对话，这里的文本主要指教材，并非那种需要观察、实验和操作的具体客体。

2. 根据对话观的不同分类

我国学者刘庆昌根据对话是一种方法抑或是一种原则而把对话教学分为"作为教学方法的对话和作为教学原则的对话"⑤。他认为孔子和苏格拉底的对话是一种教学方法的对话，对话是一种技术，教学对话是一种教学的艺术。而作为教学原则的对话则具有两个重要特征："教学的对话原则的意义之一是追求教学的创造性质……之二是追求教学的人性化。"⑥ 另一学者王松涛根据人与人之间的交谈的不同情况把交谈分为四种类型："一种以'聊'为目的。聊乃是闲谈，东拉西扯，海阔天空，没有明确的目的性，也不追求任何的结果，大家只是为说话而说话，或为发泄而说话。一种是以'辩'为特征。辩的目的是要证明我对你错，要让我的观点在讨论中取胜或至少占上风，最终实现我赢你输的结果。一种是以'商'为特点。商的目的是互相妥协、互相让步，彼此折中，最终达成一个一致的结果。另一种是以'谈'为特点。谈

---

① ［日］佐藤学：《学习的快乐——走向对话》，钟启泉译，教育科学出版社2004年版，第38—39页。

② 施良方、崔允漷主编：《教学理论：课堂教学的原理、策略与研究》，华东师范大学出版社1999年版，第202页。

③ 郑金洲主编：《对话教学》，福建教育出版社2005年版，第33—36页。

④ 张增田、靳玉乐：《论对话教学的课堂实践形式》，《中国教育学刊》2004年第8期。

⑤ 刘庆昌：《对话教学初论》，《教育研究》2001年第11期。

⑥ 同上。

是一种平等、自由和公正的交流和沟通。"① 王松涛认为只有第四种类型的交谈即"谈"才是真正的对话。我国学者张华教授则把对话教学分为四种形态："苏格拉底式对话教学；以美国教育家杜威为代表的'民主性对话教学'；以巴西教育哲学家保罗·弗莱雷为代表的'批判性对话教学'；以美国教育哲学家马辛·格林（Maxine Greene）、德国教育哲学家波尔诺夫（O. Fr. Bollnow）为代表的'生存性对话教学'。"② 德国宗教神学家、教育哲学家马丁·布伯则认为对话可分为三类：真正的对话、技术性的对话和装扮成独白的对话。"有真正的对话——无论是开口说话还是沉默不语——在那里每一位参与者都真正心怀对方或他人的当下和特殊存在，并带着在自己与他们之间建立一种活生生的相互关系的动机而转向他们。有技术性的对话，这种对话单纯是由客观理解的需要所激起的。有装扮成独白的对话，在其中，即刻就相遇的两个或更多的人各以曲折、迂回的方式与自己说话，但却想象他们以逃脱了被抛入自己打发时光之境的痛苦。"③

相比而言，伊利诺斯大学著名教育学者博布勒斯的对话类型的分类更为深入和全面。博布勒斯指出，虽然几乎所有的对话模式都宣称与"苏格拉底方法"（Socratic method）的渊源关系，但是所谓的苏格拉底方法并不是一种单一进程，而是可以被分为许多不同的对话方法。他从对话与知识的关系及其对待对话伙伴的态度两个维度对对话的类型进行区分，他认为至少可以分为四种类型："即谈话型（conversation）的对话、探究型（inquiry）的对话、辩论型（debate）的对话和指导型（instruction）的对话"。④

首先，从对话与知识的关系方面进行区分，可以分为向心型（convergent）对话和离心型（divergent）对话。所谓向心型对话是指："至少从原则上讲，对话者的不同立场都能够消解在一个合意中，获得一个正确

① ［英］戴维·伯姆：《尼科编·论对话》，王松涛译，教育科学出版社 2004 年版，序言 3—4 页。
② 张华：《对话教学：涵义与价值》，《全球教育展望》2008 年第 6 期。
③ ［德］马丁·布伯：《人与人》，张健，韦海英译，作家出版社 1992 年版，第 30—31 页。
④ Burbules. N. C. (1993)，*Dialogue in Teaching：Theory and Practice.* New York and London：Teachers College, Columbia University, p. 112.

的答案中。"① 所谓离心型对话主要是由巴赫金（Bakhtin）在他有关"复调"的观点中提出。在巴赫金看来，对话必须是离心型的，即对话中的每一个主张都具有多元性。其次，从对待对话中的对话伙伴的不同态度上进行区分，可以分为包容型（inclusive）对话和批判型（critical）对话。所谓包容型对话是指："仅凭对话伙伴认可某一主张，就至少暂时承认对话伙伴所说的话似乎存在合理性。"② 在对话中，持包容型态度的对话者的首要任务就是要去理解为什么对话伙伴坚持如此立场或观点，去理解该观点或立场背后的信念、感情或经验到底是什么。与包容型对话相比较，持批判型态度的对话者"更加怀疑和质疑对话伙伴的主张，强调对于对话伙伴的立场的客观准确性做出判断，而且会毫不犹豫地根据所获得的证据以及观点的连贯性和逻辑性进行验证"③。博布勒斯所主张的对话类型具体如表2—1:④

表2—1　　　　　　　　　　　　对话类型

对话类型	与知识的关系	对待对话伙伴的态度
指导型	向心型	批判型
探究型	向心型	包容型
辩论型	离心型	批判型
谈话型	离心型	包容型

在博布勒斯看来，这四种对话类型各有优缺点，很难抽象地评判哪一种较好，哪一种较差。对话者只有根据具体的情境、具体的主题以及对话者相互之间的关系来选择一种合适的类型。这四种类型的对话有非常不同的特征、目的以及理论基础。

二　对话教学的基本类型

博布勒斯从与知识的关系和对待对话伙伴的态度两个维度对对话教学

① Burbules. N. C. (1993), *Dialogue in Teaching*: *Theory and Practice*. New York and London : Teachers College, Columbia University, p. 110.

② Ibid. , p. 111.

③ Ibid. .

④ Ibid. , p. 112.

进行分类，抓住了对话教学的关键，因为这两个维度是最能体现对话教学特征的地方。笔者以博布勒斯的对话教学类型观为基础，同时又借鉴和吸取其他学者的观点，认为对话教学大致包含如下五种基本类型：指导型对话教学、探究型对话教学、辩论型对话教学、谈话型对话教学以及批判型对话教学。解释学视域下的对话教学将在整合谈话型对话教学和批判型对话教学的基础上构建而成。

（一）指导型对话教学

1. 指导型对话教学的特征

指导型对话教学与课堂交流的 IRE 模式或问答教学有许多相似之处：一般都是由教师提问，学生回应，教师根据自己的预设答案进行评价，而且都认为交流的目的是获得独立于交流者之外的客观真理，而教师的预设答案往往就成为学生需要获得的客观真理。如果学生的回应与教师的预设答案一致，那么指导型对话教学就是一种 IRE 模式。倘若学生的回应与教师的预设答案不一致，在 IRE 模式中，教师往往直接给出评价，或者自己给出答案，或者让下一位同学回答。而指导型对话教学则与此不同，教师往往会较具耐心地采用各种方法引导或启发学生，甚至采用辛辣的讽刺让学生放弃自己的观点，直至获得教师的预设答案。这两种交流方式一般都认为，对话教学仅仅局限于言语的交流或人际交流，忽视师生与文本的对话和教师的自我对话。在博布勒斯看来，它的最基本特征是：一是认为对话的目的就在于达成合意，获得客观真理，而教师的预设答案往往成为这种所谓的客观真理或合意的载体；二是从根本上说，在对话的过程中教师对于学生的不同观点采取不宽容的态度，但是有时为了引导学生获得教师所预设的答案，教师会暂时宽容学生的不同观点，所以有时会有一些迷惑性，误认为教师在真诚倾听学生的"异向交往话语"。这种宽容仅仅是暂时性的，教师暂时宽容的目的不是为了相互理解，而是为了引导学生更好地单方面理解教师，其结果就是获得教师的预设答案。例如，克林伯格（L. Klingberg）虽然指出教师需要暂时宽容学生的不同回答，但是从根本上讲，他仍然主张学生对教师的单方面理解，而非师生的相互理解。"倘若教师对于学生的不完整回答采取不宽容的态度，便会破坏讨论的气氛与效果。教师如果仅仅简单地以二分法区辨真伪与对错的学习结果，而从未考虑学习是一种从无知到知的过程，以致在一开始就要求完整的回答时，即使催促学生，学生也不会积极发言的。"① 克林伯格指出，教师需要宽容学生的不完整回答，那么教师的预设答案是否可以被修正，教师是否对预设答案持一种开放的态度呢？从他的论述推断，答案是否定的。换言之，教师的预设答案是不能被修正的，因为教师首先把学生的回答视为不完整回答，而不是相反。教师仅仅被要求暂时宽容学生的不完整回答，并且富有耐心地将学生从不完整回答引到教师所谓的"完整回答"，即预设答案。很明显，克林伯格仍旧置教师于"裁判"的位置，仍旧认为教师的预设答案是正确的，教师所做的仅仅是暂时宽容学生的不完善或错误，其最终的结果还是把学生引到教师所期望的结果上。这样一种态度当然要比那种缺乏宽容心、直接批评学生的态度有所进步，但是从根本上说，教师还未能真正做到平等地倾听学生的回应，未能意识到学生的不同回应也可能有其合理性，甚至是一种创造。一方面，克林伯格提出通过暂时宽容学生的不完整回答，从而维持交流的进行，逐渐引导学生获得教师的预设答案，这是他观点的价值所在；但是另一方面，克林伯格依然坚持把教师的预设答案作为对话要达到的目的，这样就很难让教师意识到学生的"异向交往话语"是具有可对话性的。在教学实践中，指导型对话教学能在一定限度内维持着师生交流的持续，但是学生的观点未能获得充分的尊重：

这是一堂初一年级的数学课，课的主要内容是教学生学会如何分解因式。在讲完例题之后，教师在黑板上写了一道练习题：把 $-15a-10ab+5abc$ 分解因式。教师让一位同学把自己的答案写在黑板上，他的答案为：$5a(-3-2b+bc)$。教师看到这个答案之后，直接问全班同学，"这个答案对吗？"大家都说："不对。"这位教师比较有耐心，她启发这位同学，"在分解因式时，负号应该在什么位置呢？"这位同学受到启发之后，给出了自己的新答案：$5a(bc-3-2b)$。教师又接着说"仔细想想，如果第一项的系数是负号时，应该如何转化呢？"这时这位同学似乎恍然大悟，给出了最新的答案：$-5a(3+2b-bc)$。教师很高兴，连说"这样才对嘛！这样才对嘛！"下课之后，笔者问这位教师，学生的前两个答案为什么不对？让笔者很诧异的是，她说："我也不知道为什么不对，但是课本中规定第一项

① ［日］佐藤正夫：《教学原理》，钟启泉译，教育科学出版社 2001 年版，第 318 页。

的系数是负号时，一定把负号提前。"①

在这个教学案例中，教师在不能完全理解自己的预设答案为什么绝对正确的情况下，依然引导学生去获得教师的预设答案，即课本中所规定的标准答案。可是当笔者仔细研究了教师写在黑板上的分解因式的方法时，发现学生的前面两个答案都符合教师所写的分解因式的方法。这就是一种典型的指导型对话教学观，它代表了自苏格拉底以来的对话教学研究的一种主要观点：教师用对话的方式一步一步引导学生获得教师的预设答案。"这是一种'引导型'的对话，在柏拉图的《美诺篇》的对话情境中以及其他的'苏格拉底对话法'的例子中可被经常发现。这种类型的对话是一种具有高度指导性的教学形式，但是其过程是通过间接指导，需要学生的积极参与，在回应教师的问题时建立概念上的联系。"②

笔者通过课堂观察、对教师的访谈以及问卷调查等方式发现指导型对话教学是一种在教学实践中比较常见的对话教学类型③，而且许多人误认为对话教学仅此一种类型。事实上，国内外对话教学研究的一个重要方面就在于研究教师如何用启发、引导或其他方式获得教师的预设答案。这从被视为对话教学鼻祖的"苏格拉底对话法"中可见端倪，苏格拉底一直在引导对话伙伴向他所期待的方向发展，似乎在开始对话之前，苏格拉底就已经知道对话所要达到的目标。在20世纪备受推崇的维果茨基的"支架式教学"也强调通过教师或其他能力更强的伙伴的帮助而获得教师的预设答案。日本著名学者佐藤正夫的对话教学理论对我国的对话教学研究影响很大，他也强调对话教学的目的在于获得教师的标准答案。需要指出的是，我国孔子的对话教学从根本上讲也是一种指导型对话教学，一方面，他注重启发教学，认为教师应该"不愤不启，不悱不发，举一隅不以三隅反，则不复也"④。教师不应灌输教学，应该循循善诱，调动学生的主动性，鼓励学生的思考；但是另一方面，孔子又总是以"全知者"

---

① 引自笔者在实验学校 G 中学的课堂观察记录。

② Burbules, N. C. (1993), *Dialogue in Teaching: Theory and Practice.* New York and London: Teachers College, Columbia University, p. 120.

③ 根据博布勒斯的对话教学分类，指导型对话教学是对话教学的一种类型，但是课堂交流的 IRE 模式不能被视为一种对话教学，虽然课堂交流 IRE 模式是比较常见的师生交流模式，但是在可归为对话教学的类型中，指导型对话教学又是比较常见的对话教学类型。

④ 《论语·述而》。

的姿态出现，认为自己才是经典的最权威解释者，并没有以一种真正平等和开放的态度面对自己的学生。正如有学者所言，"孔子的对话其实并不是真正的对话，而是类似于'教义问答'的权威话语和独白，问者所起的作用只是提起话头和等待教导。"①

2. 指导型对话教学的历史沿革

指导型对话教学以"苏格拉底的对话法"为原型，20 世纪之后，建构主义理论，特别是维果茨基的社会文化建构主义理论进一步丰富了指导型对话教学的理论基础。

（1）苏格拉底对话观

苏格拉底是古希腊著名的思想家、哲学家和教育家，他一生未著一言，他的言说和行为主要由他的学生柏拉图和色诺芬所记载。苏格拉底认为，理想的教育方法不是把现成的、表面的知识传授给别人，从而挑战像诡辩学派那样以记忆现成的知识为基础的教育体制，他凭借正确提问，刺激对方思考并怀疑自己的观念的前提，引导对方向他所希望的方向行进，通过对方自身的思考，去发现潜藏于自己心中的真理。所以他的对话教学的方法被称之为"产婆术"，正像接生婆帮助孕妇依靠自身的力量分娩婴儿一样，教育者也要帮助学生依靠自身的力量去孕育真理、产生真理。

苏格拉底对话法重视教师的引导作用。苏格拉底通过对话的方式引导对话伙伴去反思自己的无知，并且向他所期待的方向行进，"但是，当对方的回答不合他的意图时，他首先从另一个角度提出问题，引导对方朝他所期望的方向前进；假如对方不能直接回答，滔滔不绝地长篇大论，对话不能沿着他所期望的方向进行时，苏格拉底便利用他那独特而辛辣的讽刺，或指桑骂槐，或鼓动或毁谤，引导对话纳入正轨。"② 虽然，在讨论主题之初，苏格拉底认为自己是"无知"的，好像比其他参与者知道的还少，但是，对话开始之后，其他参与者就意识到苏格拉底牢牢掌控着对话的方向与进程，他能够以其独特的讽刺的方法将其他的参与者的思想引入他的思想轨道。虽然苏格拉底不通过直接讲授的方式把现成的知识直接传递给对方，通过自己与对方的对话，帮助并引导对方发现自己所期望的真理。但是如果对方的观点与苏格拉底的观点不一致，他并没有尝试倾听

<hr />

① 邓晓芒：《苏格拉底与孔子的言说方式比较》，《开放时代》2000 年第 3 期。
② ［日］佐藤正夫：《教学原理》，钟启泉译，教育科学出版社 2001 年版，第 309 页。

并理解对方的观点，而是变换角度提出新问题，试图引导对方向自己的方向前进，当对方不接受引导，继续坚持自己的观点时，他就用辛辣的讽刺，让对方意识到自己所拥有的知识不含有任何真理，极其愚劣，不合理。例如，在《美诺》篇中，苏格拉底通过质问那个奴隶男孩而引导他一步一步地学会几何。在整个的过程中，基本上都是苏格拉底在提问，那个男孩在回答，而且问题非常狭窄，只能容许男孩一个单词的回应。通过交流，苏格拉底逐渐地让他获得了自己在与其对话之前就预设的结论。

对话的目的在于获得真理。苏格拉底区别了真理和意见的不同。他认为我们的任务就是要寻找出，是否在对立的意见中有一致的地方，有大家所依据的共同基础，有大家所同意的原则。苏格拉底认为：概念的知识是惟一的真知识，而柏拉图则用其"理念论"来为其提供真理性的保证。苏格拉底用反复诘问的对话形式，其目的就在于抽绎出这种普遍判断。

从根本上说，苏格拉底的教学对话是一种指导型对话。一方面，苏格拉底一直在引导对方向他所期待的方向发展，似乎在开始对话之前，苏格拉底就已经知道对话所要达到的目标；另一方面，他不能容忍对方坚持己见，很显然，苏格拉底并没有试图去倾听、宽容对方的不同观点，并尝试寻求这些不同观点的可对话性。这种对话教学方式虽然在一定程度上鼓励学生自由思考，自由表达自己的疑问和见解，但是从本质上讲，学生的观点是不受尊重的，学生最终还必须接受教师的观点。正如美国著名教育学者多尔所说，"苏格拉底著名的提问法——苏格拉底法——其实是以回忆为导向的，并不具备真正的对话的开放性和进步性。相反，它只是意在获取存在于外部的和先前已知的真理。"①

(2) 维果茨基的对话教学观

维果茨基对话教学观以其"最近发展区"理论为基础。维果茨基是前苏联著名的心理学家，被认为是社会建构主义的代表人物，在其代表作《思维与语言》之中提出了"最近发展区"的理论。维果茨基把儿童能够独立解决问题时的实际水平和在教师或其他更有能力的伙伴帮助下能够解决问题的潜在水平之间的距离称之为"最近发展区"。"支架式教学"建基于其"最近发展区"理论。"支架式教学"是通过提供一套恰当的概念

① ［美］小威廉姆·E. 多尔：《后现代课程观》，王红宇译，教育科学出版社2000年版，第33页。

框架来帮助学生理解特定知识、建构知识意义的教学模式，借助该概念框架，学生能够独立探索并解决问题，独立建构意义。支架原意是建筑行业中使用的"脚手架"，这里用来比喻对学生解决问题和建构意义起辅助作用的概念框架。"支架式教学"重视儿童与教师以及同伴的沟通，提出教师在儿童"最近发展区"的范围之内组织儿童的学习活动。在儿童首先进行独立探索的基础之上，通过儿童与教师之间、儿童与同伴之间的协商对话，共享独立探索的成就，共同解决独立探索过程中所遇到的问题。

对话教学的目的在于实现潜在水平。"支架式教学"的关键在于"最近发展区"理论。"最近发展区"理论首先就确立了一个儿童需要达到的目标。与传统的授受式教学不同，教师没有直接告诉儿童达到目标的方法与途径，而是让儿童独立探索实现目标的方法，在这个过程中，教师或其他伙伴起到了一个"脚手架"的作用，通过对话与合作解决问题。特别需要指出的是，虽然问题的解决是通过对话和合作的方式，但是需要解决的问题或达到的目标是明确的。

与苏格拉底对话法相比较，"支架式"教学更强调师生和生生之间的合作，但是另一方面，维果茨基的对话观更强调教师或水平更高的人的指导作用，所以在对话之前，就已经区别了水平的高低，对话的目的无非是在高水平的人的指导帮助下，达到这些所谓的高水平的人所确立的目标。

（3）佐藤正夫的对话教学理论

日本著名教育学者佐藤正夫的对话教学理论在我国影响很大，我国的许多教育著作和论文都引用了他有关对话教学的论述。与苏格拉底对话法相比较，佐藤正夫在对待对话伙伴的态度上至少表示出了宽容的意愿，虽然是一种暂时性的。佐藤正夫提出了三种课堂讨论的模式。他特别指出，真正的对话是"学生不仅注意教师方面，学生之间也彼此直接联系而展开活动。如此一来，有人发言，全班学生都参与，各自仔细地听取他们的发言，彼此发表自己的想法，互相补充、互相修正，使对话一步步深入。"[①] 佐藤正夫认为真正的对话不是教师提问，学生回答，教师作出评价，而是教师提出讨论的问题之后，一个学生作出回答，教师不给予评价，而是让其他同学对这位学生的回答进行讨论，教师悄然隐居幕后，只有讨论陷入僵局或走入歧途时，教师才给予修正或作一些引导性的介入。

---

① ［日］佐藤正夫：《教学原理》，钟启泉译，教育科学出版社2001年版，第316—318页。

对话教学需要暂时宽容学生的不完整回答。佐藤正夫指出，当学生的回答不完整时，教师应该给予宽容。佐藤正夫采纳了克林伯格的对话教学观，提出了促进学生发言，形成积极的课堂讨论的重要条件，那就是教师要宽容学生的不完整回答。按照佐藤正夫的观点，教师已经具有完整正确的答案，仅仅暂时宽容学生的不完整的发言。教师没有意识到在自己的预设答案之外，是否还有合理答案呢？教师对学生的宽容仅仅是暂时性的，宽容的目的在于让学生自由讨论，逐渐获得教师所期望的预设答案，而非尊重学生的不同答案，并且试图与学生的不同回应展开对话。

对话教学的目的在于获得教师的标准答案。佐藤正夫认为真正的对话是教师使讨论开始之后，学生们自由讨论，只有当讨论陷入僵局或错误方向时，教师给予修正、指引，逐渐逼近客观、正确的回答。在佐藤正夫的对话教学观中，我们依稀看到了苏格拉底的影子。不同的是苏格拉底一直参与到对话中，而且总是用自己独特的辛辣讽刺的方法把对方的"错误"的意见引到自己希望的轨道上来。而佐藤正夫认为，在教师引出讨论的话题之后，教师可以退居幕后，让学生们自由讨论，但是当讨论陷入僵局或错误方向时，教师不是去倾听学生的观点，而是对学生的观点加以修正，引到教师所期望的方向。虽然佐藤正夫提及教师应该宽容学生的不完整观点，但是这里的宽容没有欣赏、理解之意，目的仅在于维持学生的热烈讨论，最终，这些不完整的观点都是需要按照教师的标准被修正的。

3. 对指导型对话教学的评析

与 IRE 模式相比，指导型对话教学能够暂时宽容学生的不完整回答或"异向交往话语"，教师不会选择直接给出答案，而是通过一步一步地引导学生获得教师的预设答案，这样师生之间的交流就会深入下去。这样的一种对话教学能够吸引学生的注意力，让教师随时了解学生的知识掌握情况，具有一定的教育价值，笔者无意否认指导型对话教学的教育价值，但是指导型对话教学也有一个先天的不足之处，那就是教师所提的问题大都是一些"假问题"，即教师在提问之前就已经有了预设答案的问题。正是因为教师已经有了预设答案，所以教师就容易忽视或拒绝学生的"异向交往话语"，而且总是希望引导学生去获得教师的预设答案。如此一来，正如课堂交流 IRE 模式的弊端一样，就会剥夺学生的创新精神和遮蔽学生个人的存在意义。

（二）探究型对话教学

1. 探究型对话教学的特征

在博布勒斯看来，探究型对话教学具有如下特征：一是对话的目的在于回答或解决一个具体的问题，或者调解某种分歧并达成合意，其目的在于产生大家都可以接受的结果；二是在对话的过程中，真正包容对话伙伴的观点，彼此开放，相互倾听。博布勒斯认为探究型对话教学可以分为如下五种式样："一是调查研究某个问题或议题，期待获得一个答案；二是问题解决，需要形成一种可操作的或者新颖的解决方案；三是努力获得一种政治合意；四是协调各种行为获得某种共同的目的；五是对一些伦理分歧作出评判。"① 总之，探究型对话在期望解决某种问题的过程中，形成了一种对不同观点的包容和尊重的精神，希望分歧能够被消解，最终能够达成至少是部分的或暂时的合意。探究型对话教学的代表人物是杜威。

2. 杜威的对话教学观

杜威的教学论建立在其经验自然主义哲学的基础之上。杜威哲学被称之为"经验自然主义"，所以理解杜威的哲学思想需要把握"经验"和"自然主义"这两个关键概念，当然，这也是理解其教育思想的关键。

对话教学观建基于其"经验"概念之上。杜威以其人与环境相互作用的经验概念消解了笛卡尔的二元论思维，这种二元论把思维与身体活动分离开来，把认知者与认知对象分割开来。杜威的"经验"概念既包括经验的事物又包含经验的过程，具有连续性和交互性的特点。经验是有机体与环境、人与自然之间的相互作用。杜威的经验概念并不仅仅指个体与环境的交互作用，而且还指人与人之间的相互沟通。"学习的经验不仅是主体与环境的交互作用，而且是同客体对话、同他人对话、同自身对话的沟通重叠性交互作用的经验。"② 杜威凭借其"经验"概念，成为彻底的平等主义者与最伟大的民主思想家之一。"正是借助'经验'理念，杜威重建了知识概念，认为知识的本质是行动与探究，教师和学生都是知识的探究者，二者是完全平等且互助的。正是借助'经验'理念，杜威架起了儿童与学科知识的桥梁，认为二者是永远互动着的'连续体'。也是借

---

① Burbules，N. C. （1993），*Dialogue in Teaching*：*Theory and Practice.* New York and London：Teachers College，Columbia University，pp. 116 – 117.

② ［日］佐藤学：《学习的快乐——走向对话》，钟启泉译，教育科学出版社2004 年版，第13 页。

助'经验'理念，杜威填平了学校与社会间的鸿沟，认为学校本身是个民主的社区，而教育孕育民主社会的'种子'。"①

对话的目的在于问题解决。杜威作为一名自然主义哲学家，反对一切超自然或超验的东西。杜威出生的 1859 年正是达尔文的《物种起源》出版的那一年，达尔文的进化论对杜威影响很大。杜威认为儿童生活的本质是适应环境，所以儿童必须学习有用的知识以便将来更好地解决问题。而科学知识是可以实验的，可以验证效果的，所以科学知识是有用的。诺丁斯认为"杜威的认识论是一种向前看的认识论；它强调在使用中证实而不是通过涉及前提条件的理由去证实"②。杜威教学方法的核心就是"问题教学法"。问题教学法反对传统的授受式教学方法，认为知识不是教师灌输给学生的抽象物，知识被视为解决问题的工具，学生可以在解决具体问题的过程中获得知识。

虽然在对话过程中，杜威强调师生共同探究，相互倾听，但是另一方面他也坚持认为对话的目的在于问题解决，这样就有可能导致对实现目标无关的观点被忽视。另外，杜威的"经验"理念是以其实用主义哲学为基础，认为知识是人适应环境的工具或手段，其价值在于其功效性，忽视知识的人文精神的价值。在问题解决中，杜威采取的是一种"科学实验"的态度，一种积极对外干预的态度，但缺乏内在的自我反思和自我理解。由于知识的价值体现在对问题解决的作用与功效上，相对来说，一方面，那些对问题解决没有功效，但是有助于学生成为一个"完整的人"，有助于学生的个体精神成长的知识可能被忽视；另一方面，对于问题解决暂时没有影响但是从长远来看具有重大影响的知识也将被忽视。所以杜威的实用主义对话观很难以一种倾听、理解并且欣赏的态度对待那些具有以上两种知识的学生。

（三）辩论型对话教学

辩论型对话具有一种强烈的质疑和怀疑精神，非常不宽容对话伙伴的观点，对话的目的不在于达成协议或消除分歧，而在于反驳对方。例如，两组学生在讨论某个历史人物的功过，每一组都坚持己见，强烈反驳对方

---

① 张华：《对话教学：涵义与价值》，《全球教育展望》2008 年第 6 期。
② ［美］奈尔·诺丁斯：《教育哲学》，许立新译，北京师范大学出版社 2008 年版，第 132 页。

的观点。在古希腊，辩论技巧是修辞学家们在教学中首要关注的方面。古希腊著名的修辞学家伊叟克瑞特斯（Isocrates）曾经教导他的学生说："在公开的辩论中要勇敢面对并经得住对手在言辞上的猛烈攻击和一些狡诈的手段，用有力的论证和适切的表述方式来驳倒对方。"[①] 辩论式对话虽然未必能达成结论，但是这种对话也是很有积极意义的，因为可以充分听到各种不同的意见，特别是能够发现每一种不同的意见都能找到其存在的理由；另一方面又能接受最大的挑战，并且尽最大努力去思考如何为自己的观点辩护。这种对话形式对于学习修辞方法、论证方法都是很有益处的。但是由于这种对话方式一方面没有需要达到的目的，另一方面又不能包容对方的观点，换言之，不能对自己的观点持开放的态度，从根本上讲，缺乏真正试图去理解他人不同的观点的意愿，对他人的不同观点持一种排斥的态度，因而就很难从对话中学习新东西。如果在辩论中太过于激烈，竞争性太强，超过一定的限度就有可能妨碍正常的教学，所以这种对话类型在教学中是很少使用的。

（四）谈话型对话教学

1. 谈话型对话教学的特征

博布勒斯认为，谈话型对话具有两个最主要的特征：一是强调一种总体上合作和宽容的精神；二是对话的目的不在于达成协议或消除差异，而在于教化或相互理解。在教学实践中，持谈话型对话教学观的教师尊重和宽容每一种不同的观点，并且试图去寻求各种不同观点之间的可对话性。所以在课堂教学实践中，这种对话教学有利于学生创新精神的培养和个体精神自由的提升。谈话型对话教学的最重要的哲学基础是伽达默尔的哲学解释学，这是因为此处的谈话型（conversation）对话并不是指所有的谈话（conversation）都是对话，而是伽达默尔所特指的谈话（conversation）。在伽达默尔的著作中，这一术语谈话（conversation）被经常使用来表示对话本身。博布勒斯把以伽达默尔的解释学理论为哲学基础的对话教学类型称之为谈话型（conversation）对话教学。

需要特别指出的是，在顾明远教授主编的教育大辞典中，在有关教学方法的章节中也提及了谈话法（conversation method），其定义为："亦称

---

① Johnson, R. S. (1959), "Isocrates's methods of teaching", *American Journal of Philosophy*, p. 29.

'问答法'、'提问法'、'苏格拉底法'或'产婆术'。师生通过相互提问以引导学生运用已有的知识和经验，通过推理获取新知识，巩固旧知识，增进记忆。有两种方式：①启发式谈话。主要用于传授知识与创造性复习旧知识。②问答式谈话或再现式谈话，主要用于巩固与检查知识。"① 教育大辞典中的谈话法与伽达默尔的谈话型对话不同，其意义更接近于问答教学或指导型对话教学。

2. 谈话型对话教学的理论基础

毫无疑问，谈话型对话教学以伽达默尔的哲学解释学为最重要的哲学基础，但是除此之外，俄罗斯著名的文艺理论家巴赫金和德国著名的存在主义大师、宗教哲学家马丁·布伯的对话观也是谈话型对话教学的重要理论来源。

（1）巴赫金（Mikhail Bakhtin）的对话理论

第一，巴赫金认为语言本身具有对话结构。在他看来，语言从根本上讲具有对话结构，语言不是仅具有语法逻辑关系的僵死物，而是一种活的存在——话语，它们不但有自己的内容，而且各有自己的说话人和听话人，它们总是处在与说话人的立场和听话人的意向密切联系的有所针对的对话关系之中。他认为，语言总是具有自己的历史，通过语言，我们既与当前的又与以前的说话者发生联系。语言既是对话的工具又是对话的产物，我们总是在自己的声音中听到他人声音的回响。每一表述充满了他人的话语，注入了另一个表述的回声，和对他人的回答。"我所理解的他人话语（表述、言语作品），是指任何他人的任何话语……我生活在他人话语世界里。我自己全部生活，都是在这一世界里定位，都是对他人话语的反应……以掌握他人的话语始……以掌握人类文化终。不可能存在孤立的表述。它总是要求有先于它和后于它的表述。没有一个表述能成为第一个或最后一个表述。"②

第二，对话的本质是离心型（divergent）的。所谓离心型对话主要是由巴赫金在他有关"复调"的观点中提出。巴赫金的复调理论与其语言观密切相连。他在研究俄罗斯著名作家陀思妥耶夫斯基小说的基础之上，提出了复调（hetero glossia）小说的理论，他指出："有着众多的各自独

---

① 顾明远主编：《教育大辞典（第一卷）》，上海教育出版社1990年版，第201页。
② 钱中文、巴赫金：《交往、对话的哲学》，《哲学研究》1998年第1期。

立而不相融合的声音和意识，由具有充分价值的不同的声音组成真正的复调——这确实是陀思妥耶夫斯基长篇小说的基本特点。在他的作品里，不是众多性格和命运构成一个统一的客观世界，在作者统一意识的支配下层层展开；这里恰是众多的地位平等的意识连同它们各自的世界，结合在某个统一的事件之中，而相互间不发生融合。"① 巴赫金指出复调小说的特点：主人公意识的独立性和不相融合性，在主人公相互之间、主人公与作者之间的对话中都相互保持着他们的独立性。巴赫金认为，对话必须是离心型的，即对话中的每一个主张都具有多元性。在巴赫金看来，"复调禁止个体的单一化或者一种社会的趋同化，这是因为对话需要不止一种声音，而且每一种声音都有其独特性。既然人的内在言语（inward speech）具有对话性和社会性，人只有在与不同的声音的交流中才能被理解。用巴赫金的话来说，语言是一种对话，真正的对话是由不相融合的意识所构成。社会必定被理解为处在持续的对话之中，而且是多声音的和非趋同的。"②

第三，对话是人存在的基本条件。巴赫金把对话上升到哲学的高度，认为对话是人存在的最基本条件，"一切莫不归结于对话，归结于对话式的对立，这是一切的中心。一切都是手段，对话才是目的。单一的声音，什么也结束不了，什么也解决不了。两个声音才是生命的最低条件，生存的最低条件。"③ 人的存在意味着建立相互关系，我为他人而存在，这意味着我被他人看到、听到，而他人亦进入我的视野，因我而实现其自身，进而形成交往。而交往则通过言语的交往被实现，在相互的表述中被实现。"这种言语的交往与表述，与生俱来就是一种对话的关系，人类生活本身的对话性在言语的交往中显现了出来。从而言语、话语与表述，确证了人的具体的存在方式，确证了人是一种言语交往中的存在、对话的存在。"④ 巴赫金认为，人是对话的存在，人是交往的存在。一方面，巴赫金承认生活中的每一个人（自我）在存在当中都占据独一无二的时空，

---

① ［俄］巴赫金：《陀思妥耶夫斯基诗学问题》，白春仁等译，生活·读书·新知三联书店1988年版，第29页。

② Quantz, R. A. & O'Connor（1988），"T. W. Writing critical ethnography：Dailogue", multivoicedness and carnival in cultural texts. *Educational Theory*, p. 99.

③ 钱中文主编：《巴赫金全集》（第二卷·周边集），李辉凡等译，河北教育出版社1998年版，第340页。

④ 钱中文、巴赫金：《交往、对话的哲学》，《哲学研究》1998年第1期。

每一自我"在世界上的位置是唯一的和不可取代的",也就是说,每一个人都是独一无二的主体。另一方面,巴赫金指出,自我与他人都是"人的整体的组成部分,我的生活是在时间上包容其他人存在的一种东西"①,这样,巴赫金认为自我并不是封闭的存在,它只能存在于和他人的对话交往中。因此,处在这种存在关系中的人的对话交往,是主体和主体之间的对话交往。

第四,狂欢(carnival)理论。巴赫金的"复调"理论表明了对话在本质上是不同声音之间的"博弈",合意或真理的获得不可能一帆风顺。事实上,在对话过程中,由于制度和结构的因素赋予某些对话参与者一些特权,而压制另外一些声音,对话参与者在地位、受尊重程度或者权力等方面难免会受到不平等的对待。但是在某些情况下,用一种"游戏"的态度和方法可以缓解张力的程度。游戏精神能够把对话参与者之间的分歧或歧义,更少地看做是威胁,更多地看做是机遇。对话游戏能够宽容某种程度的竞争,既不会让竞争升级,把对抗变为战斗,也不会通过排除所有的歧见而消除张力。如果对话游戏中存在对抗,我们应该欣赏对话伙伴的差异,把它们视为产生兴趣和让对话游戏丰富多彩的条件。

巴赫金用狂欢概念表达了他的对话游戏观。巴赫金指出,"狂欢节"这一民间文化是对等级森严的官方文化的颠覆,使人们从日常生活中一些僵化的、不可逾越的关系中解放出来。所有人既是表演者,又是欣赏者,这是一个平等自由、人人尽情展现自我的世界。"因为每一个人都有参加狂欢节的潜在性,所以狂欢节就提供了对话和复调的舞台……狂欢节悬置了那些维系社会秩序的规范。狂欢节的参与者颠覆了等级森严的官方规范文化,并且创造出一种新的关系模式,从本质上说是对话的模式。"②

(2)马丁·布伯的对话理论

马丁·布伯的对话观建基于其"我"—"你"关系理论。他认为人置身于二重世界之中,因为他领有两种截然不同的人生。人既筑居于"我"之世界,又栖身于"你"之世界。在"我—你"关系中,"我"被物质利益所遮蔽,不能发现生命的意义,"我—你"关系才是真实的人

---

① 陈太胜:《巴赫金对话理论的人文精神》,《学术交流》2000年第1期。

② Bauer, D. M. (1988), *Feminist Dialogics: A theory of Failed Community*. Albany: State University of New York Press, p. 4.

生。马丁·布伯的"我—你"关系有两层含义："其一，当我与'你'相遇时，我不再是一经验物、利用物的主体，我不是为了满足我的任何需要，哪怕是最高尚的需要而与其建立'关系'。因为'你'便是世界，便是生命，便是神明。我当以我的整个存在，我的全部生命，我的真本自性来接近'你'，称述'你'。其二，当在者以'你'的面目呈现于我，他不复为时空世界中之一物。此时，在者的惟一性之伟力已整个地统摄了我。你即是世界，其外无物存在，'你'无须仰仗他物，无须有待于他物。'你'即是绝对在者，我不可拿你与其他在者相比较。"① 布伯认为，"我—你"才是真正的对话关系。

马丁·布伯认为对话是一种"转向"的交流，即"真正的对话——无论是开口说话还是沉默不语——在那里每一位参与者都真正心怀对方或他人的当下和特殊存在，并带着在他自己与他们之间建立的一种活生生的动机而转向他们"②。真正的对话首先把对方视为独特的人，是一个特殊的存在，一个和自己不同的存在，带着这样的一种理念与对方相遇。其次，对话需要转向对方，不要自顾自地各说各话，要注意倾听对方。对话是一种"转向"的交流。这种转向不仅仅是身体的转向，更重要的是心灵的转向，"对话人生的基本运动是转向他人。确实，这种运动似乎是时时都在发生，甚为平凡。如果你看某人，与他谈话，你转向他，当然是以你的身体，但是你的灵魂也有必要转向他，因为你将你的注意力指向他。"③ 所以，布伯认为，对话不仅仅是语言的交流，更是精神的交流；对话不仅仅自己需要全身心地投入，更要仔细倾听他人。

与之相应的是，马丁·布伯指出了对话态度在对话中的重要性，在他的不同著作中，他主要说明了对话所需要的四种主要态度："其一是真诚，真诚意味着我们在交往与当前主题相关的信息和感情时是直接的、诚实的和坦诚的。其二是包容，包容意味着我们试图'看见他者'、'体验另一方'、'想想真是'以及对那个人来说他者思想的现实。其三是确认，确认意味着我们向他人表达意愿分享的关心。他者因为他的或她的价值以及作为人的完整性受到尊重。其四是在场，在场意味着对话中的参与者必

① ［德］马丁·布伯：《我与你》，陈维纲译，生活·读书·新知三联书店1986年版，译者前言第7—8页。

② ［德］马丁·布伯：《人与人》，张健、韦海英译，作家出版社1992年版，第30页。

③ 同上书，第34页。

须全神贯注地把他们完整的和真正的存在带向相遇者。"①

3. 对谈话型对话教学及其研究的反思

博布勒斯的研究主要关注于谈话型对话教学的特征和价值，对于如何宽容对话伙伴的不同观点，如何与学生的"异向交往话语"展开对话，谈话型对话教学需要怎样的课堂话语环境以及如何创设，谈话型对话教学的弊端是什么等问题或者没有涉及，或者仅仅简单提及，并未详尽论述。实际上，博布勒斯的谈话型对话教学研究之所以忽视或未能详细阐述以上方面，这是因为博布勒斯主要以伽达默尔的对话观为基础，并未借鉴其他解释学哲学家的对话思想，如狄尔泰、罗蒂以及哈贝马斯等人的对话思想。正如第一章所指出的那样，伽达默尔的对话观虽然是解释学视域下的对话思想的基石，但是不可否认的是，这种对话观也需要进一步完善，需要汲取其他解释学哲学家的对话思想。这就需要以伽达默尔的对话观为基础，充分借鉴狄尔泰、罗蒂，特别是哈贝马斯等解释学家的对话思想，构建一种新的谈话型对话教学。

（五）批判型对话教学

批判型对话教学把对话参与者之间的平等关系置于一种优先地位，强调对话过程中的批判反思性，其目的在于人的解放，实现人性化的理想境界。哈贝马斯的对话观就是一种批判型对话观。巴西著名教育学家保罗·弗莱雷是批判型对话教学的代表人物。西班牙教育学者拉蒙·弗莱夏在汲取保罗·弗莱雷的对话教育思想以及哈贝马斯等人的批判型对话理论的基础之上也提出了一些有关批判型对话教学的独到见解。

1. 保罗·弗莱雷的对话教学观

保罗·弗莱雷绝对可以称得上是对话教学中的里程碑式的人物。他寻求用提问式教育（problem-posing）来代替灌输教育。他认为灌输教育把知识视为一种具体化的和静止的财产，教育实践变成了"储蓄"行为，在这种教育理论中，一种非常有价值的商品——真理能够被"储存"在学习者那里。提问式教育则认为对话是不可或缺的。"真正投身于解放的人必须彻底摒弃灌输式教育，代之以接受人是有意识的存在这一观念，这

---

① Johannesen, R. L. Nel: "Noddings's uses of Martin Buber's philosophy of dialogue." In *The Southern Communication Journal*. Winter 2000, Volume 65, Issue 2/3, pp. 151 – 160. 转引自王向华著《对话教育论纲》，教育科学出版社 2009 年版，第 77 页。

里的意识是针对世界的意识。他们必须放弃储存信息的教育目标，代之以把人类与世界的关系问题提出来的教育目标。提问式教育摒弃公报，体现交流。"① 弗莱雷把对话置于"被压迫者教育学"的核心，认为这是提问式教育的本质："对话是师生合作共同寻求和再寻求学习目标的行为……教学不是把作为教师的固定财产的知识传递给学生，而是一个对话的过程，这是一个动态的不断接近学习目标的过程。"② 在弗莱雷看来，对话教学的目的在于通过一个共同探究的过程形成相互理解，而不是把真理从一个知识渊博的专家传递给一个被动的接受者。"提问式教育者从学生的反思中可以不断更新自己的反思。学生不再是温顺的听众，而是在与教师进行对话的过程中批判性的合作调查者。"③ 在对话教学中，学生不再是教师讲述内容的记忆和背诵者，而是一个批判性的独立思考者。教师把自己的观点提供给学生，教师不能强迫学生不假思索地接受这些观点，而是希望学生表达自己的观点，教师再根据学生的反应重新考虑自己早先的观点。提问式教育的作用就是教师与学生共同进行创造，在这种情况下，"信念（doxa）层面的知识被理念（logos）层面的真正知识所替代。"④ 弗莱雷认为，真正的知识也就是理念层面的知识，这是师生联合创造的。教师在自己的书房，甚至实验室中获得的知识都是一种信念层面的知识，这种层面的知识不是固定不变的，而是随着教师与学生的对话的深入，随着教师不断倾听到学生所持有的不同观点，在批判反思的基础之上被不断修正的，直至师生之间获得合意。师生之间达到合意的知识就是理念层面的知识。

弗莱雷强调对话关系的平等性。对话关系的平等性体现在对话参与者之间的相互关联，内在统一，特别是要消除传统教学中所形成的教师对学生的压迫关系。"通过对话，教师的学生（students-of-the-teacher）及学生的教师（teacher-of-the-students）等字眼不复存在，新的术语随之出现：教师学生（teacher-student）及学生教师（students-teacher）。教师不再仅

---

① ［巴西］保罗·弗莱雷：《被压迫者教育学》，顾建新等译，华东师范大学出版社2001年版，第30—31页。

② Shor, I., & Freire (1987), "What is the 'dialogical method' of teaching?" *Journal of Education*, p. 14.

③ ［巴西］保罗·弗莱雷：《被压迫者教育学》，顾建新等译，华东师范大学出版社2001年版，第32页。

④ 同上。

仅是授业者，在与学生的对话中，教师本身也得到教益，学生在被教的同时反过来也在教育教师，他们合作起来共同成长。"① 教师与学生的身份只是人为设定的，并非固定不变的。事实上，只有打破这种固定的身份关系，真正的对话才有可能。权威不是建立在盲目的服从之上，而必须建立在经过独立思考之后。"对话不可能发生在否认他人具有说出他们的词的权利的人和说话权利被否认了的人之间展开……对话需要对话双方的联合反思与行动，并且指向待改造和待人性化的世界。对话是一种创造行为。"② 对话不是一方向另一方"灌输"思想的行为，也不能变成由待对话者"消费"的简单思想交流。弗莱雷认为，反思与行动是对话的精髓。对话的任何一方都需要在命名世界的实践中，倾听另一方的观点，然后再反思自己的观点，换言之，对话双方是内在统一，而不是一分为二的。所以在对话教学中，首先就要打破那种把教师与学生一分为二区别对待的看法，打破这种人为的身份关系，建立起动态的、内在统一的师生关系。

弗莱雷认为对话需要意识形态批判。弗莱雷质疑教师权威的身份化，质疑所有的静止的惯例和公认的真理。弗莱雷的教育学寻求把"被压迫者"从意识形态和依赖他人的枷锁中解放出来。弗莱雷主要关注教成年人读写能力，但是对他来说，"读写能力"是一种暗喻，用来指一种更加广泛的能力——"解读世界"，这不仅仅指解码文本的能力，而且还包含对文化和政治批判的能力。教师、文本和国家不再是一种强制的和权威的力量，而是成为需要被仔细检查和质疑的对象。对话鼓励参与者对现实作出真正的反思与行动，成为批判性的思想者。

弗莱雷强调对话的情感性。弗莱雷指出，对话不仅仅是一种认知的过程，更是一种情感交融的过程，对话的维持需要对话参与者投入自己的情感，而不仅仅把对话视为一种共同获得知识的认知过程。具体来说，弗莱雷提出了如下的情感要求："其一是爱。爱是对话的基础和对话本身，缺乏对世界、对人的挚爱，对话就不能存在。其二是谦虚的态度。总是注意别人的无知而从不注意到自己的无知，就不能对话。其三是信任。离开了对人的信任，对话就无可避免地退化到家长式操控的局面。其四是希望。

---

① ［巴西］保罗·弗莱雷：《被压迫者教育学》，顾建新等译，华东师范大学出版社2001年版，第31页。

② 同上书，第38页。

希望扎根于人的不完善性之中，人通过不断地探索摆脱不完善——这种探索只有在与他人的沟通中才能实现。"①

保罗·弗莱雷虽然把对话提升到教学方法中的核心位置，但是对于什么是对话以及对话的益处，他频频使用修辞以及太过于抽象和概括化的词语。人们阅读他的著作，经常会受到激励和有一股强烈的道义感，但是他忽视方法论层面的研究，对于如何在课堂教学中开展对话着墨不多。

2. 拉蒙·弗莱夏的对话教学观

拉蒙·弗莱夏是西班牙巴塞罗那大学社会学教授、社会与教育研究中心主任。他于1997年出版了专著《分享语言：对话学习的理论与实践》，在该书中，他主要汲取了哈贝马斯的交往行为理论以及保罗·弗莱雷的批判教育学理论，以一个文学社团的活动为案例展示了他的对话教学观。他揭示了对话学习的七条基本原则：平等对话、文化智力、转化、工具维度、创造意义、社团和不同见解之间的平等。② 弗莱夏非常重视话语环境的平等性。他认为对话的最基本、最重要的理念就是平等，对话应该根据对话参与者推理的有效性而非依据权力的高低来判断对话内容的重要性。为了消除教育中的不平等现象，他认为需要从两个方面对教学重新定位，"一是多样性的目标应该调整为追求不同见解之间的平等；二是有意义学习应该更改为对话学习。"③ 他认为，"不能用好与坏来评判对话参与者的观点，相反，不同见解都应得到赞赏。这种平等关系把参与者带入较为理想的话语环境。"④ 他还特别指出平等教育必须基于社团基础之上，这里所谓的社团就是指一种互利互助的共同体。

（六）新谈话型对话教学：对谈话型对话教学的继承与超越

毋庸置疑，谈话型对话教学将成为解释学视域下的对话教学的基本形式，但是需要特别指出的是：谈话型对话教学不同于解释学视域下的对话教学，这是因为正如第一章所分析的那样，解释学视域下的对话观不同于伽达默尔的对话观。但是我们也不能忽视伽达默尔的对话理论在解释学视

---

① ［巴西］保罗·弗莱雷：《被压迫者教育学》，顾建新等译，华东师范大学出版社2001年版，第38—40页。

② ［西］拉蒙·弗莱夏：《分享语言：对话学习的理论与实践》，温建平译，华东师范大学出版社2005年版，第1页。

③ 同上书，第26页。

④ 同上书，第6页。

域下的对话理论中所占的核心和基础地位，所以，笔者将解释学视域下的对话教学类型称为新谈话型对话教学，这既表明了与谈话型对话教学的根深蒂固的联系，又表明了二者的不同。新谈话型对话教学是对谈话型对话教学的继承与超越。新谈话型对话教学的构建将以伽达默尔、哈贝马斯、罗蒂以及狄尔泰等解释学哲学家的对话思想为哲学基础，汲取巴赫金、马丁·布伯等学者的对话理论之精华，充分借鉴保罗·弗莱雷、拉蒙·弗莱夏等学者的批判型对话思想，以及已存有的以解释学理论为基础的教学研究。

新谈话型对话教学认为：在对话中，在充分尊重个体自主的前提下，师生之间、生生之间应该持一种总体上合作、宽容和平等的精神，而且处于一种持续的交流和批判反思的关系之中；对话的目的不在于达成协议或消除差异，而在于相互理解和自我理解；对话的过程不但是一个认知的过程，而且是一个情感交融的过程；对话的开启和展开都需要一种"理想的话语环境"。

新谈话型对话教学认为对话教学具有关系性，教学对话不是师生或生生两个孤立的人之间的事情，对话本身已经把师生或生生作为一个整体融入其中，在对话中，师生或生生都无法完全主观控制自己的观点，必须根据对方的观点而不断调整自己的观点，对话教学的关系性要求对话双方互相合作，平等相待，特别是需要宽容不同的声音。新谈话型对话教学认为对话是一个持续的过程，对话的目的不在于获得某个客观真理或者解决某个问题，而在于彼此之间的相互理解和自我理解，绝对的相互理解和自我理解是永远不可能达到的，这就意味着对话的持续性，而且不存在可衡量对话是否成功的客观标准。新谈话型对话教学不仅仅是一种认知关系，而且是一种情感关系。这种情感关系是对话在遭遇挫折和分歧时依然能够持续下去的重要动力。在对话中，对话双方，特别是教师应该不仅仅关注学生的认知成长，更要注意与学生的情感交融。对话教学的关系性是建立在充分尊重每一个对话参与者的自主性的前提之下的。在对话中，对话双方都需要真正心怀对方或他人的当下和特殊存在，对话的过程就是每一参与者的生命真谛的敞亮过程。对话是一种关系存在，是一种社会存在。与谈话型对话教学相比，新谈话型对话教学更强调真正的对话离不开对话参与者的批判反思，这种批判反思不仅仅是对自己前见或观点的反思，更强调对意识形态、权力关系、经济关系以及阶级关系等方面的批判反思，其目的在于修正对话的情境，且构建一种"理想的话语环境"。

第二节　新谈话型对话教学的特征

博布勒斯指出了"谈话型"对话教学观的两大特征：与知识的关系是一种离心型的关系，尊重每个人观点的多元性；与对话伙伴的关系是一种包容性的关系，对话过程中不要固执己见，要相互倾听对方的观点，新谈话型对话教学的特征将以其为基础。我国学者滕守尧对解释学意义上的谈话与其他类型的谈话进行了区别，这对把握新谈话型对话教学的特征具有重要的启示作用："有的人与他人说话时，盛气凌人，动辄以教训的口吻；有的人谈笑风生，侃侃而谈，却不顾他人之情绪和所想；有的人在交谈中穷于应付，不敢敞开自己的胸襟。但是，在这种种不恰当的交谈之外，还有一种将谈话者的整个身心融进去，在谈话后使人如同得到一次脱胎换骨的变换的交谈。这种交谈使人与人之间相互扩大眼界，精神生活进入一个新的和更高的层次，这种交谈正是我们所说的对话……它与解释学相对应。"① 滕守尧认为，首先，在课堂交流中，如果教师身兼"运动员"与"裁判"双重角色，凡是与自己的预设答案不一致的回答就严加批评或变相惩罚，总是在思考如何引导学生获得自己的预设答案，这就不是真正的对话。其次，在师生之间或生生之间的交流中，如果一方自顾自地自说自话，完全不顾及对方的意愿和态度，那也不是真正的对话。这也就是佐藤学称之为缺乏"应对"的交流，实际上就是缺乏倾听的交流。佐藤学认为，在交流中，对周围的人或者环境状况缺乏"应对"能力的人，往往显得滑稽可笑或四处碰壁。所以，不知道"应对"，不愿意倾听的交流就不是真正的对话。再次，在课堂交流中，不管是教师抑或是学生，如果不愿敞开胸襟，总是认为真理掌握在自己手中，总是为自己争辩，不愿意反思自己的观点，这就无法对话。总之，不平等、不倾听、不开放的心态是与对话精神背道而驰的。真正的对话就是"一种平等、开放、自由、民主、协调、富有情趣和美感、时时激发出新意和遐想的交谈。"② 真正的对话不仅仅是各种观点的碰撞激荡，更是人的精神的交融和升华。"这

---

① 滕守尧：《对话理论》，台北扬智文化事业股份有限公司，1997年，第21—22页。

② 同上书，第22页。

种对话已经不是那种普通的死死板板的一问一答，而是将回答在瞬间转化为一个新的提问，从而使问中有答，答中有问，问的时候已经有所理解，理解了一个问题，就是进入一个新的更高层次的发问。"[1]

笔者在浙江 L 小学进行调研时，曾有幸观摩了全国阅读教学比赛一等奖获得者——J 老师的多堂课。J 老师的课基本上都是以师生、生生对话的方式展开，而且体现了新谈话型对话教学的典型特征。笔者将以《麋鹿》一课为例来探讨新谈话型对话教学的特征。在与学生们进行了有关麋鹿的外形的对话之后，J 老师与同学们围绕着麋鹿的传奇经历展开了对话[2]：

> 师：好，同学们有了这些背景知识，你们再去读一读关于它生活经历的这几段。我相信你们会有很多感受。可能悲伤，可能感动，待会儿我们就聊一聊我们内心的最强烈的感受。
>
> 学生默读。时间：一分半钟。
>
> 师：读一本书或读一篇文章，往往每个人最想说的不一样。有的人可能最想说他最高兴的地方，有的人可能最想说他最忧虑的地方。你们小组先聊一聊，过会儿告诉我你们小组产生了几种想法？
>
> 小组讨论。时间：二分钟。
>
> 师：我简单了解一下你们的感受。你们小组的感受一样吗？
>
> 生 J：不一样。四个愤恨，一个悲伤，一个高兴。
>
> 师：好，每个小组内的同学的感受都不一样。你看每个人的感受都不一样。我们就集体交流，集体交流就更加注意倾听了。谁第一个说？谈谈你最想说的。
>
> 生 K：高兴。
>
> 师：为什么呢？
>
> 生 K：因为麋鹿在外面漂泊了许多年，终于回到祖国。
>
> 师：很好，他用了"终于"一词，麋鹿终于有了圆满的结局，所以感到高兴，非常好。我在这里插一句，麋鹿是属于重新引入，我

---

① 滕守尧：《对话理论》，台北扬智文化事业股份有限公司，1997 年，第 41 页。

② 引自笔者的课堂观察记录，这是对课堂教学中的某一片段的描述，完整的课堂教学描述见附录Ⅱ。

国从国外重新引入的动物物种很多，但是成功的只有麋鹿。这意味着许多动物在我们国家就永远地消失了，当然高兴，这是发自内心的。

生 L：我感到愤恨。因为八国联军入侵北京之后，杀戮了很多麋鹿，有的还被装上轮船，使麋鹿在我国国内几乎销声匿迹，所以我感到愤恨。

师：我刚才在教室转的时候，发现许多同学都感到愤恨，不但你们，就是他们自己国家的人都感到愤恨。法国有个大文学家雨果，他说，发现了两个强盗，一个叫英吉利，一个叫法兰西。好，很多人都感到愤恨。还有没有其他感受？

生 M：感动。

师：为什么呢？

生 M：因为贝福特公爵非常喜欢麋鹿，精心饲养的 18 头麋鹿生长良好，并迅速繁殖，而且后来大公无私地把麋鹿运往世界各国，如果没有他，麋鹿可能真得销声匿迹了，我为贝福特公爵感动。

师：好，其实并不是所有的外国人都是坏人，不同国家的人都是差不多的，有强盗，也有很善良的人。还有没有其他感受？

生 N：忧虑。我读过一篇课文，说，麋鹿是我们的兄弟，我们应该把它们当做朋友一样看待，而不是看做奴隶。我担心麋鹿再遭厄运。

师：好，还有没有其他感受？

生 O：惊讶，我原来只知道麋鹿是珍稀动物，但是没有想到原来麋鹿有那样子的经历。

师：你看，虽然语言一下难以表达，但是用了"那样子"的一词说明在心中的一波三折，它的命运极其坎坷。真是很难想象。还有没有特别的感受？

生 P：我也感到惊讶，这些麋鹿在伦敦、巴黎和柏林等地的动物园里展出，我们国家为什么不去把它讨回来？

师：是啊，为什么不去讨回来呢？大家看一下，这篇课文里说从什么时间开始我国重视将它们引进来？

生（群体）：新中国成立之后。

师：所以一个动物的命运是与我们的国家、民族的命运联系在一起的。

师：刚才 W 同学提到这个词"忧虑"，我们再围绕着这个词展开讨论。忧虑就是担心麋鹿以后的命运到底该怎样发展，大家不妨围绕这个问题展开讨论，我觉着很有意思。"你觉着麋鹿还会'迷路'吗？"先不要急于举手，先思考一段时间。思考时间半分钟。

师：答案可能有两种，一种是"会"，一种是"不会"。认为"会"的请举手。不要左顾右盼看别人，坚持说出自己的想法，有时真理就掌握在少数人手中。好，有 10 位同学举手。你们这些举手的同学相互看一下，待会儿你们聚在一起再讨论一下。相反的，没有举手的同学认为是"不会"的，没有举手的同学占大多数，你们可以就近讨论一下。待会儿我们就这个问题展开讨论，到底是"会"还是"不会"。

学生讨论时间：一分半钟。

师：大部分同学认为不会"迷路"，好，请同学说说你的理由。

生 Q：现在国家强大了，不会像过去那样懦弱无能了，而且跟其他国家关系又和好了。

师：好，两个理由，国家强大，和其他国家关系和好。

生 R：现在生活环境好了，现在国家至少有三个麋鹿自然保护区。

师：三个自然保护区。一个在江苏大丰，一个在湖北石首，一个在北京。好，有补充的请举手，如果理由相同，咱就不举手了。

生 S：现在国家法律规定，捕杀麋鹿是违法犯法的行为，要受到法律制裁。

师：还有没有补充，没有了，好，你们三位同学把理由给总结了。好，赞成麋鹿会"迷路"的同学请站起来。我觉着刚才这些同学的理由很有道理，我都被他们说服了，你们中有没有同学改变主意，不站起来了？

生（群体）：没有。

师：好，谁先说？

生 T：因为现在全球气候变暖，麋鹿的数量即使在自然保护区内也有可能会下降。

师：好，T 的知识面很宽广，已经联系到全球环境。是的，再这样下去，不但是麋鹿，而且我们人类的生存环境都困难，我们第一篇课文讲的就是"只有一个地球"。自己还有没有补充，好，你请坐，跟他一样没有其他补充的请坐下去。站着的还有其他理由，对吗？

生 U：人们在自然保护区内乱扔垃圾，可能造成对麋鹿的伤害。

师：好，就是我们刚才提到的，你还记着，很好。

生 V：有人连藏羚羊都敢偷猎，那麋鹿怎么不敢偷猎呢？保护区内又没有重兵把守。

师：对啊。大家想一下，为什么人们这么重视藏羚羊，可是还有另外一些人甚至不惜冒着生命危险去偷猎藏羚羊啊！

生 W：我看到有文章说在黑市上可以被卖得很贵。

师：嗯，这个问题真值得好好思考。

生 X：人们现在乱砍滥伐，有一天自然保护区内可能都没有一棵树了。

师：对，还是一个自然环境的问题。

生 Y：人类将来还是有可能发生第三次世界大战，那样的话，麋鹿还是有可能被杀戮。

这时班级内的许多学生都笑了。（显然，在这些学生看来，用再次发生战争作为理由是很可笑的。）

师：我可没有一点想笑的意思。对啊，再次爆发战争的可能性还是会有的，麋鹿最初的那种颠沛流离的生活就是因为战争引起的。

师：很好，这是一个没有绝对答案的问题，大家通过讨论把自己的想法表达出来了。作者写麋鹿的时候，不仅仅是介绍它的外形、生活习性，其实也把自己的许多感情写出来了。

在这个教学案例中，师生之间、生生之间主要围绕着两个问题展开了深入的对话：其一，学生们对麋鹿的传奇经历的最深刻的感受是什么？其二，麋鹿还会"迷路"吗？而第二个问题本质上是对第一个问题的进一步深化。教师所提的这两个问题都是开放性的"真问题"，教师没有也不可能有预设答案，而且能够在正反两个方面保持平衡，对于这样的问题，学生的一次回应不可能满足教师的要求，这样对话势必在师生之间持续下去。针对第一个问题，学生们分别表达了"高兴"、"愤恨"、"感动"、"忧虑"以及"惊讶"等各不相同、甚至截然相反的观点，但每一位同学的观点都有其合理性；针对第二个问题，正如预期的那样，大部分的同学认为麋鹿将来不会再"迷路",但是有 10 位同学认为麋鹿仍然有再次"迷路"的可能性,而且从气候变化、环境保护、偷猎以及战争等方面进行解释,这些同学们的观点都很有道理。在对话过程中,教师敞开自己,宽容每一种观点,真诚地倾听每一种解释,并且能够根据学生的不同观点作出睿智的和真诚的回应。学生们在回应中敢于表达自己的真实想法,而且学生的各种声音都得到了展示的机会,例如,在对第一个问题的回应中,有的学生对八国联军表示愤怒,而有的学生为外国人感动,这是两种截然相反的观点,但是都很有道理,这样的对话教学势必让学生们,当然也包括教师不断反思自己的褊狭的理解,从而不断形成新的理解。另一方面,这两个问题最后都没有达成一个绝对的合意,但是谁又能否认学生们在对话中没有形成相互理解呢?对话教学的目的不在于引导学生获得教师的预设答案或获得绝对的合意,而在于自我理解和相互理解。这就是一种新谈话型对话教学。

一 新谈话型对话教学的目的:理解

新谈话型对话教学的核心目标就是理解。伯恩斯坦(R. J. Bernstein)认为,对于伽达默尔来说,真正重要的是:"相互性、尊重,真正寻求理解对话伙伴正在说的话,通过这样的一种相遇开放并评估自己的观点。"[1]伯恩斯坦明确指出了伽达默尔对话观的目的在于真正理解对话伙伴所说的话。根据伯恩斯坦的观点,这种理解,一方面是一种相互理解,并且彼此尊重,这种对话的结果就是伽达默尔所称的"视域融合",这是主体之间相互理解的基础,这样一种意义上的对话就是寻求一种能够让对话者相互之间理解的语言和交流方式;另一方面是自我理解,在对话时持开放的态度并且通过对话不断评估、反思和修正自己的观点。

"理解"是一个我们非常熟悉但又难以说清的概念。我们经常说"理解某人"或"理解知识"等,这里的理解概念一方面被视为一种"移情",与某人情感上保持一致;另一方面被认为是一种认知行为,如"学会"或"掌握"了某种知识。这些我们日常生活中经常使用的理解概念,都有一个特点:那就是一种单方面的理解。譬如说,我们理解某人,是我

---

① Bernstein, R. J. (1986), *Philosophical Profiles*. Philadelphia: University of Pennsylvania Press, p. 113.

们单方面去理解他人，而他人却没有要理解我们的意思；学生理解教师的讲解，是学生单方面理解教师的观点，而教师并无理解学生之意愿。这种理解概念从根本上讲是主体的一种行为方式。而伽达默尔的理解概念与我们平常所熟知的理解概念不同，伽达默尔认为理解不是人的行为方式，而是人的存在方式。他继承了海德格尔的理解概念。在海德格尔看来，理解既不是施莱尔马赫所认为的通过移情与作者思想取得一致，亦不是狄尔泰所认为的深入到个体内心，把握生命表现的行为，理解是此在、在世、存在的一种基本方式，是在一个人生存的生活世界脉络中去把握他自己存在可能性的能力。境缘性的理解（befindliche Verstehen）和理解着的境缘性就构成此在的基本生存论环节。伽达默尔认为，理解不是再现而是调解，理解在本质上是把过去的意义置入当前情境的一种调解或翻译。我国著名的解释学研究学者洪汉鼎教授对两种理解观进行了区分："一种是认知观点，它强调主客二分，理解是静观，把握对象的意义，其标准是客观性和中立性。另一种是经验的观点，它强调主客统一，理解是与某物周旋，打交道，其理想是参与性。"① 通常我们说的"理解"就是把握一些东西，如理解一本书，就是把握这本书中的一些意义，好像意义就存在于这本书中等待我们去发现。但是海德格尔的"理解"概念不是这个意思，他的"理解"概念是和某人某物打交道，可以用"周旋"来翻译它，实际上，"理解"就是跟某个东西在进行周旋，打交道。理解一个文本，就是不断地周旋，不断地对话，它能向我提问，我也对它进行回答。理解总是相互理解，理解双方达成一致意见。另外，伽达默尔也经常说，在一切理解当中，都包含着自我理解，自我理解只在我们遭遇到他物而不是自我时才发生，理解永远是自我与他物的统一。当然，新谈话型对话教学并非否认"移情"、"体验"或"推心置腹"等方式在理解过程中的教育价值，因为通过这种方式可能有助于达到相互理解和自我理解。

　　对话双方的视域融合形成新的理解，这种新理解不仅仅是认知性的，更包含有精神性。"教化"概念表明理解的过程不仅仅是一个获得普遍知识的过程，而且还包含以"异化"为前提的返回自身的运动，也就是说，获得知识的个人意义，促进个体的精神成长。利科尔曾说："在理解中，

---

① 洪汉鼎主编：《中国诠释学（第二辑）》，山东人民出版社2004年版，第23页。

自我的构成和意义的构成是同时的"。① 师生在与文本的对话中，首先获得个体精神成长的人类的普遍文化，然后又以此为基础，返回自身，获得知识的个人意义。知识的个人意义的不同正是师生对话的前提，同样，在对话的过程中，在倾听对方的观点的过程中，不断进行个体精神的"异化"，而又进一步反思知识的个体意义，从而促使个体精神的不断成长。总之，新谈话型对话教学的目的在于促进师生双方的精神成长，全面提升人的自由，关怀人的生命生成。"理解能够使精神超越自身深入历史的深处，超越现实而飞翔在未来，因此，理解在生活的'经历''经验'不断的更新、不断的变化中，使精神获得新的历险，获得新的发展。"②

1. 理解指师生的相互理解

（1）师生相互理解的内涵

解释学视域下的对话的目的不在于获得教师的预设答案，也不在于解决某个问题或达成某种政治协议，而在于理解。理解绝不是一方对另一方的单方面的理解，而是相互理解和对话。所谓理解就是对事情取得相互一致，而不是说使自己置身于他人的思想之中并设身处地地领会他人的体验。在伽达默尔看来，理解首先是一种相互理解，理解的原始形式就是同意或相互一致（Einverstandnis），即理解者与被理解的东西取得一致意见，文本理解的目的不在于探究作者的原意，而在于理解文本所提出的某种可能的真理要求。伽达默尔说："理解（Verstehen）首先指相互理解。了解首先是相互一致。所以，人们大多是直接地相互理解的，也就是说，他们相互了解直到取得相互一致为止。了解也总是对某物的了解。相互理解就是对某物的相互理解。"③ 理解的结果是不同视域的融合。

所谓的融合的视域不是被发现的而是被创造的。融合的视域是在相互交谈之中确立的，并不是基于一个人进入另一个人之中，也不是基于一个人立即融入另一个之内。伽达默尔所说的视域融合绝非是把一个人的理解作为主导的或唯一正确的理解强加给另一方，这样的一种结果就是未能让双方的观点得到相互仔细的检测，并且很可能继续维持着原来的偏见。相

---

① ［法］保罗·利科尔：《解释学与人文科学》，陶远华等译，河北人民出版社1987年版，第163页。

② 金生鈜：《理解与教育——走向哲学解释学的教育哲学导论》，教育科学出版社1997年版，第99页。

③ ［德］伽达默尔：《真理与方法》，洪汉鼎译，上海译文出版社2004年版，第233页。

互理解"既不是一个个性移入另一个个性之中，也不是使另一个人受制于我们自己的标准，而总是意味着向一个更高的普遍性的提升，这种普遍性不仅克服了我们自己的个别性，而且也克服了那个他人的个别性"①。所以伽达默尔的理解概念表示对话双方都不固执己见，而是彼此开放，每一个人都对他人的真理的可能性保持开放，在开放中相互"周旋"，实现相互理解。在前文的案例中，J教师在提出问题时并没有预设答案，师生的对话也没有达成一个最终的结论，但是在对话的过程中，师生双方都听到了各种不同，甚至是截然相反的见解，达到了相互理解。那些对八国联军感到愤恨的同学也能意识到外国人并非全部是"坏人"，那些为外国人感动的同学也能意识到八国联军的残忍。那些认为麋鹿不再"迷路"的同学意识到了麋鹿依然有再次"迷路"的可能性，而那些认为麋鹿可能再次"迷路"的同学也听到了麋鹿有可能不再"迷路"的理由。可以肯定的是，学生的许多观点是超出教师预期的，通过与学生的对话，教师也能对这个问题形成新的理解。

相互理解意味着任何人都不可能拥有绝对的理解。用多尔的话来说，这种相互理解就是一种不断"协调信息"的过程："在此运用一个共同的我认为也是适合的后结构术语来说是'协调信息'——在文本和读者之间、教师和学生之间、经验和意识之间协调这些信息——而不是呈现一个命题、名词或观点的真理——在我看来似乎是课程的所在或应该的所在。在'协调信息'的过程中每一方积极地倾听——同情而具有批判性地倾听——对方在说什么。其意图不在于证实一种立场的正确性而是要发现将不同观点联系起来从而通过积极地参与对方而扩展自己的视域的方式。这一参与是一种转变双方的过程的活动，不论双方是文本与读者或学生与教师。"② 在课堂教学中，教师应该意识到自己的埋解并非是绝对性的埋解，是需要被不断完善和修正的。我国宋代大文豪苏轼有一首名诗——《题西林壁》：

横看成岭侧成峰，远近高低各不同。

① ［德］伽达默尔：《真理与方法》，洪汉鼎译，上海译文出版社2004年版，第392页。
② ［美］小威廉姆·E. 多尔：《后现代课程观》，王红宇译，教育科学出版社2000年版，第218页。

不识庐山真面目，只缘身在此山中。

诗中所蕴涵的哲理与伽达默尔所主张的相互理解观如出一辙。游人身处庐山之中，视角被庐山的峰峦所局限，只能看到庐山的一岭一峰一丘一壑，由于位置不同、视角不同，虽然看到了各不相同的庐山景致，但是不能辨识庐山的全貌。世上的每个人又何尝不是"庐山中的游人"呢？对事物的理解和解释是人对处身世界意义的一种选择，是人的一种精神活动存在方式。正是在这个意义上，鲁迅先生断言："一部《红楼梦》，经学家看见了《易》，道学家看见淫，才子看见缠绵，革命家看见排满，流言家看见宫闱秘事。"①

（2）师生需要相互理解的缘由

解释学视域下的理解是相互理解，这是因为理解具有历史性和生成性。

理解的历史性首先意味着理解总是受到前见或历史的制约。伽达默尔为前见正名，表明理解总是受前理解或前见的限制，或者说，理解总是在历史的影响之下。伽达默尔说"真正的历史对象根本就不是对象，而是自己和他者的统一体，或一种关系，在这种关系中同时存在着历史的实在以及历史理解的实在。一种名副其实的诠释学必须在理解本身中显示历史的实在性。因此我就把所需要的这样一种东西称之为'效果历史'。理解按其本性是一种效果历史事件"②。"效果历史"概念表明，任何的理解都不能游离于历史进程之外，历史或传统对我们而言不是完全客观的东西，试图摆脱历史或传统就如同走出自己的皮肤一样，都是徒劳的，所以理解总是受到传统或历史的影响。哲学解释学表明，人的理解不可能摆脱历史以及自己的前见，有前见的存在已经构成了人理解历史的实在。不管理解多么的理智，前见都是其理解的条件。所有的意义都是在以前的知识的基础之上的推测，而以前的知识，即使以一种不能说明的暗示的形式或无意识的直觉的形式，都以一种前见的形式参与了理解。其次，理解的历史性还意味着人是一个历史的存在，人的存在具有时间性和有限性。海德格尔

---

① 《鲁迅全集》第八卷第 145 页，转引自王岳川著《现象学与解释学文论》，山东教育出版社 1999 年版，第 299 页。

② ［德］伽达默尔：《真理与方法》，洪汉鼎译，上海译文出版社 2004 年版，第 387 页。

指出此在的存在方式是一种"理解着的境缘性"，人是被抛到历史中的，人无法选择自己的生存历史。因为人存在于历史中，历史为人显示了"现在"的领域，而"现在"在"将来"看来必定成为"曾在"，所以人的理解必定具有历史性。理解的历史性表明不管是教师的理解还是学生的理解都不是绝对的完全的理解，都具有相对性和不完整性，都需要持一种开放的态度，倾听不同的观点，从而形成新的理解。所以理解的历史性与对话是一种辩证互动的关系。理解的历史性表明了理解的有限性和不完整性，任何的理解都不是绝对的理解，都需要在未来被检测，并不断被完善，理解的历史性表明了对话存在的必要性；另一方面，通过对话，通过不同观点的碰撞，人逐渐意识到哪些前见生成了正确的理解，而哪些前见又导致了误解，从而可以修正那些导致误解的前见，形成一种新的理解。

理解的历史性与理解的生成性是一个过程中的两个方面，因为理解总是受前见限制，任何的理解都是在原有基础上的生成，都是"有中生有，而非无中生有"，那种试图消除个人的前见和传统，从而准确复制文本原意的说法只能是一种幻想。正如伽达默尔所说："理解就不只是一种复制行为，而始终是一种创造性的行为……我们只消说，如果我们一般有所理解，那么我们总是以不同的方式在理解，这就够了。"① 任何一个文本在不同的情境中，都会面临新的问题和具有新的意义，所以需要对文本进行重新理解和解释。实际上，文本始终是通过不断更新意义表现自己，这种意义就是对新的情境中的新问题的回答。所以理解绝不是简单的复制、再现、重建或者恢复理解的客体的原意，理解总会产生新意。对于同一个文本，师生之间或多或少，总会有不同的理解，总会存在理解的差异性。理解的生成性正是师生对话的前提，这是因为如果师生之间的理解完全一致，就没有对话的必要了。

2. 理解是师生的自我理解

（1）自我理解的内涵

新谈话型对话教学认为在对话过程中，师生都需要自我反思和理解。伽达默尔指出："所有理解最终都是自我理解……谁理解，谁就知道按照

① ［德］伽达默尔：《真理与方法》，洪汉鼎译，上海译文出版社2004年版，第383页。

他自身的可能性去筹划自身。"① 对任何文本进行理解，都一定是在某个具体情境中对它进行理解，理解在任何时候都包含一种旨在过去和现在进行沟通的具体应用。正如有学者指出的那样，"做人的显著特点是，他的行为和自我理解都是变化不定的，不能一劳永逸地保持他原来的样子。终极性与人性似乎是互相排斥的……一个人的存在从来不是完成了的，不是最后的，人的状态是初生状态，每时每刻都在作出选择，永远不会停滞。"② 首先，自我理解意味着追求知识的意义性。海德格尔说，"意义是某某东西的可领悟性的栖身之所。在领会着的展开活动中加以勾连的东西，我们称之为意义。"③ 自我理解就是要超越知识的工具价值去追寻人的生命活动的出发点和归宿，怎样用某种使生活得以延续下去的方式来解释人生。"任何以阐释学名义从事的研究……均要求研究人员应在研究过程中，不断深化对于他（她）本人的自我理解……它更多是关注人生的意义问题。"④ 其次，自我理解是对话教学的道德性要求。在对话过程中，对话参与者应该通过倾听对方不同的观点，从而不断自我反思，加深自我理解，修正自己的原有观点。那种仅仅要求他人去理解自己的做法是不道德的。"成人"的过程就是一个不断认识自我的过程。正如卡西尔所说，"人被宣称为应当是不断探究他自身的存在物———一个在他生的每时每刻都必须查问和审视他的生存状况的存在物。人类生活的真正价值，恰恰就存在于这种审视中，存在于这种对人类生活的批判态度中。"⑤

（2）师生需要自我理解的缘由

理解必须兼顾到两个方面的要求：一个是需要理解的文本，另一个是理解者的情境。通过在过去与现在之间不断周旋，通过在文本和情境这两方面的要求之间不断周旋，理解者实现自我理解。这是因为理解具有"教化性"和"实践性"。理解的教化性表明人需要通过理解他者、理解人类的普遍文化而理解自我；理解的实践性表明理解是通过不断对自己的现实情境的理解而理解自我。

---

① ［德］伽达默尔：《真理与方法》，洪汉鼎译，上海译文出版社 2004 年版，第 337—338 页。

② ［美］赫舍尔：《人是谁》，隗仁莲译，贵州人民出版社 1994 年版，第 37—38 页。

③ 秦光涛：《意义世界》，吉林教育出版社 1998 年版，第 67 页。

④ ［加］史密斯：《全球化与后现代教育学》，郭洋生译，教育科学出版社 2000 年版，第 126—130 页。

⑤ ［德］卡西尔：《人论》，甘阳译，上海译文出版社 1985 年版，第 8 页。

　　教化的本质就是在异己的东西里认识自身。利科尔对此做出解释，理解者是通过对他者的理解，从而不断增长对自我的理解，不管是明晰的还是暗示的，每个理解者都是通过理解他者而达到自我理解。每一个理解者就是在不断理解历史与文化、理解他人之中不断理解自己。解释学认为理解是一个视域不断融合的过程，每个人都对他者保持开放，在倾听他者的意见的过程中，不断反思自己的观点，从而不断加深对自己的理解，并且不断修正自己的前见。这是因为理解寻求的并不是客观知识，而是关于自身存在的意义，理解必定构成人对自身的反问，从这个意义上说，理解的目的就在于自我理解。这就是一种"教化式"的理解观。在课堂对话中，师生都在倾听对话伙伴的观点的基础之上，不断反思自己的观点，不断反思知识的个人意义，从而实现自我理解。教化概念强调人与知识的对话，对话的前提就是人与知识的开放，这就意味着，在课堂教学中，作为知识化身的教师也需要开放，自己的预设答案不是绝对正确的真理，它需要在与学生的交流对话中不断被修正。

　　效果历史概念不仅表明了理解的历史性，而且也揭示了解释学的另一重要功能，即应用功能。伽达默尔指出，"人们认为，解释学具有一种使文本的意义适合于其正在对之讲述的具体境况的任务，乃是一件理所当然的事。"① 对任何文本进行理解，都一定是在某个具体情境中对它进行理解，理解在任何时候都包含一种旨在过去和现在进行沟通的具体应用。换言之，理解必须兼顾到两个方面的要求，一个是需要理解的文本，另一个是理解者的情境。所以伽达默尔所提及的应用不同于特殊解释学中的那种从一般到特殊的简单应用，这种简单应用假定一般原理或规则是放之四海而皆准的，反之，在伽达默尔看来，应用需要理解者根据情境的状况对一般原理或规则进行修正和补充。"具有理解的人并不是无动于衷地站在对面去认识和判断，而是从一种特殊的使他与其他人联系在一起的隶属关系去思考，好像他与那人休戚相关。"② 规则的应用离不开对情境的理解，而理解者也正是在对情境的理解中理解自身。

　　3. 理解与误解构成一种辩证关系

　　新谈话型对话教学视域下的理解与误解不是一种非此即彼、二元对立

---

① ［德］伽达默尔：《真理与方法》，洪汉鼎译，上海译文出版社2004年版，第399页。
② 同上书，第419页。

的关系，而是构成一种辩证关系。伽达默尔否认绝对理解的存在，这是因为绝对的理解意味着解释学循环的破裂，而理解总是意味着不同的理解，所以伽达默尔所主张的理解是一种不断生成的理解。"理解和误解总是同时发生。每一次的理解都是部分理解，每一次理解的确立都通过一个解释的过程，而解释必须把最初所说的或所意指的转变为对听众突出的术语。每一次误解都来自于某种被理解的事情，但是又被延伸到和推论到某种不能被理解的事情。"① 因此，理解和误解不应该被一分为二地视为具有非此即彼的关系。没有任何交流的过程是完美的；任何主体之间的理解，即使在那些共享同一种语言、同一种文化和某些共同经历的伙伴之间，都不可能达到完整。而且，"正是通过'误解'他人的过程，也就是说，使用与他人所使用的些许不同的术语来解释他人的宣称和信念，这一交流的过程实际上走向了新的理解——这就是为什么我们参与对话的部分原因。"② 事实上，正如伽达默尔所说："每一种误解不都以一种'深层的共同一致'为前提吗?"③

二　新谈话型对话教学中的问题优先性

新谈话型对话教学将问题置于优先地位，提不出真问题，就不会有新谈话型对话教学的存在。在前文案例中，J 老师与同学们的对话之所以能够深入地持续下去，就是因为对话是建基于真问题之上的。

1. 提问的不同目的

教师在课堂教学中可能出于许多不同的目的而提问：首先，最简单也是最常见的情况就是寻求一件具体的信息，或者说对一些事实性的知识进行询问。这种类型的提问在课堂教学中经常出现，但是这种问题很难让对话持续下去，这是因为学生的一次回应往往就能够让这些问题得到完全的满足，而学生的回应很难引起新的问题。重复使用这种单向的和受限制的问题必定挫伤交流中的激情和自发性。这种类型的提问并非没有教育价值，但是现在存在的问题是，有些教师过多地使用这种类型的提问，把师

① Burbules, N. C. (1993), *Dialogue in Teaching: Theory and Practice.* New York and London: Teachers College, Columbia University, p. 115.

② Dascal, M. (1985), "The relevance of misunderstanding". In M. Dascal (Ed.), *Dialogue: An Interdisciplinary Approach.* Philadelphia: Benjamin's, pp. 441–459.

③ ［德］伽达默尔：《哲学解释学》，夏镇平译，上海译文出版社1994年版，第7页。

生交流变成"背诵加考查"的问答教学。其次，教师提出一些可能产生挑战或批评的问题。教师在提这种类型的问题时往往是因为对学生的回应感到不满意，想继续引导学生或者对学生提出批评。这种类型的问题可能产生两种结果：一是教师把学生引到自己的预设轨道上来；二是教师在倾听学生解释的过程中不断反思自己的观点，结果就转变成第三类问题，提出一些寻求理解的问题。这种问题可被视为一种邀请，教师在提问时，需要对自己的观点、信念、评价、解释和阐释等持一种开放的心态，随时准备修正自己的前理解，教师真诚地想仔细了解学生对某一主题的所思、所想或所知。新谈话型对话教学中所指的提问就是第三种类型的提问。在前文案例中，J老师所提出的两个问题都是第三种类型的问题，在伽达默尔看来，这种类型的问题就是"真问题"，是可以使对话持续下去的。

2. 新谈话型对话教学需要真问题

（1）真问题的特征

伽达默尔区分了正确的问题、错误的问题与歪曲的问题。"因此，提问可以是正确的或错误的，而且是根据它是否进入真正开放领域而确定的。当某个提问并未达到开放状态，而又通过坚持错误的前提来阻止这种开放，我们便把这个提问称之为错误的……对于一个歪曲的问题，我们根本不能给出回答，因为歪曲的问题只是表面上而不是实在地使我们途经那种可得以作出决定的开放的悬而未决状态。我们之所以不把这种问题称之为错误的，而称之为歪曲的，就是因为在其后总是隐藏了一个问题，也就是说，它意指了一种开放——但这种开放并不处于所提问题所指定的方向之内。歪曲就是指那种偏离方向的东西。一个问题的歪曲性在于，问题没有真实的方向意义，因而不可能有任何回答。"①

真问题的首要特征是开放性。教学中的真问题的开放性包含两个方面：其一是，被提问东西的开放性。"提问就是进行开放。被提问东西的开放性在于回答的不固定性……被问的东西必须被带到悬而未决的状态，以致正和反之间保持均衡。每一个问题必须途经这种使它成为开放的问题的悬而未决通道才完成其意义。每一个真正的问题都要求这种开放性。"②

①　［德］伽达默尔：《真理与方法》，洪汉鼎译，上海译文出版社2004年版，第472—473页。

②　同上书，第472页。

被提问的东西是悬而未决的，正与反之间保持平衡。如果问题缺乏这种开放性，那么问题在根本上说就是没有真实问题意义的虚假问题。被提问东西的悬而未决主要是指为文本理解的创生性创造条件。"学生们对麋鹿的传奇经历的最深刻的感受是什么？麋鹿还会'迷路'吗?"这两个问题都具有开放性，可以充分激发学生的思维和想象力，学生们不会去刻意猜测教师的预设答案，这样课堂教学中就会有生成和创新。其二是，教师要有开放的态度和胸襟，那些固执己见、狂妄自大的教师是无法进行真正的对话的。"为了能够提出问题，我们必须要知道，但这也就是说，知道我们并不知道。"① 苏格拉底对话的前提就是承认自己的"无知"。伽达默尔虽然为前见进行正名，但是同时他也指出，前见可分为正确的前见和错误的前见。教师只有通过努力倾听文本和学生，才能够批判地意识到自己的偏见，从而不断修正那些错误的偏见。只有彼此开放，每一个人都对他人陈述的真理可能性开放，才能有真正的人类联系，才能提出开放性的问题。所以对于教师而言，在提问之时就要放弃那种存在标准答案和客观真理的想法。课堂教学中，倘若教师在提问之前就已经有了预设答案，而且笃信自己预设答案的正确性，那么教师就缺乏开放的态度和胸襟。在前文的案例中，J 老师与学生们的对话中，没有去刻意压制学生的声音，没有去引导学生获得自己想要的回答，而是让学生们自由地表达自己的真实观点，他耐心地倾听学生们的想法，让各种不同的观点不断地碰撞和融合，达到相互理解和自我理解。这就是一种开放性提问，只要时间允许，师生之间的对话可以一直持续下去。然而在现实的课堂教学中，许多教师的提问缺乏这种开放性，正如前文所说，这些问题或者寻求一件具体的信息，或者询问一些事实性知识，这就造成了师生之间的对话不能持续下去。

其次，真问题还需具有方向性。实际上，仅仅具有开放性还不能满足真问题的全部要件，真问题还需具有方向性。"问题的开放性并不是无边际的。它其实包含了由问题视域所划定的某种边界。没有这种界限的问题乃是空的问题。"② 如果问题太过于宽泛、没有边际，问题就会成为空问题，就会成为歪曲的问题。提问既要预设开放性，又要预设某种限制。漫无边际或信口开河式的提问都不是伽达默尔所认为的"真问

① ［德］伽达默尔:《真理与方法》，洪汉鼎译，上海译文出版社 2004 年版，第 471 页。
② 同上书，第 471—472 页。

题"。所以提问者在提问之前必须对自身特殊的解释学情境进行反思，因为真正的理解必须将文本应用于每个解释者独特的解释学情境。所以，提问中的最主要的挑战就是如何框定问题，问题既不能太宽泛以至于"流动不确定性"，也不能太狭窄以至于限制了产生原创性和创造性洞察力的可能性。

（2）真问题是新谈话型对话教学的必然要求

新谈话型对话教学是与真问题密切联系在一起的，从某种意义上讲，如果提不出真问题，就不会有新谈话型对话教学。如果在地理课中，有教师提出如下问题，"中国有多少个省、自治区和直辖市？中国最高的山峰是哪座？中国最长的河流是哪条？"在语文课中，教师提出"唐宋八大文学家是谁？"在数学课中，教师问"圆周率是多少？"虽然这些问题都具有一定的教育价值，但是很难使师生的对话持续下去，它们都是伽达默尔所认为的"虚假问题"，这样的问题是不符合新谈话型对话教学的要求的。如果教师在课堂教学中所提的问题都是这种类型的问题，那么师生之间的交流质量必定不会太高。

在课堂教学中，只有真问题才能阻止教师声音的过于强大，这是因为真问题是教师没有标准答案的问题，这样学生就会有展示自己观点的机会。这样的问题必定能够激励学生的独立思考，不盲目接受一些所谓的号称是真理的权威观点，这是因为在这种情况下，自己的观点才是最重要的。这样学生就能充分意识到自己声音的价值和力量。反之，在我们的课堂教学中，许多教师所提出的是一种"猜猜我的答案是什么"的问题，这样教师就会主导着整个的师生交流过程，教师很难听到学生真实和不同的声音。教师如何提问是一种实践智慧。正如伽达默尔所言，提问是一项艺术，是没有规则可以应用的，教师必须根据情境的不同、学生的具体情况，不断变换视域，激励学生思考，鼓励学生发问，让对话持续下去。

三　新谈话型对话教学过程的持续循环性

学习是一个循环，这一观念具有悠久的历史。实际上，在古希腊，柏拉图的"回忆"理论就具有解释学循环的特点。在《美诺篇》中，美诺提出了一个关于学习的悖论："人不能学习他已知的，因为如果他已经知道了，他就没有必要去学习了；也不能学习他不知道的，因为如果他不知道是什么，他也就不知道去寻找什么。"① 针对这一悖论，柏拉图认为学习就是回忆（recollection），就是基于我们以前的经验而对意义进行推测，而所有进一步的确定或再解释都以最初的或修正的推测的意义为基础。"柏拉图把回忆等同于学习，回忆不是我们和已逝的过去或不变的永恒之间的联系，而是基于我们过去的经验而对意义的推测。"② 同样，在杜威的"问题解决"概念中，我们也能发现解释学循环的意蕴。"如果人们认识到他们能为了探究的目的利用怀疑，构成假设，进行实验性的探索，指导行动，这种实验的探索能证实这个起主导作用的假设，推翻这个假设或修改这个假设，科学的发明和发现就开始有了系统的进步。"③ 这些假设的构成必须基于以前的经验，随着实验的进展，这些假设可能被不断地修正。虽然柏拉图的回忆理论和杜威的"问题解决"概念含有循环的特征，也提出推测的意义或假设需要被不断修正，但是从根本上来说，在柏拉图的回忆概念中，随着真理的获得，循环就会结束；而在杜威的"问题解决"概念中，随着问题被解决，循环也会结束。

然而从哲学解释学的视域看，对话就是一个持续的循环过程，是永远不会结束的，当然持续的对话循环必须以真问题为基础。课堂教学中的对话包含三个层面的循环：首先是教师或学生个人的前见与文本内容之间的循环关系，其次是教师的文本理解和教学讲解之间的循环关系，这两种循环或对话是密切相关的，而且作为一部分，它们都参与了课堂情境中的第三个对话——师生之间或生生之间的对话。

1. 师生的前见与文本内容之间的循环

解释学视域下的文本意义不再是外在于教师或学生的客观真理，而是存在于教师或学生对其不断的理解和解释之中。教师或学生都以自己的前见或前理解对文本进行理解和解释，并且形成自己的新理解。而新理解的形成就是教师或学生的视域与文本的视域不断融合的过程，在这个过程中，教师或学生的前见或前理解被不断修正。

---

① ［古希腊］柏拉图：《柏拉图对话集》，王太庆译，商务印书馆 2004 年版，第 171 页。

② ［美］肖恩·加拉格尔：《解释学与教育》，张光陆译，华东师范大学 2009 年版，第 57 页。

③ ［美］杜威：《民主主义与教育》，王承绪译，人民教育出版社 2001 年版，第 163 页。

传统、教师或学生与文本之间的循环关系可用图 2—1 来表示：①

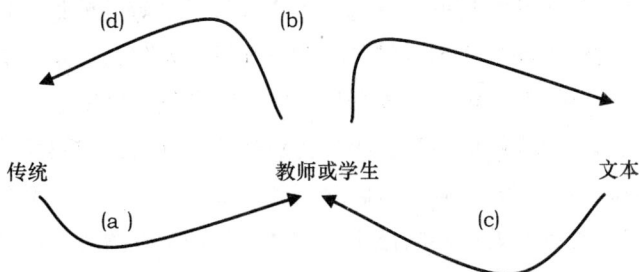

图 2—1 循环关系图

在图 2—1 中，教师或学生的传统作为居先的作用（a）限制了教师或学生所运用的前见（b），教师或学生用这些前见来理解和解释文本。回应（c）将会激发新的意义的推测，于是（b）和（c）的关系就代表了教师或学生的前见与文本内容之间的循环关系。而在理解和解释的过程中，教师或学生与特定的传统的关系也被改变（d）。从解释学的角度看，这个过程是一个持续的循环过程。

2. 教师的文本理解与教师的教学讲解之间的循环

教师对文本的理解与一般的读者对文本理解的不同之处在于：教师还必须以某种适当的方式向学生们讲解自己的文本理解。在传统认识论看来，教材理解和教学讲解之间被视为一种线性关系，把教师的教材理解看做一种终极解释，似乎不受教学讲解之影响。但是许多教师都有如下经验：他们在教完之后对教材的理解更好了，或有了新的理解。乌玛（Ulmer）就声称：“每次的教学讲解，就如同每次阅读一样，总是给讲解的内容增加点什么”。② 这表明教材理解也受教学讲解的影响。哲学解释学认为没有一种理解与解释可以被一劳永逸地获得，终极理解是根本不存在的。教师的教材理解总是受到前结构的限制，而前结构是由某些偏见（前概念、前判断）所形成的，这些偏见来自于我们通过语言所接近的传统。我们不但拥有语

---

① 该图参照加拉格尔著《解释学与教育》，张光陆译，华东师范大学出版社 2009 年版，第 86 页，略加修改。

② Gregory Ulmer, (1985), *Applied Grammatology: Post (e) Pedagogy from Jacques Derrida to Joseph Beuys.* Baltimore: Johns Hopkins University Press, p. 162.

言，而且语言也拥有我们，所以我们不但能够接近传统，而且传统对我们的理解施加了某种限制，它们产生了伽达默尔所称的"效果历史"。

实际上，教师对教材的理解起到了作为教学讲解的前见的作用，教学讲解必定受教材理解的控制，但是教学讲解还受如何最好地为学生讲解他对教材的理解所限制。教师要根据情境的不断变化，特别是需要根据所倾听到的学生的不同理解而不断修正自己对教材的理解，所以教学讲解也将会改造他对教材的理解。教师讲解就是教师部分地和自己、部分地和学生进行对话，是对各种处在不断修正过程之中的理解的梳理。所以教材理解和教学讲解之间不是一种线性关系，而是形成一个解释学循环。文本理解和教学讲解是内在统一的。既不能认为文本理解位于教学讲解之前，教学讲解就是对文本理解的简单应用，也不能在进行理解文本时，忽视教师所在的情境以及教师的前见。

3. 教师的教学讲解与学生的文本理解之间的循环

教师的文本理解经由教学讲解的形式表示出来，而学生对文本也有自己的理解。这里有两个问题需要澄清：第一，学生的文本理解是否必须要与以教学讲解的形式表现出来的教师的理解达到一致？传统认识论认为，好的学习就是学生对文本的理解与教师的理解达到一致。如果出现不一致的情况，教师应该逐渐引导学生与教师的理解达到一致。但是，从哲学解释学的视域来看，理解总是意味着不同的理解，所以学生的理解与教师的理解或多或少总是有不一致的地方，师生之间的理解的不一致是必然的，而这种差异性正是对话的前提。师生通过对话，逐渐达到视域融合。第二，师生之间的视域融合是双方理解的暂时一致还是绝对一致？从哲学解释学的视域看，这种一致仅仅是暂时性的，这是因为学生的理解意欲达到与教师理解的完全一致，那么一个首要前提就是教师具有对文本的完全的绝对的理解。很显然，如果教师获得对文本的绝对完整的理解，那么就意味着教师与文本之间的解释学循环的破裂。"从定义上讲，在某种程度上，一种理解和另一种理解一致，将不会再有新的学习了；知识将总是已有的……只要教师成功地让学生的理解与他的理解达到绝对的一致，他就让学生的学习过程停滞。"① 所以教师的理解与学生的理解只能达到暂时

① Gallagher, S.（1992），*Hermeneutics and Education*. Albany：State University of New York Press，p. 74.

的一致，形成一个新的理解，而这个新的理解绝非是绝对的客观理解。所以，从理论上讲，教师的教学讲解和学生的文本理解是持续循环下去的。

4. 生生理解之间的循环

生生之间的对话就体现为生生理解之间的循环。在课堂教学中，除了师生之间的交流之外，学生相互之间也需要进行交流与讨论。同师生之间的交流一样，学生相互之间的交流也是不同视域之间的相互碰撞，直至达到暂时的融合。

5. 各个循环之间的循环

从哲学解释学的角度看，教学中的对话可以分为不同层面的对话循环，这些循环之间并不是毫不相关的，正相反，它们之间是环环相扣的。例如从教师这个角度来分析：首先，教师的前见与文本的内容之间的循环，从而形成教师的文本理解，而教师的文本理解又参与了与教学讲解之间的循环，而教学讲解又参与了与学生的理解之间的循环。从学生的角度分析：学生的前见参与了文本的内容之间的循环，从而形成学生的文本理解，而学生的文本理解又参与了与教师的教学讲解之间的循环。当然，生生理解之间的循环也会形成新的理解，参与到上述循环之中。

新谈话型对话教学是一个不断循环的过程，这与灌输教学形成鲜明的对比。灌输教学认为教学过程是一个线性过程。正如弗莱雷所说："灌输式教育把教育者的行为分为两个阶段。第一阶段，当他在自己的书房内或实验室里备课时，他认知了可被认知的客体；第二阶段，他向学生阐述这一客体。学生并不是被要求去理解，而是去记忆教师讲述的内容。"[①] 完整性的理解就意味着新学习的停滞，知识将总是已有的。只要循环没有结束或破裂，就意味着任何人都不能声称拥有绝对的真理，任何人都有向他人学习的必要性和可能性，那么可对话性就不会消失。对话是一个持续的循环过程，这一事实表明达成一致的理解需要共同进行长期的多方面的对话。每一次寻求理解的对话都只是在一条永无止境的道路上迈出的一步，我们永远不可能达到对他人或文本意义的完整的理解，他人或文本的意义就在于不断的对话式的求索之中。

---

① ［巴西］保罗·弗莱雷：《被压迫者教育学》，顾建新等译，华东师范大学出版社2001年版，第31页。

四 新谈话型对话教学的游戏性

游戏与教育之间有着密切的联系。在希腊语中，游戏（paidia）与教育（paideia）具有相同的词根，这可以佐证二者之间的联系。"游戏就是教育，这是一条教育理论中接受的原则。作为一种学习方法，游戏对教育的重要性可以经由像福禄贝尔（Froebel）、裴斯泰洛齐（Pestalozzi）、卢梭（Rousseau）和夸美纽斯（Comenius）这样一些理论家，一直追溯到亚里士多德和柏拉图。"①克瑞斯蒂（Christie）在分析儿童游戏对认知的作用时，把游戏定义为这样的行为："（1）没有外在的目标；（2）是自发和自愿进行的；（3）是令人快乐的；（4）需要参加者积极参与。"② 伽达默尔把对话比作游戏，认为所有的对话方式都可以用游戏概念来表述，当然，伽达默尔对游戏概念也有其独到的与众不同的见解。"其实，对于游戏意识来说，游戏吸引人的地方恰恰在于游戏者的意识全神贯注地加入到一种具有自身动力的活动中。当游戏者本人全神贯注地参加到游戏中，这个游戏就在进行了，也就是说，如果游戏者不再把自己当做一个仅仅在做游戏的人，而是全身心投入到游戏中，游戏就在进行了，因为那些为游戏而游戏的人并不把游戏当真。那些不能把全身心投入到游戏中的人，我们就称之为不能进行游戏的人。"③ 新谈话型对话教学的游戏性从根本上讲体现了一种自由的精神、轻松的精神、成功的喜悦精神。具体而言，具有以下特征：

1. 对话教学是一种关系存在

新谈话型对话教学的游戏性首先体现在对话参与者之间构成一种互动的关系，每个对话参与者都是关系中的自我而不是分离的个体。伽达默尔强调：在游戏中，居于核心地位的是把参与者连接起来的往返重复运动。伽达默尔澄清了所有游戏的"往返重复"（to-and-fro）的本质。"如果我们因为偏重所谓转借的意义而去考察游戏的语词史，那么情况是：我们讲光线游戏、波动游戏、滚珠轴承中的机械零件游戏、零件的组合游戏、力

---

① Millar, S. （1968）, *The Psychology of Play.* Baltimore：Penguin, p. 13.

② Christie, J. F. （1980）, "The cognitive significance of children's play：A review of selected research", *Journal of Education*, 162（4）, 24. 转引自卡罗琳·希尔兹、马克·爱德华兹著《学会对话：校长和教师的行动指南》，文彬译，教育科学出版社2009年版，第140页。

③ ［德］伽达默尔：《哲学解释学》，夏镇平译，上海译文出版社1994年版，第66页。

的游戏、昆虫游戏甚至语词游戏。这总是指一种不断往返重复的运动，这种运动绝不能系在一个使它中止的意图上。"① 很明显，对话就以此为原则，但是这并不意味着对话仅仅指两个或更多的人来来回回地说或听。对话是一个互动的关系概念，对话的参与者从根本上讲要投入到这种关系之中。巴赫金、马丁·布伯以及弗莱雷的对话理论都指出了对话的关系性。与这一观点相连，任何一种游戏都拥有一种连续性；游戏可能经历不同的阶段，但是仍然是一个游戏。如同其他的游戏一样，对话教学构成了一种关系，在其中即时性和创造性成为可能。对话关系的本质就是能够让对话参与者不完全受理智的控制，身不由己地参与到互动之中，引导他们超越任何预期目标，而获得一种新的意料不到的洞察力。这种动态互动所包含的不仅仅是把两个独立的个人的视域和知识结合起来，正如梅洛·庞蒂指出："在对我所说的话的回应中，我的对话伙伴从我那里汲取了我所不知道的许多思想，结果在我给予他某些思想的同时，他通过让我进一步的思考而回报了我。"② 伽达默尔明确指出，如果一个人参与了与另一个人的对话并将对话持续下去，那么就不再是单个人的意愿便可以阻止对话或控制对话进程了，我们说我们"进行"对话，但是越具有对话性，对话的进程就越不由任一位参与者的主观意愿所控制，毋宁说，我们陷入对话之中，或者我们被卷入其中。对话不是两个孤立的人之间的事情，尽管开始看起来像是如此。马拉尼昂（Tullio Maranhao）认为："从伦理的视域看，对话的核心在于自我和他者的关系，而不在于特定的显示中。"③ 一旦参与对话，对话就使参与者进入了一种相互融合的过程，没有人能够完全有意识地指导或指引这一过程。参与者都被卷入，都被融合。"当然，处在关系中的人在某种程度上也能自主地行动——思考、作出决定、表达他们的个性和观点——但是，他们是关系中的自我，而不是分离的个体"。④在游戏中，把我们和其他游戏者缠结在一起的关系本质，把我们完全吸引

---

① ［德］伽达默尔：《真理与方法》，洪汉鼎译，上海译文出版社 2004 年版，第 133—134 页。

② Merleau-Ponty, M. (1962), *The phenomenology of perception*. New York：RKP, p. 354.

③ Maranhao, T. (1990), Introduction, In T. Maranhao (Ed.), *The Interpretation of Dialogue*. Chicago：University of Chicago Press, p. 16.

④ Benhabib, S. (1987), "The generalized and concrete other：The Kohlberg-Gilligan controversy and moral theory". In E. F. Kittay & D. T. Meyers (Eds.), *Women and Moral Theory*. Totowa, NJ：Rowman & Littlefield, pp. 154–177.

的关系能力，一直到"我们被游戏"的状态，能够很准确地阐释对话超越对话者本身这个方面。在前文的案例中，J 老师之所以提出第二个问题是因为有同学对麋鹿未来命运表示了担忧。

游戏通常包含某种程度的竞争或对抗：与一个对手竞争、克服一个物理上的障碍、与时间赛跑或者与可能的规则对抗等。游戏中包含对游戏伙伴的期待和回应。同样，对话在某种意义上就是不同声音的"斗争"，而且真正的对话必定是对话双方的合作与配合。我们可以很容易地在 J 老师与同学们之间的对话中发现师生、生生之间的合作与配合。正如伽达默尔所说："所以，从本质上说，往返重复运动显然属于游戏，以致在某种最终的意义上，根本不存在任何单纯自为的游戏。因此游戏的情形就会是：尽管它无须有一个他者实际地参与游戏，但它必须始终有一个他者在那里存在，游戏者正是与这个他者进行游戏，而且这个他者用某种对抗活动来答复游戏者从自身出发的活动。"① 教学对话不是师生两个孤立的人之间的事情，对话本身已经把师生作为一个整体融入其中，在对话中，师生都无法完全主观控制自己的观点，必须根据对方的观点而不断调整自己的观点。这时师生的角色区别已经不再明显，"教师学生"（teacher-student）和"学生教师"（students-teachers）代替了那种把师生角色截然分开的教师和学生身份。"对话教学是一种植根于关系之中、以追求关系价值为鹄的的开放、参与和探究的教学态度、思维和行为。"②

2. 对话本身就是目的而非手段

新谈话型对话教学的游戏性还体现在对话本身就是目的，而不是达到某种外在目标的手段。伽达默尔认为："游戏的主体不是游戏者，而游戏只是通过游戏者才得以表现。"③ 在伽达默尔看来，作为一种人类现象，游戏的最突出的特征就是当我们完全投入其中之时，就不再是我们正在游戏这一简单的事实了。在伽达默尔的游戏概念中，当我们在游戏时，是游戏本身自行发生；当我们陶醉于游戏之中时，我们既是游戏者又是被游戏者。因此，真正的游戏是游戏者完全投入其中的运动，是游戏本身而不是游戏者成为游戏的真正主体。游戏的魅力，游戏所表现出的迷惑力，正在

———————————

① ［德］伽达默尔：《真理与方法》，洪汉鼎译，上海译文出版社 2004 年版，第 137 页。
② 张华：《对话教学：涵义与价值》，《全球教育展望》2008 年第 6 期。
③ ［德］伽达默尔：《真理与方法》，洪汉鼎译，上海译文出版社 2004 年版，第 133 页。

于游戏超越游戏者成为主宰。参加游戏的人如果不能全身心地投入到游戏之中，而是站在游戏之外，那么他就是一个令人扫兴的人，一个不会游戏的人。因此，游戏不能被视为一种主观性的活动，恰好相反，游戏是从主观性和自我控制中解脱出来的活动。"所以我们讲到某种游戏时，说那里或那时某种东西'在游戏'，某种东西一直在进行游戏，某种东西存在于游戏之中。在我看来，这种语言上的考察间接地表明了，游戏根本不能理解为一种人的活动。对于语言来说，游戏的真正主体显然不是那个除其他活动外也进行游戏的东西的主体性，而是游戏本身……一切游戏活动都是一种被游戏过程。游戏的魅力，游戏所表现的迷惑力，正在于游戏超越游戏者而成为主宰。"①

　　当我们在游戏时，只要我们享受游戏，我们就会想办法让其持续下去。伽达默尔指出，不同的游戏有不同的目标，某些游戏没有清晰的明确的目标。有时候我们想通过赢得游戏来结束，有时我们的目的在于让游戏持续下去，因为游戏本身是有趣的，不管我们是输还是赢。有些游戏竞争性较强，而有些更强调合作性。我们通常对让游戏持续下去更感兴趣，而不是通过赢得游戏而草草结束。我们能够全神贯注于游戏之中，游戏占据了我们全部的存在意识。像游戏一样，对话也能让参与者完全参与其中。在对话中持续的逻辑思辨、创新的激情、不同观点的分歧所产生的刺激等都能牢牢吸引我们，以至于我们不能区分是我们驾驭着对话的进程还是被对话的进程所驾驭。在游戏中，我们可能很快就忘记了时间和地点、忘记了比分、忘记了输赢、忘记了上一个游戏或下一个游戏，我们仅仅在游戏。这就意味着师生参与对话，在教学对话中所获得的乐趣不在于获得了某个客观真理或解决了某个问题，如果师生过分关注于外在的需要达到的目标，那么对话也就不再有乐趣了。如果师生开始根据外在的标准评价他们正在做的事情的乐趣，那么他们也就停止了对话。伽达默尔和惠子恩格（Johan Huizinga）都认为，在游戏中，我们能够发现关于人类经验的深层的、持久的和普遍的东西。伽达默尔认为这是一种"美学意识"，而在惠子恩格看来，这是一种"神圣感"。在伽达默尔看来，当我们创造、领悟或参与一件艺术品时，我们被某种超越我们的东西、某种游戏我们的东西

---

　　① ［德］伽达默尔：《真理与方法》，洪汉鼎译，上海译文出版社 2004 年版，第 134—138 页。

所吸引。我们在艺术中的乐趣来自于这种瞬时的领悟：我们所看到的一切正是对我们自身的表征，因为我们从中所看到的不仅仅是展现在我们面前的东西，而且还包括我们在其中的看的过程。在伽达默尔看来，在领悟者、创造者或参与者与艺术品或过程之间的往返重复运动中，美学意识从根本上讲是游戏的。在我们的顿悟（epiphanci）时刻，欣赏和参与变成了陶醉，当我们感到完全沉醉于其中那一瞬间，我们就失去了自我。

新谈话型对话教学中的师生会暂时失去自我，完全"迷失"于对话之中。史密斯指出，"阐释学方式更多地具有对话（conversation）的性质，而不是去作分析或声言占有了真理。人们一旦进行美好的对话，往往在一定程度上忘却自我，将自我让位于对话本身，这样，对话过程中所认识到的真理绝不是某一说话者或一派的占有物，而是所有的参与者意识到为大家共同分享的东西。"① 史密斯认为解释学视域下的真理是一种分享的真理，任何人都不能声称掌握绝对的真理。对话本身成为对话的主体，在成功的对话中有一种真正的快乐，一种表达我们的基本人性的情感纽带。伽达默尔很好地把握了这层意思："在同他人说话的过程中发生的一致意见本身就是一种游戏。只要两个人开始进行谈话，他们说的就是同一种语言。然而，他们自己却不知道，在讲这种语言时他们正在深入地进行这种语言游戏。在同他人说话的时候，我们不断地进入到他人的思想世界：我们吸引他，他也吸引我们。这样我们就以一种初步的方式相互适应直到平等交换的游戏——真正的对话开始。"② 在新谈话型对话教学中，在师生之间互相交换评论和回应的重复往返运动中，对话教学逐渐展开并且获得新的和意料不到的结果——这能够给师生带来快乐和愉悦。甚至当师生被挑战、感到迷惑或者困扰时，师生都欣赏对话。这样对话本身就成为目的而不是一种手段。游戏精神能够把师生之间的分歧或歧义，更多地看做是机遇而不是威胁。如果对话中存在分歧或歧义，我们应该欣赏对话伙伴的差异，把它们视为产生兴趣和让对话丰富多彩的条件。如同其他的游戏活动一样，让师生从对话教学中获得最大乐趣的时候就是当师生完全投入其中的时候。因为师生从对话中获得快乐，师生就会寻求方法使对话

① ［加］史密斯：《全球化与后现代教育学》，郭洋生译，教育科学出版社2000年版，第126页。

② ［德］伽达默尔：《哲学解释学》，夏镇平译，上海译文出版社1994年版，第56页。

持续下去。师生被这种重复往返的运动所驱使，根本不去考虑任何外在的目标或目的。

3. 对话的维持需要师生的实践智慧

新谈话型对话教学的游戏性还体现在对话进程中没有任何事先存在的普遍适用的规则，对话的维持只能依靠对话参与者的实践智慧。毫无疑问，游戏需要某种规则，没有规则，就不会有游戏的存在，但是游戏者不能被游戏规则完全束缚住，若是如此，游戏就毫无乐趣可言。游戏的最吸引人之处就在其即时创作性和不可预料性。因为游戏者根本不知道对方会如何出招。所以在游戏中，没有普遍适用的规则。游戏者必须从特定的情境出发进行敏锐的判断，并且作出下一步如何行动的决定。正如罗蒂所说，对话的维持需要一种实践智慧。"把保持谈话继续下去看做哲学的充分的目的，把智慧看做是维持谈话的能力。"① 在对话教学中，对话的维持是没有现成的、可被简单应用的规则或策略可依赖的，师生双方都必须像游戏者一样，随着对话进程的不断变化而不断变化，而这一切都离不开师生对情境的深刻洞察力、睿智的判断力，换言之，需要师生的实践智慧。

五　新谈话型对话教学的情感性

新谈话型对话教学的情感性蕴涵两方面含义，其一是新谈话型对话教学的顺利进行需要对话参与者相互之间的感情，其二是强调理解的教化性和体验性。由于第二个方面前文已有论述，在此不再赘言。关于第一个方面，具体而言，具有如下特征：

1. 师生的相互理解需要彼此的"移情"

新谈话型对话教学认为师生彼此的"移情"有助于实现相互理解。虽然伽达默尔对施莱尔马赫和狄尔泰的再现作者原意的理解观提出批评，但是不能否认的是：施莱尔马赫和狄尔泰对理解过程中的情感因素的重视仍然对对话教学产生重要的启示。施莱尔马赫提出了两种"重构观"：客观重构与主观重构。其中所谓的主观重构就是重构作者的心理状态，努力从思想上、时间上、心理上去"设身处地"地体验作者的原意或原思想。而狄尔泰的理解观就包含对人们心灵或精神的渗透。虽然那种试图通过移情的方式去完全重构或再现作者原意，这样一种对作者的单方面理解的观

---

① ［美］罗蒂：《哲学和自然之镜》，李幼蒸译，商务印书馆 2003 年版，第 353 页。

点与新谈话型对话教学的相互理解观相悖，但是在对话过程中，"设身处地"或"推心置腹"地从对话伙伴的角度来理解，确实能够有助于我们更好地理解对话伙伴。在对话教学中，不但要求学生"设身处地"或"推心置腹"地理解教师，同样也需要教师这样去理解学生，这样一种情感的交融或"移情"必定有助于达到师生的相互理解。许多学者都指出：在对话过程中需要情感投入。如，布鲁克菲尔德在探讨教学实施行为之前，首先指出了民主的讨论所需要的人的品格："友好、积极参与、高度关注对方、谦逊、相互性、慎思、欣赏、充满希望以及自主性"①。保罗·弗莱雷认为，对话需要"爱、谦逊、信任和希望"② 等。而博布勒斯也指出，在对话过程中需要如下情感的投入："关心、信任、尊重、欣赏、爱和希望"③。

2. 师生之间的情感是维持对话的动力

新谈话型对话教学认为师生之间的情感是推动和维持对话进行的重要动力。我们不能否认对话教学中的认知目的，但是对话中的情感因素同样不能忽视。实际上，在对话关系的情境中，几乎不可能把认知因素与情感因素区别开来。吸引师生参与交流，让师生在遭遇挫折和分歧时依然给他们动力持续下去的部分原因就是师生之间的相互感情。师生从成功的对话中所获得的满足并不仅仅是认知上的，更有感情的因素。坦纳恩（Deborah Tannen）描述道："这种内在的情感的联系不但把每一个参与者与各个地方、事情、活动、观点、记忆以及词语，而且把他们相互之间紧密地联结在一起……我认为这种关系不是他人给予的，而是在对话的交流互动中逐渐习得的。"④

实际上，伽达默尔的解释学理论虽然没有特别强调理解中的情感因素，但是伽达默尔和罗蒂都指出了充满希望在理解或对话中的重要作用。正如伽达默尔指出的那样，希望是对话的一个必要成分，这是因为对话经

---

① Brookfield, S. D. (1999), *Discussion as a Way of Teaching*. Buckingham: SRHE and Open University Press, p. 7.

② ［巴西］保罗·弗莱雷：《被压迫者教育学》，顾建新等译，华东师范大学出版社2001年版，第38—40页。

③ Burbules, N. C. (1993), *Dialogue in Teaching: Theory and Practice*. New York and London: Teachers College, Columbia University, p. 36.

④ Tannen, D. (1989), *Talking Voices: Repetition, Dialogue, and Imagery in Conversational Discourse*. New York: Cambridge University Press, p. 10.

常没有一个明确的终点，经常存在一些让我们气馁的因素，如缺少时间、最初的理解障碍、困难的冲突以及不确定的前景等。因为对话关系随着时间的推移会不断发生变化，在评价我们的对话是否值得花费时间时，我们必须采纳一种心甘情愿的、向前看的态度。从短期来看，对话可能不会成功，但是良好的意愿以及希望将会激励对话者将对话持续下去直至成功。希望也与成功的对话密切相关。我们参与并维持一种对话关系，正是因为我们希望能在这种关系之中发现彼此之间的联系以及新的洞察力和理解。"而且希望有助于消解这种明显的悖论：感到无助，我们却希望获得可能的理解结果；当对话进程变得异常困难或不确定时，看不到成功的希望时，我们依然在坚持不放弃。"①

3. 宽容是一种重要的对话情感

新谈话型对话教学的一个重要特征就是对于对话伙伴持一种宽容的态度。宽容既是一种对话美德，又是一种对话情感，是新谈话型对话教学所必需的。在前文的案例中，当有学生说"人类将来还是有可能发生第三次世界大战，那样的话，麋鹿还是有可能被杀戮"，这时课堂中许多学生都笑了，因为在他们看来，战争是如此遥远，像根本不可能会发生的事情一样，但是 J 老师并没有排斥这一理由，认为再次发生战争的可能性是存在的。这不但鼓励了那位回答问题的学生，而且让其他同学更加意识到今天和平生活的弥足珍贵。

像其他游戏一样，对话游戏既有某种游戏性，又有某种竞争性。对话的一个重要特征就是要容许各种不同观点能自由地游戏。某种程度的张力和竞争是内在于对话游戏之中的。巴赫金的复调（hetero glossia）概念融合了不同的声音和意义，这不仅仅是那种传统意义上的多元意义，即不同的人具有不同的观点，而是被视为一种语言的内在性。复调反对一个同一化的个体和合意的社会。对话需要不止一种声音，每一种声音都有其独立性。个人的内在语言是对话的和社会化的，个人必须被理解为和许多声音说话。对话游戏能够宽容某种程度的竞争——事实上，因为竞争而有活力——没有把竞争变为斗争。在对话中，竞争伙伴同时又是合作伙伴。

---

① Burbules, N. C. (1993), *Dialogue in Teaching*: *Theory and Practice*. New York and London: Teachers College, Columbia University, pp. 40 – 41.

六 新谈话型对话教学的批判反思性

1. 新谈话型对话教学强调话语环境的平等性

新谈话型对话教学把话语环境的平等性或者师生之间关系的平等性置于重要位置。新谈话型对话教学的构建吸取了保罗·弗莱雷以及拉蒙·弗莱夏等教育学者的批判型对话思想，以及哈贝马斯的批判解释学中的许多观点。哈贝马斯认为，理解和解释不仅仅是语言的、经济地位和社会阶级这样一些物质的和霸权的因素，如同语言和特定的传统那样制约着解释和交流。哈贝马斯坚持认为，这些"超语言"的因素扭曲了理解和解释，只要理解和解释是非批判的，就会包含虚假意识。在哈贝马斯看来，批判解释学的首要目的就在于修正解释学的情境，获得一种"理想的话语环境"。换言之，在哈贝马斯看来，如果没有"理想的话语环境"，那么交流必定是扭曲的。

哈贝马斯根据他的交往行为理论，提出了"理想的话语环境"构建的条件。所谓交往行为是指："至少两个以上具有言语行为能力的主体之间的互动，这些主体使用（口头的或口头之外的）手段，建立起一种人际关系。行为者通过行为语境寻求沟通，以便在相互谅解的基础上把他们的行为计划和行为协调起来。"① 哈贝马斯认为交往行为包含三种行为类型：（1）目的性行为。这是一种旨在实现某种目的的行为，通过在一定情况下使用有效的手段和恰当的方式，行为者实现了一定的目的，目的性行为涉及"真实性"的有效性要求。（2）规范调节性行为。这是一个社会共同体的成员遵循某个有效的规范，以共同的价值为取向的行为，涉及"正当性"的有效性要求。（3）戏剧性行为。这是一种行为者在对方面前表现自己的行为，即表达自己的情感和意愿时实施的行为，涉及"真诚性"的有效性要求。因此，交往行为提出了三种有效性要求："真实性"、"正当性"、"真诚性"。所以理想的话语环境应该满足这三种有效性要求。当然，还有一个首要前提，那就是要保证任何人都有权利参与到对话中。与此相应，哈贝马斯提出了"理想的话语环境"的构建所需要的四项条件，每一个进入话语论证的人都必须严格遵守这四项条件："（1）一种话语的所有潜在参与者均有同等参与话语论证的权利，任何人都可以随时发

---

① ［德］哈贝马斯：《交往行为理论》，曹卫东译，上海人民出版社 2004 年版，第 84 页。

表任何意见或对任何意见表示反对，可以提出质疑或反驳质疑。（2）所有话语参与者都有同等权利作出解释、主张、建议和论证，并对话语的有效性规范提出疑问、提供理由或表示反对，任何方式的论证或批评都不应遭到压制。（3）话语活动的参与者必须有同等的权利实施表达式话语行为，即表达他们的好恶、情感和愿望。因为，只有个人陈述空间的相互契合以及行为关联中的情感互补，才能保证行为者和话语参与者面对自身采取真诚的态度，袒露自己的内心。（4）每一个话语参与者作为行为人都必须有同等的权利实施调节性话语行为，即发出命令和拒绝命令，作出允许和禁止，作出承诺或拒绝承诺，自我辩护或要求别人作出自我辩护。因为，只有行为期待的相互性才能排除某种片面要求的行为义务和规范判断，为平等的话语权利和这种权利的实际使用提供保证，解除现实强制，过渡到一个独立于经验和行动的话语交往领域。"① 哈贝马斯认为"理想的话语环境"需满足这四项条件，第一项表明对话的参与者是不需要资格的，任何人都有参与对话的权利，任何的声音都不应该受到压制，这是交往行为存在的前提；第二项表明了满足目的性行为所提出的"真实性"要求的条件；第三项表明了满足戏剧性行为所提出的"真诚性"要求的条件；第四项表明了满足规范调节性行为所提出的"正当性"要求的条件。在这四项条件中，哈贝马斯特别强调了一点，那就是话语活动的参与者"都必须享有同等的权利"。在哈贝马斯看来，建立"理想的话语环境"的唯一途径便是实现话语权的平等和话语意志的自由，不论话语参与者的社会政治经济地位如何，每一个人都应该享有平等的话语权和自由地表达自己的意志的权利。

2. 新谈话型对话教学的实施需要师生的批判反思

新谈话型对话教学的实施需要师生的"非扭曲的"交流。可是在现实的课堂情境中，确实存在着许多哈贝马斯所说的"导致交流扭曲的因素"，教师由于某些制度上或文化上的原因而享有特权，这样一些因素的存在必定会导致师生之间交流的扭曲。例如，许多教师认为自己的特定的信念和价值观对学生是有益的，打着"为了学生们好"的旗号把自己的观点强加

---

① ［德］哈贝马斯：《交往行为理论（上卷）》，法兰克福：苏尔坎普出版社 1981 年版，第 47 页，转引自章国锋著《关于一个公正世界的"乌托邦"构想》，山东人民出版社 2001 年版，第 152 页。

给学生。杰克逊（Philip W. Jackson）关于教室生活的研究也揭示了课堂中的不平等的权利关系。如何构建"理想的话语环境"将成为新谈话型对话能否顺利实施的重要前提。保罗·弗莱雷指出，"除非对话双方进行批判性思维，否则真正的对话也无从谈起。"① 所以新谈话型对话教学的顺利实施离不开师生的批判反思。在哈贝马斯看来，通过批判反思可以使那些在解释者背后发挥作用的语言、传统以及超语言因素显现，使解释者能够控制这些造成理解和解释扭曲的因素。哈贝马斯认为，只有通过批判反思，消除和超越这样一些制度的和霸权的因素，才能获得无偏见的交流，达到完全的合意。"对话并不是一种方法，或者主要不是一种方法，而是一种政治主张，一种把人看做是人格平等的人……一种打破我们已经习以为常的思维方法和话语系统，挑战现代文明世界的教育制度和教育标准的人的解放的教育思想。总体上，对话是一种批判理论，是一种揭露现行教育观念、教育目的、教育成果的不合理、不人道、不平等的批判思想。"②

第三节　新谈话型对话教学的价值

新谈话型对话教学作为一种对话教学的形态，与其他类型的对话教学比较，具有独特的价值。总体而言，对话教学作为一种不同于传统的讲授式教学的新教学方式和教学精神，具有革命性的意义。正如上文所述，根据不同的标准，对话教学又可被分为不同的类型，例如，博布勒斯把对话教学分为四种类型。博布勒斯认为每一种类型都有其独特的价值，不能抽象地判定哪种更优，哪种更劣，只能根据具体的情境来判断哪一种是适合的，哪一种是不适合的。所以，笔者绝不敢妄言，新谈话型对话教学比其他类型的对话教学更优越，只能说，跟其他类型的对话教学相比，它有其独特价值。

一　创新性教育之追求

在我国当前的课堂教学中，问答教学仍然被许多人视为一种"对话

---

① ［巴西］保罗·弗莱雷：《被压迫者教育学》，顾建新等译，华东师范大学出版社 2001 年版，第 41 页。

② ［西］拉蒙·弗莱夏：《分享语言：对话学习的理论与实践》，温建平译，华东师范大学出版社 2005 年版，序言。

教学"，这与占对话教学主流地位的"指导型"对话教学的影响不无关系。"指导型"对话教学因袭苏拉格底的对话观，经过维果茨基的发展，现在俨然已经成为对话教学的主导模式。正如博布勒斯所指出的那样，这种对话教学观的基本特征就是对话的目的在于获得一个客观真理，而且教师从根本上讲是不宽容学生歧见的，即使宽容，也是一种暂时性的。跟传授教学比较，"指导型"对话教学可以调动学生的积极性，启发学生的思考，鼓励学生独立获得答案，具有一定的教学价值，但是这种类型的对话教学也有其局限性：不能宽容学生的"异向交往话语"，使课堂教学缺乏生成与创新。

新谈话型对话教学的目的不在于获得教师的预设答案，而在于教化或理解，或者说是一种"无目的论"；此外，新谈话型对话教学认为应该以一种宽容的态度对待对话伙伴。新谈话型对话教学认为学生的"异向交往话语"具有可对话性，认为教师应该与其展开对话。在对话过程中，激进的不可通约性是会偶然存在的，但是这一事实不应该模糊更为重要的事实：尽管存在着巨大的不同，我们对于我们这个世界的思考和表达方式也总是展现出惊人的相似之处。这些相似之处可以让我们有充分的理由去努力克服这些存在的误解或不解，而不是放弃努力。更为重要的是，即使追求理解的努力失败了，作为谈话的对话也能够促进对于差异的宽容和尊重。"没有任何理由认为具有不同观点的人之间的对话只能产生如下结果：或者消除这些差异或者把某一个或某一群体的观点强加于另一个或另一群体之上。对话能够在一种更加宽广的宽容和尊重精神之中将不同的观点保持下去。"① 有时，一种外在的视域是很有帮助的，正是因为它不同于自己本身的视域，作为个人和群体，我们能够通过一种新的立场来考虑我们的信念、价值观和行动从而扩大和丰富我们的自我理解。这并不意味着全部接受他人的立场或者让他人的立场代替我们自己的立场，而是强调把那种立场融入一种更为复杂和多面的理解框架之中的价值。正如有学者指出的那样，"今天从根本上讲教育问题不再是这样一个问题：把学校变为更好的引擎，从而提高经济的生产力和增长速度或者发现越来越多的指导方法，把我们认为学生们所需要的'事实知识'灌输给他们。教育的

---

① Burbules, N. C. & Rice, S.（1991），"Dialogue across difference: Continuing the conversation", *Harvard Educational Review.*, Vol. 61, pp. 393 – 416.

问题从根本上讲就是探寻方法，使学校创造和维持让包容性的、民主的和结局开放的对话繁盛的条件。"① 教师只要与学生的"异向交往话语"进行对话，那么就会彰显学生的个体存在意义，就是对学生的主体性与独特性的尊重，就是追求一种创新性教育。由此可见，新谈话型对话教学通过倡导教师与学生的"异向交往话语"展开对话从而促进了课堂教学的生成性和创新性。这主要体现在两个方面，一是对学生"异向交往话语"的倾听与宽容，二是对学生"异向交往话语"本身的寻求。

1. 对学生"异向交往话语"的倾听与宽容

首先，对学生"异向交往话语"的倾听与宽容是新谈话型对话教学目的之必然要求。指导型对话教学的目的在于获得以教师的预设答案为载体的"客观真理"。这一客观真理是预先存在的。柏拉图相信，对话既是寻求知识的理智道路，又是教学的最高形式。对他而言，这两种主张是不可分离的，因为他既主张所谓的教学就是引导学生一步一步地前行，在这个过程中，真理就能够被推断出来，又认为学生通过一个在暂时的假设和质疑之间的给予—取得的辩证过程，能够发现真理。柏拉图认为真、善、美是不变的内在的理想，对于每一个面对它们的人来说都是确定无疑的。这是一种目的论的对话观，这是因为这种对话观假定能够有而且应该有确定的而且是事先决定的目标。正如佐藤正夫指出的那样："教学中的对话是以教师指导为其特征的。也就是说，教师制订对话的目标和计划，为引导学生发展智力与德性提供一定的方向。"② 按照佐藤正夫的观点，在教学对话开始之前，教师就已经制订好对话的目标和计划，对话的目的仅在于逐渐引导学生、启发学生获得认知上的或道德上的"真理"。指导型对话教学把对话视为一种更好地促进学生获得教师的预设答案的方法，这种方法和传授教学在达到的目标上并没有根本区别，只是实现目标的途径不同而已。正如佐藤学所说，在这种对话教学模式下，教师只要对对话进程过分干预，那么学生就只能想教师所想，说教师所说。这种对话教学模式就会变为问答教学。指导型对话教学的哲学基础就是传统认识论，用罗蒂的话来说，这是一种"正常话语"中的对话。传统认识论的真理存在于

---

① Burbules, N. C. (1993), *Dialogue in Teaching: Theory and Practice.* Teachers College, Columbia University of New York, p. 151.

② ［日］佐藤正夫：《教学原理》，钟启泉译，教育科学出版社 2001 年版，第 311 页。

肯定对立两极中的一方，而否定和消除另一方，这是一种二元对立的思维。探究型对话教学的目的在于问题解决，与问题解决无关的观点容易被忽视。

而解释学的真理存在于对话所产生的新发现和新认识之中，存在于不断的理解之中，换言之，真理是活的，而不是死的。所以，解释学视域下的对话教学的目的不在于发现预先存在的客观真理，而在于不断反思和修正自己的见解，形成新的见解。"对话意识所追求的，则是消解两极之间的对立，让他们平等的对话，在对话中相互作用，产生出某种既与二者有关，又与二者不同的全新的东西，而这就是解释学的真理。"① 解释学视域下的对话不是一方对另一方的吞并和消灭，任何一方的观点都不是绝对的权威，在对话的过程中，每一方都需要不断地自我批判和反思，而且需要真诚地倾听对方的不同观点，真理存在于二者的不同观点的融合之中。所以，在课堂教学中，无论教师和学生都不掌握绝对的真理，教师不能以自己的预设答案作为评判学生的回答是否正确的唯一标准。教师也需要在倾听学生的回应的过程中，不断批判反思自己的观点，以一种开放的态度面对学生的质疑和不同的声音，在与学生不断地交流和沟通中，形成一种既与原来的观点有关，而又不同的新见解。在解释学视域下的对话情境中，教师与学生都在不断地相互提问和回应，没有预设的真理和答案，对话不是传递预设答案的过程，而是真理生成、真理"显现"的过程。

其次，对学生"异向交往话语"的倾听与宽容是新谈话型对话教学关系性之必然要求。在指导型对话教学中，师生的关系是制度化和固定化的，在对话过程中，师生的角色是泾渭分明的，而且教师总是站在"正确的"一方。例如苏格拉底在对话中如果发现对方的观点与其不一致，他并没有尝试倾听并理解对方的观点，而是变换角度提出新问题，试图引导对方向自己的方向前进，当对方不接受引导，继续坚持自己的观点时，他就用辛辣的讽刺，让对方意识自己所拥有的知识不含有任何真理，极其愚劣，不合理。虽然也认为教师应宽容学生的"异向交往话语"，但是这种宽容是建立在首先把学生的"异向交往话语"定位于一种错误的或不完整的回答的基础之上的，而非仅仅是一种不同的回答。这种宽容态度具有一种居高临下的"原谅"意味，而非一种平等的尊重。"学生的发言往

---

① 滕守尧：《对话理论》，台北扬智文化事业股份有限公司，1997 年，第 24 页。

往是不完全的。但是，在许多发言中潜藏着正确的种子，至少是真理的一部分。我们应当从学生发言的不完整性中找出好的因素，鼓励学生作出更准确的回答。"① 这是一种比较普遍的教师如何看待学生的不同回应的态度，只要发现学生的回应与教师的预设答案不一致，那么教师首先想到的是学生的回应不完整或不完全正确，而没有去反思自己的预设答案也可能是一种不完整的理解，或者是多种可能的答案中的一种。Z 老师是 G 中学一位有近二十年教学经验的高级教师，教授化学，他的观点非常具有代表性："当同学的观点与我的不一致时，我一般会先看看问题出在哪里，或者再让其他同学看一下，是否有不同意见。然后我逐步来引导他们。可能这位学生做错的这一块，也是其他学生容易犯错的地方。教师不能光讲对的，有时学生的错误也是可利用的，这样可以加深学生的印象。"② 教师认为对话的目的就在于如何把学生从其"错误的回答"引到教师的"正确的答案"上来，教师并没有意识到学生的"异向交往话语"也可能是一种思想的突破，因此教师需要以学生的回应为镜，反思并修正自己的预设观点。

新谈话型对话教学认为师生关系是一种动态生成的关系，这时师生的角色区别已经不再明显，"教师学生"和"学生教师"代替了那种把师生角色截然分开的教师和学生身份。秉持解释学意识的教师将不再视自己的观点为一种终极性的理解，它需要在与学生的对话中生成新的理解，没有绝对的预设答案，所有的观点都需要得到社会性的检测，都需要被修正，教师会真诚地倾听学生的各种观点，真正地宽容学生的"异向交往话语"。正如波尔诺夫所说："这是一种听能状态（das Horen-konnen），意味着以虚怀若谷的精神平等地看待对方。这是一种推诚相见的态度。"③ 教师需要真诚地倾听学生的各种见解，并且重新深思出于自己僵化的头脑中自以为天经地义的见解。只有这样，师生之间才能进入自由对话之境地，在对话中师生都能得到发展，同时融合于一种新的境界中。"在相互作用中，师生双方在倾听和言说，即在语言的交流中，敞开了自己的精神

---

① ［日］佐藤正夫：《教学原理》，钟启泉译，教育科学出版社 2001 年版，第 318—319 页。

② 引自笔者在 G 中学对教师的访谈记录。

③ ［日］池野正晴：《走向对话教育——论学校教育中引进"对话"视点的意义》，钟启泉译，《全球教育展望》2008 年第 1 期。

世界，接纳着对方，同时又把自己投向对方，获得理解和沟通。"①

2. 对学生"异向交往话语"本身的寻求

我国当前课堂教学中既存在着教师不倾听、不宽容学生的"异向交往话语"，不愿与之进行对话的问题，亦存在着缺乏学生"异向交往话语"的问题。学生的"异向交往话语"是教学生成和创新的重要原动力。正如罗蒂所说，没有"反常话语"，我们就不能超越自身，就不能产生创新。在课堂教学中，导致学生"异向交往话语"缺乏的原因主要有两个：一是教师所提问题的封闭性；二是学生刻意压制自己的"异向交往话语"。由于教师所提的问题具有封闭性和事实性，在教材中一般都有标准答案，所以这些问题不需要学生的独立思考，他们只要记住标准答案就可以了，除非记错了或者没有记全标准答案，否则师生的答案就是一致的。另外，由于教师在课堂中的固定化的权威角色和拥有制度赋予的某些特权，学生即使有不同于教师标准答案的观点，因为担心自己会被其他同学嘲笑，或者被教师批评，学生也不敢或不愿意表达自己的"异向交往话语"。这就会导致某些声音被压制，导致师生之间交流的"扭曲"。

首先，新谈话型对话教学将"真问题"置于优先地位是学生"异向交往话语"产生的重要原因。新谈话型对话教学主张教师所提问题的开放性或者说所提的问题是"真问题"。这是一些教师没有预设答案的问题，这些问题在教材中没有标准答案，单凭记忆是无法回答这些问题的，而且学生也就不再有猜测标准答案或预设答案的必要性。相反，学生必须从自己的情境出发，进行独立思考，如此一来，学生也敢于表达自己的真实想法，对同一个问题必定会出现不同的回应，这样无疑会增加产生学生"异向交往话语"的可能性。在前文的案例中，学生们对麋鹿的遭遇的感受各种各样，但都有其道理。在下课后，J老师跟笔者说，他没有想到有的同学竟然为外国人感动，因为这篇文章的主旨更多地在于表达对八国联军的愤怒，这也是班级内的大多数同学的感受。"为贝福特公爵而感动"乍听起来就是一种"异向交往话语"，但是这位同学的解释难道不是很有道理吗？其他同学在听到了这种解释之后，难道不需要反思自己那种对外国人的刻板态度吗？正是因为问题的开放性，才能促使学生的"异向交

---

① 金生鈜：《理解与教育——走向哲学解释学的教育哲学导论》，教育科学出版社1997年版，第131页。

往话语"的产生，才使课堂教学有了生成性。

其次，新谈话型对话教学强调"理想的话语环境"的构建，这也是导致学生"异向交往话语"产生的重要因素。新谈话型对话教学主张师生关系的平等性，希望师生双方的交流是非扭曲的，是不受霸权所限制的，希望学生能够把自己真实的声音表达出来。根据哈贝马斯的观点，构建"理想的课堂话语环境"至少需要满足以下四项条件，即师生具有同等的话语参与权、同等的话语论证权、同等的话语协调权以及同等的话语表达权。虽然在现实的课堂情境中，师生在这四项权利方面达到完全的平等还有一段很长的路要走，但是这样的一种批判反思精神才是对话教学中所真正需要的。只有师生都具有批判反思精神，才能对那些影响师生交流的意识形态的、社会关系的、经济关系的以及文化制度等方面的不平等因素进行不断修正，确保师生都敢于表达自己的真实声音。

二 师生精神自由之提升

指导型对话教学的目的在于获得客观真理，这种真理被视为一种无生命的客观存在物，它与师生的个人生活是分离的，像商品一样可以在不同的人之间传递，师生之间作为人的精神因素如情感态度、直觉等都要隶属于获得客观真理这一绝对的目标。探究型对话教学采取的是一种"科学实验"的态度，一种积极对外干预的态度，但缺乏内在的自我反思和自我理解，忽视人的精神价值。而个体精神自由不但是创新精神的先决条件，更是人的本质规定，是一个"全人"所须臾不可缺少的。正如有学者指出的那样，"精神自由保障着人对自身的正确认识，从而就构成对人自身存在的确证；精神自由维系着个体在某种具体处境中的自然状态；只有充满精神自由的个体才有资格获得人生幸福这一至善。"①

新谈话型对话教学的目的在于理解与教化。教化体现了人的精神的运动特征，学生获得普遍性的知识仅仅是教化的第一步，但是教化的完成还需要学生返回自己，找到客观知识的个人意义，从而提升自己的精神世界。所以理解不仅仅意味着新的"真理"的生成，更意味着如何看待人的生存意义。"解释的目的不在于对事物作另一番解释，而在于追求人的自由，在那些转瞬即逝的人生关头，揭示出某人所感受到的生活重负是怎

---

① 刘万海：《德性教学论》，华东师范大学出版社 2009 年版，第 166 页。

样源于对事物的理解的偏狭的，从而寻找到光明、尊严和身份。"① 所以，解释学视域下的对话教学的目的更在于追求师生的精神自由，探寻人生的存在意义。师生都是作为完整的人在交往，师生相互向对方"敞开"自己的精神世界，师生之间的交往更多的是一种精神的交往。如果以教师的预设答案作为唯一的评判标准，那么就会在剥夺学生的精神自由的同时，也剥夺了教师自己的精神自由，这是因为教师的预设答案也是以外在的标准作为评判的基础，这个基础或者来自教材、教参等以文本形式出现的权威，或者来自所谓的专家、官方等以制度形式出现的权威。在这些权威面前，教师放弃了自己独立思考和批判反思的能力，未能深刻体验这些所谓的真理对于自己个人的意义，只能被动地接受这些所谓的权威们的"真理"。许多教师在备课时以教材或教参中的观点为准，而教师在获得了这些真理之后，同样，在学生面前，也以权威的身份出现，压制学生的不同声音，其结果就是师生的精神自由都被剥夺，不能体会知识对个人到底有何意义。这是因为教师的表面上的"无所不知"并非是他在意志自由的前提下独立思考的结果，标准化的和客观化的"真理"所规约的不仅仅是学生的学，更是教师的教，教师只能忠实于教材的理解。正如有学者指出的那样，"个体的精神自由应当体现在师生双方，而绝不仅仅在学生一面，事实上，只有充分享受到精神自由的教育者，才会意识到并保障学生的自由，这也是教学本身的辩证法。而当师生的个体精神自由充盈教学过程的始终，就是教学道德性的最好注解。"②

另一方面，指导型对话教学的目的在于获得以教师的预设答案为载体的客观真理，更侧重于认知目标的达成，忽视对话中的情感因素。但是，解释学视域下的对话教学认为，在对话关系的情境中，认知因素与情感因素是密切相关的，二者相辅相成。吸引我们参与交流，让我们在遭遇挫折和分歧时依然鼓励我们持续下去的部分原因就是我们对别人的感情，对于对话的希望。

对师生精神生命的提升正是师生人性需要不断丰满的必然要求。有学者指出："人是一种未完成的存在……对话教学论的人性论基础即是'人

---

① ［加］史密斯：《全球化与后现代教育学》，郭洋生译，教育科学出版社 2000 年版，第 112 页。

② 刘万海：《德性教学论》，华东师范大学出版社 2009 年版，第 23 页。

的未完成性'和人永远有可能使自己变得更富有人性。丰满人性因而是对话教学的出发点和归宿。"①

三 促进教师教学实践理念的变化：从技术行为到实践智慧

新谈话型对话教学认为对话不是实现某种外在目标的手段，对话本身就是目的。波尔诺夫（O. Fr. Bollnow）指出："就学校教育来说，'对话'不仅作为教育手段加以引进，而且作为教育的目的与内容，尝试对话并且通过这种对话性体验，学会对话性结构。"② 波尔诺夫实际上区分了两种类型的对话教学，一种是把对话作为一种教育手段或方法，另一种是把对话作为教育的目的或内容。国内也有学者认为，对话教学具有双重性："一是作为教学方法的对话；二是作为教学原则的对话。"③ 作为一种教学方法或教育手段的对话，同讲授教学一样也是一种教学技术。同讲授教学比较，这种方法能够更好地调动学生参与教学的积极性、吸引学生的注意力，即时提供练习和反馈的机会，但其最终目的还是在于获得教师的预定答案，而非生成新的理解。倘若把对话仅仅视为一种教学方法或教育手段，那么就很难保证师生能够平等地参与课堂交流，这是因为从根本上讲教师主宰了课堂的话语权，教师决定对话的开始、过程以及结束。教师既不会敞开自己，也不会以一种虚怀若谷的平等心态倾听学生。从根本上讲，指导型对话教学就是一种把对话视为教学方法或教育手段的对话教学类型。在这种类型的对话教学中，主要关注教师如何引导学生获得教师的预设答案。在指导型对话教学中，虽然师生之间有互动，但是非常重视教师的引导作用。如佐藤正夫特别指出了两种引导教学对话的手段："发问和刺激"。④ 关于如何发问，他引用克林伯格的研究，列举了八条要求：要明白、准确；学生能够理解；不应过分运用二选一的发问；审慎运用寻求定义的发问；避免重复连锁式的发问；发问的构成要能激发学生思考；发问的目标要明确，要给学生提供思考的方向；在问与答之间要有充分的时间"空当"，以便于学生沉思。关于如何刺激，他同样引用克林伯格的

---

① 张华：《对话教学：涵义与价值》，《全球教育展望》2008 年第 6 期。
② ［日］池野正晴：《走向对话教育——论学校教育中引进"对话"视点的意义》，钟启泉译，《全球教育展望》2008 年第 1 期。
③ 刘庆昌：《对话教学初论》，《教育研究》2001 年第 11 期。
④ ［日］佐藤正夫：《教学原理》，钟启泉译，教育科学出版社 2001 年版，第 312—315 页。

研究，指出三种方式：语言刺激、实物刺激以及手势刺激。还有的学者专门研究了教师的等待时间。"等待时间是指教师提问和学生回答之间的间歇，以及学生回答和教师的即时反应或进一步提问之间的间歇。"① 如有学者（Rowe, M. B.）用实证研究的方式研究了"什么时候放慢讨论速度能够促进学习？"② 有学者研究了师生的互动方式和互动范围以及座位安排对教学效果的影响。这些研究成果在特定的情境中可能会有效，但是不能想当然地认为这些研究成果可以放之四海而皆准，而忽视教师的反思和对教学情境的关注。

这就是一种科技理性的思维方式，伽达默尔在《真理与方法》的第二版序言中说，"当科学发展到全面的技术统治，并因而导致'在的遗忘'的'世界黑暗时期'这种尼采曾预言的虚无主义时，难道我们要目送黄昏落日那最后的余辉，而不欣然转身去期望红日重升的第一道朝霞吗？"③ 伽达默尔认为，当今社会科技理性的兴盛使人们失去了自由的心灵和独立的思考能力与判断力。从根本上讲，伽达默尔并非反对科学技术本身，也不反对科学技术的生活作为人类现实生活的一个方面，他所指出的是，必须把这种科学的生活置于理性思考的基础之上，即必须对人类社会行为加以实践理性的反思。但是现实的状况是，科技的迅速发展，使人类越来越依赖于科学技术，依赖于掌握科学技术的权威和专家，淡化甚至失去了独立思考能力。目的论取向的对话教学评价观将实践理解成出于某种外在愿望和利益的纯粹工具主义式的技术生产活动，它没有自身内在的目的，而只是服务于外在目的的一种工具和手段。仅仅把对话视为一种方法或手段，那么就会出现为了实现对话的外在目的而"不择手段"的情况。与此相反，对话作为教育目的或教学原则就表明对话教学的目的不在于获得某个明确清晰的预先设定的目标，而是在于促进未来更多的对话的可能性，对话是一个不断生成新的理解的过程，对话的任何一方都不掌握绝对真理。

新谈话型对话教学具有游戏性，游戏的最吸引人之处就在其即时创作性和不可预料性。因为游戏者根本不知道对方会如何出招。所以在游戏中，没有普遍适用的规则。游戏者必须从特定的情境出发进行敏锐的判

---

① ［美］阿兰兹：《学会教学》，丛立新等译，华东师范大学出版社2007年版，第372页。

② 同上。

③ ［德］伽达默尔：《真理与方法》，洪汉鼎译，上海译文出版社2004年版，第14页。

断，并且作出下一步如何行动的决定。伽达默尔指出，一种活动（如游戏、艺术创造、表演等）的规则并不能决定活动参与者的具体行为。毋宁说，规则提供了一个相对稳定和可预测的结构，而参与者们思考如何在规则的界限内最大限度地表现自己，有时甚至为了游戏的开展，思考如何和何时违反规则。游戏的即时性、创造性和自发性使任何试图形式化或界定游戏者可能作出的选择都归于失败。从解释学的视域看，教学是一种实践智慧。

新谈话型对话教学不是一种技术行为，它需要教师的自我理解，在课堂对话教学中，表面上只有教师和学生之间的言语互动，但实际上，教师还需要不断地与文本、情境以及自我进行对话。自从舍恩提出教师作为反思性实践者这一观点之后，反思性实践几乎成了教师专业发展的代名词。这一观点的提出有助于人们深刻理解教育教学行为的本质，深思 RD&D（Research，Development and Dissemination model）模式等技术理性模式的弊端。事实上，反思性实践并不是一个新概念，杜威在《我们怎样思维》一书中提出了反思性思维的概念："这种思维乃是对某个问题进行反复的、严肃的、持续不断的深思，并进一步解释为对于任何信念或假设，按其所依据的基础和进一步推导出的结论，对其进行的主动的、持久的和周密的思考。"① 而舍恩将杜威的反思性思维的概念进一步发展，将其应用于职业培训当中，并将反思性实践划分为"行动中的反思"和"对行动的反思"。舍恩更强调行动中的反思，强调对个体自身独特情境的深入理解。舍恩将实践工作者对情境的理解视为与情境的反思性对话："实践工作者特别是借由他与情境对话的能力，创造了一个可理解的、和谐一致的构思。在反思性对话中，实践工作者解决重新框定问题的努力，将会衍生出新的行动中的反思。"② 当教师在自己的框架内努力塑造教学情境的同时，他必须随时准备接受情境的回话。教师必须愿意进入新的困惑和不确定感。因此，他必须接纳一种双重视域的观点。他必须按照自己所采纳的观点来行事，但他也必须了解到，他随时都可以再把它打破，甚至是必须把它打破，以便让他与情境的互动产生新的意义。所以教学实践是不能脱离与情境的对话，教师的"知"和"行"是密不可分的。

---

① ［美］杜威：《我们怎样思维》，姜文闵译，人民教育出版社 2005 年版，第 11 页。
② ［美］舍恩：《反映的实践者》，夏林清译，教育科学出版社 2007 年版，第 114 页。

第四节 新谈话型对话教学的课堂实践形态

对话教学的类型不同，其课堂实践形态亦不同。具体来说，新谈话型对话教学包含如下六种课堂实践形态：师生对话、生生对话、师本对话、生本对话、教师的自我对话以及学生的自我对话。其中师生对话和生生对话是一种人际对话，师本对话和生本对话可统称为人本对话，教师的自我对话和学生的自我对话可被称为自我对话。

一 人际对话

人际对话包含师生之间的对话以及生生之间的对话，主要指师生、生生基于个人的经验以及对于文本的理解而进行的以言语为载体的对话形式，人际对话具有社会性，是课堂对话教学的外显形式。新谈话型对话教学中的人际对话具有如下特征：

1. 强调师生、生生关系的平等

新谈话型对话教学的目的在于相互理解和自我理解，师生都不掌握绝对的真理，而且真理是"活的"，存在于师生不断的理解与解释之中，所以主张师生之间的真正平等。人际对话具有社会性，在课堂教学中，师生之间、生生之间的关系往往受特定的制度或权力制约，造成师生、生生之间事实上的不平等关系，造成人际交流的扭曲。而哈贝马斯的批判解释学则力图为人际对话创设一种"理想的话语环境"。在课堂这个充满了霸权和意识形态的话语环境中，必须通过批判反思，消除制度上和权力上的扭曲和阻碍，才能实现师生之间和生生之间的真正对话。总之，新谈话型对话教学从对话教学所追求的目的以及"理想的话语环境"的构建等方面保证了师生、生生关系的平等。

在指导型对话教学中也含有师生、生生之间的对话形式，虽然有人认为在指导型对话教学中，师生、生生之间也是一种平等关系，但是由于指导型对话教学的目的就在于获得教师的预设答案，所以这种类型的对话教学的一个隐含的前提就是尊重教师的权威作用，实际上很难保证师生之间的平等。

2. 崇尚对话美德

与对话的技术和方法相比较，新谈话型对话教学更侧重于追求对话中的美德。对话美德包含这样一些特质："如宽容、耐心、批评和接受批评的开放心态、承认人可能会犯错误的倾向、愿意把自己的关注以一种让他人理解的方式重译或翻译、为了让别人有说话的机会的一种自我克制、机智和细心的倾听的意愿和能力。"① 这是因为从解释学的角度来看，对话教学是一种游戏，具有即时创作性和不可预料性，对话的维持没有放之四海而皆准的规则可以遵循，只能依靠对话参与者的实践智慧。尽管教师有责任指导对话，但是任何人都不能完全控制对话的走向，好的对话就是不可预测和出人意料的。正如佐藤学所说："对教师来说，每一个学生的想法和头脑中的表象都相互碰撞、呼应起来的'交响乐'本身，乃是教学的最大妙趣之所在。通过'交响乐团'式的教学，每个学生之间富有内涵的相互学习是否能够开展起来，与教师是否能够尊重每个学生微妙的个别差异，是否能够洞察其差异之间相互学习的可能性是分不开的。"②

与之不同的是，指导型对话教学更注重对话的策略和方法等，如佐藤正夫重点研究了发问和刺激两种重要的对话教学的方法，而对于对话中的美德几乎没有任何论述。阿兰兹指出，要想让班级集体讨论成功，教师和学生都需要掌握一些较为精密的交流技能与沟通技能，也需要制订一些有助于讨论者进行自由交流、相互尊重的准则。阿兰兹详细研究了讨论的步骤以及每一步骤中教师的行为详见表2—2③：

表2—2

阶段	教师行为
阶段1：阐明目标并完成准备工作	教师确立讨论目标，并让学生们准备就绪，以参与讨论
阶段2：确定讨论焦点	教师通过解说基本规则，提出第一个问题，描述一个令学生感到疑惑的问题或阐述讨论课题，确定讨论焦点
阶段3：开展讨论	教师监控学生的交流，提问，倾听意见，对意见作出回应，实施基本规则，对讨论作记录，表达自己的观点
阶段4：结束讨论	教师可通过为学生总结或概括讨论的意义来结束讨论
阶段5：听取汇报	教师要求学生分析他们的讨论与思考过程

---

① Burbules, N. C. (1993), *Dialogue in Teaching*: *Theory and Practice*. New York and London: Teachers College, Columbia University, p. 42.

② ［日］佐藤学：《静悄悄的革命》，李季湄译，长春出版社2003年版，第50页。

③ ［美］阿兰兹：《学会教学》，丛立新等译，华东师范大学出版社2007年版，第379页。

阿兰兹首先把讨论分为 5 个阶段，然后详细研究了每一阶段中教师的行为，通过分析可以清楚地发现，这些都是要求教师如何一步一步去做的技术行为，对于教师在对话教学中的情感和美德几乎没有涉及。国内有关对话教学的研究中，也将重点置于对话教学的操作程序或操作策略上。

3. 师生对话与生生对话的关系：内在循环

新谈话型对话教学认为师生对话与生生对话是一种循环关系："只有当解释的辩证的交流一直维持的时候，课堂中的学习才能发生：首先，构成解释学循环的前概念和主题内容的相互作用存在于每一个个体（教师和学生）之中；其次，教师的理解与教学讲解的对话关系；再次，课堂情境中的各个部分之间（师生之间和生生之间）的交流的循环。"① 循环关系意味着任何的观点都是开放性的。例如从教师这个角度来分析，首先教师的前概念与文本进行不断的对话，教师获得 A 理解；在教师向学生讲解自己的 A 理解时，教师通过不断倾听学生的反应，从而不断修正自己的 A 理解，从而获得 A＋理解。与此同时，学生之间的相互对话也在持续进行，学生的回应也就不断变化，所以教师就会不断地听到学生的新回应，从而不断形成新的理解 A＋＋……而学生的理解又会随着教师的理解的变化而变化，所以理解的过程就在教师与学生之间、学生与学生之间不断循环，直至获得视域的融合，这样的一种关系是真正融合的。

而与之不同的是，指导型对话教学认为师生对话与生生对话虽然复杂地交织在一起，但是没有发生融合和循环。教学中的对话被认为仅仅局限于师生之间或生生之间的课堂交流活动，其对话的目的就在于获得文本中的客观真理。指导型对话教学认为对话仅仅局限于师生或生生之间的言语交流，其隐含的前提就是教材中包含着固定不变的真理，教学的目的就在于获得这些固定不变的真理，而对话教学仅仅是其中的一种方式罢了，所以不存在与教材对话的问题。由于指导型对话教学虽然强调学生认真倾听教师和同学之间的发言，强调学生的自我反思，但是否认教师的自我对话，教师仍然以真理代言人的身份参与对话，事实上，在对话过程中，教师并没有"敞开"自己，所以虽然师生之间有言语的交流，但是难有心

---

① Gallagher, S. (1992), *Hermeneutics and education*. Albany：State University of New York Press , p. 81.

灵的沟通，虽然有时课堂讨论很热烈，但是那种心与心的交融似乎难以达到。

二　人本对话

人本对话就是教师和学生基于自己的前见而与主要以教材为载体的文本展开对话的形式。许多教师和学生都认为对话教学只包含两种形式：师生对话和生生对话。这样的一种对话教学观是与传统认识论思维分不开的，认为存在外在于认识者的客观真理，而文本知识就被视为客观真理的载体，获得文本中所包含的客观真理就是教学所要达到的目标。文本中的真理是客观存在的，师生与文本之间不是一种平等的关系，文本中的客观真理是固定的、永恒不变的，而且是衡量教师或学生的理解正确与否的唯一标准，所以从传统认识论的视域看，教师和学生与文本之间是没有对话的必要的。然而从解释学的角度来看，教师和学生与文本之间是具有对话关系的，人本对话包括教师与文本的对话以及学生与文本的对话。哲学解释学认为文本的意义并不存在于文本本身或作者的原意之中，而是存在于对其不断的理解与解释之中。我们理解与解释文本的意义，只发现文本的意义是不够的，还需要发明，文本的意义具有一种不断向未来开放的结构。正如伽达默尔所言，理解就不只是一种复制行为，而始终是一种创造性的行为。另外，按照伽达默尔的看法，解释学自古就有一种使文本的意义和真理运用于正在对之讲话的具体情况的任务。伽达默尔认为，解释者要对任何文本有正确的理解，就一定要在某个特定的时刻和某个具体的境况里对它进行理解，理解在任何时候都包含一种旨在过去和现在进行沟通的具体应用。解释学认为绝对的客观的文本意义是不存在的，文本意义的获得只能通过解释者和文本的不断对话，直至达到"视域融合"，形成新的理解。

以教材或教参为载体的文本不再被视为一种客观真理的表征，而是被认为具有一种不断向未来开放的结构，具有许多"未定点"，等待着教师或学生来填充。教材或教参不再被视为一堆僵死的、只供机械记忆的文字符号，而是被视为具有勃勃生机的"生命体"，他不断向师生提出问题，吸引着师生参与对话，而师生在与文本的对话之中，不断生成着新的文本意义，也在不断追寻着自己的人生意义。"这一促使我们与我们的历史进行会话的诠释的观点为我们提供了一种概念：在这一概念中，课程不只是传递知识的工具，也是创造和重新创造我们和我们的文化的工具。"① 教师或学生与教材或教参展开对话，需要做到如下几点：

第一，师生理解观的转变。师生理解观的转变就是从传统的方法论理解观转变为哲学解释学的理解观。师生理解观的转变是师生发现与文本的可对话性的首要条件。传统的方法论理解观是一种"施莱尔马赫式"的认识论理解观。这种理解观认为教师和学生都应当摆脱自身的境遇、前见，这是因为这些个人的境遇和前见只具有消极的价值，只能阻碍正确的理解，而理解的目的在于重构教材的意义。教材的意义被认为是独立于师生客观存在的，教材的原意是衡量师生理解的标准，师生是没有创造性可言的。师生的理解就成为一种复制或再现行为。而哲学解释学视域下的理解观认为文本理解的过程是一个"视域融合"的过程，换言之，也就是教师和学生的视域与教材的视域不断融合的过程，不断对话的过程。对教材理解的过程是一个意义创造的过程，而不是一个意义报道的过程。

第二，师生要秉持独立思考的意识。师生都要独立担当起对教材的理解和解释的任务，不能简单地接受教参中或者一些所谓专家所讲的号称具有真理性的东西。只有当我们挑战他人提供给我们的现成答案时，我们才真正对自己负责，才能真正开始与文本对话。当然，这种挑战未必完全否定以前设定的答案，我们能够自由地采纳并利用别人提供的现成的答案，但是这必须是建立在独立思考的基础之上的。如果我们盲目地相信他人的观点，那么就关闭了与文本进行对话的大门。

第三，师生要秉持开放的态度。"情况就是这样，谁想听取什么，谁就是彻底开放的。如果没有这样一种彼此的开放性，就不能有真正的人类联系。彼此相互隶属总同时意指彼此能够相互听取。"② 师生总是带着自己的传统或前见来理解文本，在与文本的交流碰撞中，要不断修正自己的前见，要意识到自己过去所接受的观点都是能够被再解释的，对文本的理解离不开对文本的深入倾听。

第四，师生要关注知识的意义性。解释学视域下的文本理解更加关注文本知识对于人生的意义，把文本理解的标准从布鲁姆的"心理学标准"转变为"教育学标准"。布鲁姆在《教育目标分类学：认知领域》提出了

---

① ［美］多尔：《后现代课程观》，王红宇译，教育科学出版社 2000 年版，第 188 页。

② ［德］伽达默尔：《真理与方法》，洪汉鼎译，上海译文出版社 2004 年版，第 469 页。

知识掌握的层次：知识、领会、运用、分析、综合、评价，这是知识理解的心理学标准。有学者批判了这种心理学标准，"心理学标准只是一个技术标准，而不是真正的教育学标准。真正的教育学标准应该是一个'人学标准'，即一个'生存论的标准'。"① 解释学视域下的文本理解标准就是一个教育学标准，更加关注文本对人生的意义，从"生存论"的层面来审视，从根本上讲，文本理解的目的更在于理解自己的人生，加深自己对于人生意义的理解。

第五，考试内容的变革。新基础教育课程改革纲要提出了课程评价改革的三目标：促进学生的全面发展、建立教师不断提高的评价体系、建立促进课程不断发展的评价体系。这与师生需要与文本对话的理念是完全符合的，只有不把文本作为绝对的权威，而是视作一个可平等对话的伙伴，才能实现上述三目标。当前课程评价改革的新方式很多，但是从促进文本作为对话伙伴这个方面来说，改革考试内容是一个非常重要的方式，因为考试就是文本向学生提出问题，而问题是一个"真问题"或"假问题"，是一个开放性的问题抑或是封闭性的问题，将直接影响学生的文本理解。新基础教育课程改革纲要也提出了考试内容的变革要求："考试内容应加强与社会实际和学生生活经验的联系，重视考查学生分析问题、解决问题的能力。"② 考试内容的变革就是要激励学生的独立思考能力，学生不能把教材中的内容"背"到试卷上来，学生必须以自己的社会生活经验、以自己的前见来理解教材。同样，考试内容的变化也迫使教师不能把教材中的知识灌输给学生，必须引导学生独立思考，而首要前提就是教师自己的独立思考，教师与文本的对话。

第六，教师有责任引导和鼓励学生与文本展开对话。在对话教学中，虽然师生之间是一种平等关系，但是教师作为"平等者中的首席"，其责任和作用不应该被忽视。首先，教师需要作表率，教师在授课时应该多讲解自己对文本的独特理解，不要总是照本宣科。教师需要表达自己的独特观点，甚至质疑教材中的一些观点或者表达出自己的困惑，让学生意识到教材中的观点并非是绝对的真理。其次，教师需要作引导。文本对话的前提就是理解者要有自己的问题。学生能够带着自己的问题阅读文本当然是

① 郭晓明：《课程知识与个体精神自由》，教育科学出版社 2005 年版，第 79 页。
② 引自《基础教育课程改革纲要（试行）》。

一件很好的事情，但是由于受灌输式教学的影响，有些学生往往自己提不出问题，这时教师也可适当地帮助学生提一些问题。当前在语文教学中，一个比较常用的做法就是教师让学生带着问题阅读课文。教师需要给学生提的问题必须能够激发学生的思维力和创造力，不要总是让学生从课本中找一些事实性的信息。再次，教师要信任学生。与文本对话，进行独立思考，这对习惯了接受教师灌输的学生来说，是一个大的转变和挑战，所以有些学生的观点难免会显得幼稚或荒诞，但是这些观点也是一些新的理解，教师应该给予鼓励。由于学生的生命经历和感受都不尽相同，所以观点也会多种多样，教师应该相信，每一种看似荒诞的观点背后都有其"逻辑"基础。

三　自我对话

师生的自我对话就是指师生对自我的前见、个体经验、观点等进行的反思性理解，自我对话基于个体理解的相对性和暂时性。指导型对话教学认为仅有学生需要自我对话，而新谈话型对话教学认为师生都需要展开自我对话。

指导型对话教学主张学生应该进行自我对话，不断反思自己的观点，至于教师方面，一般认为，教师在对话之前就已经获得了客观真理，所以教师是不需要自我对话的。"通过课堂讨论相互交流，可使学生认识到某一问题原来自己没有认识到的许多侧面，从而丰富对事物的认识，进而改变自己的观点和态度……教师在学生讨论的行为表现形式主要有两种，即发起行为和支持行为。"① 由此可见，在指导型对话教学中，学生的反思是必要的，需要不断修正自己的观点，而教师的反思是没有必要的，教师的任务就是确保学生通过讨论获得教师的预设答案。实际上，从苏格拉底和维果茨基的对话理论来看，他们也仅仅主张学生的自我对话和反思，而没有提及教师的反思。苏格拉底就是让对方意识到自己的"无知"，苏格拉底的对话法并没有提及教师是如何反思自己的观点的。维果茨基的对话理论奠基于他的最近发展区概念以及外部语言（沟通的语言）和内部语言（思维的语言）的概念。维果茨基重视儿童与教师的对话，提出在最

---

① 施良方、崔允漷主编：《教学理论：课堂教学的原理、策略与研究》，华东师范大学出版社1999年版，第214页。

近发展区的范围内组织儿童的学习活动。儿童首先通过沟通的语言，也就是通过与教师或更有能力的伙伴之间的对话，然后，这种"外部的语言"经过内化，表现为自我内关系的语言，即学生的自我对话，不断提高自己的思维水平。最近发展区的概念标明儿童和教师之间的事实上的不平等，教师确定了儿童需要达到的目标，所以教师不需要反思自己的观点。指导型对话教学认为，学生参与对话的目的就在于获得教师的预设答案，所以教师不需要自我反思，只需要学生的自我反思。

与指导型对话教学不同，新谈话型对话教学认为，师生对话的结果不是学生获得教师的预设答案，而是师生以各自对文本的理解为基础，参与到对话之中，对话的结果是达到师生的视域融合，形成新的理解。这种新的理解既与师生的原初理解有关，但又是与二者不同的东西。所以在师生对话的过程中，师生双方都要根据情境的变化不断反思和修正自己的观点。理解是相互理解，对话双方都不固执己见，而是彼此开放，每一个人都对他人的真理的可能性保持开放，双方达成一致意见。理解又是自我理解。而自我理解只有在我们遭遇到他物时才能发生，在师生的对话中，只要教师真正倾听学生的不同观点，就会发生自我理解的问题。从这个意义上讲，师生才能真正达到平等。所以不但学生需要自我对话，教师也需要自我对话。"阐释学真理所具有的对话性质表明，任何以阐释学名义从事的研究，均要求有研究者在其探索过程中得到的自我转变的证明……即要求研究人员不断深化对于他（她）本人的自我理解。"①

新谈话型对话教学认为教师的预设答案仅仅是一种观点，任何人都不掌握绝对的真理，真理是随着对话的进行而不断生成的，而非像指导型对话教学所主张的那样，在对话之前就已经确定了。所以，从解释学的角度来看，在对话过程中，师生都需要自我对话，都需要不断反思自己的前理解。理解的"教化性"和"实践性"表明一切理解都是自我理解。自我理解不是像传统的认识论那样把自我视为一个客体进行分析研究，而是像利科尔所指出的那样："自我理解，就要在解释者与被解释者的关系之中以及在对被解释者的应用中理解自身。"② 自我理解就是解释者与被解释

---

① ［加］史密斯：《全球化与后现代教育学》，郭洋生译，教育科学出版社 2000 年版，第126 页。

② Ricoeur, P. (1981), *Hermeneutics and the Human Sciences*, trans. John B. Thompson Cambridge：Cambridge University Press, p. 113.

者以及情境之间的对话，换言之，只要有理解，就有自我理解。伽达默尔认为，人的理解就是前见和文本内容之间的循环，理解虽然以前见为基础，但是伽达默尔也指出，前见可分为正确的前见和错误的前见，而只有通过对话才能区别前见的正或误，理解的过程就是随着我得到越来越多的信息而不断修改我的错误的前见的过程。师生都带着自己的前见来阅读文本，在阅读的过程中，不断产生困惑和矛盾，从而不断修正自己的前见，也就是"现在的我"和"过去的我"之间不断进行对话，师生和文本之间视域融合之际，也是"现在的我"和"过去的我"之间视域融合之际。同样，师生都带着对文本的理解来到课堂上，在倾听不同的观点的同时，也在不断反思自己的观点，不断和自我进行对话。"自我理解的真正提高是四重行为的不断递进：向他人开放；与他人交流；某种包含自我更新意味的自我反省；重新与他人交流。"①

自我对话从本质上讲就是一种自我反思的过程。布鲁克菲尔德（Stephen D. Brookfield）认为："反思过程最突出的特征是以寻找假定为核心……那些潜在的假定决定了我们思考和行动的框架，所以了解那些潜在的假定就成为我们人生中面临的最具有挑战性的智力难题。"② 伽达默尔本身也承认，虽然反思仍然不能摆脱前见的制约，但是通过反思，我们能够修正和改造我们的前见，并且能够避开那些造成误解的前见。"只有通过解释学的反思，我才能获得被前见所限制的观点的新理解。"③ 当然，伽达默尔也指出，没有独立的客观标准来评判哪些是造成误解的前见，哪些是促进理解的前见。布鲁克菲尔德又进一步指出了限制人的思考的三种假定："作为我们建构世界的基本公理的模式假定、我们认为应该如何的规范假定、我们理解世界不同部分之间是如何起作用，以及在什么条件下可以改变其起作用的过程的因果假定。"④ 因果假定很容易被发现，但是模式假定和规范假定则难以被揭示。而倾听"异向交往话语"，与"异向

---

① ［加］史密斯：《全球化与后现代教育学》，郭洋生译，教育科学出版社2000年版，第204页。

② ［美］布鲁克菲尔德：《批判反思型教师ABC》，张伟译，中国轻工业出版社2002年版，第3页。

③ Gadamer. (1970), On the Scope and Function of Hermeneutical Reflection. trans. G. B. Hess and R. E. Palmer, *Continuum* 8, p. 92.

④ ［美］布鲁克菲尔德：《批判反思型教师ABC》，张伟译，中国轻工业出版社2002年版，第3—4页。

交往话语"展开对话正是一种重要的方法。师生的自我反思包含两个层面：一是师生对于自己的文本理解的反思。在对话教学中，师生的观点在相互交流碰撞中，不断被修正；二是师生对于自己的传统的反思，也就是对影响和决定自己前见的那些因素进行反思，这主要包括自己的个人经历、自己所生活的文化和社会关系，特别是自己的意识形态。伽达默尔的解释学反思观强调第一个层次的反思，也就是说主要反思自己的文本理解，不断修正自己的前见，从而形成新的理解。相对而言，哈贝马斯更关注第二个层次的反思，因为在哈贝马斯看来，仅仅反思自己的文本理解并不足以导致无偏见的交流，所以，他提出了"深度解释学"的概念，揭示师生所遭遇的权力和权威结构的限制，通过批判反思，消除交流中的欺骗和扭曲。

第三章　新谈话型对话教学的实施（上）：对话智慧之崇尚

我将主张，对话与其说是一种技术方法，倒不如说是一种实践智慧。①

——霍斯泰特勒

实践智慧是能够用来处理歧义性、包含在话语中的不可通约性的唯一可利用的美德，它是唯一将不会否认歧义性的美德。②

——加拉格尔

第一节　实践智慧与对话智慧

解释学视域下的对话教学具有游戏性和关系性。所以从解释学的视角来看，对话教学的情境是动态的、模糊的，没有任何现成的对话规则或技术可以应用到所有的情境中。仅仅遵循某些所谓的秘诀或者规则是远远不能确保对话成功的，必须进行不断的实践，反思自己的实践经验。"把对话视为一种方法就会构成一种危险：把对话变为一种更多策略性的、指导性和更少开放性结局的过程，而且会过分夸大教师在对话中的责任。"③

---

① Hostetler, K. (1991), *Connecting techne and praxisin teaching.* In Ericson D. P. (Ed.), *Philosophy of education* 1990： *Proceedings of the 46ᵗʰ annual meeting of the Philosophy of Education Society.* Normal, IL： Philosophy of Education Society, pp. 337 – 345.

② Gallagher, S. (1992), *Hermeneutics and Education.* Albany： State University of New York Press, p. 311.

③ Neiman, A. (1991), Irony and method： Reflections on dialogue. In Ericson D. P. (Ed.), *Philosophy of education* 1990： *Proceedings of the 46ᵗʰ annual meeting of the Philosophy of Education Society.* Normal, IL： Philosophy of Education Society, pp. 132 – 135.

把对话视为一种关系就能使对话参与者在持续的交流中被"被缠绕"在一起，通过每一方参与者的不同选择就能够改变基调、目的以及方向，认为对话不是每一方都能使用的方法。

由于新谈话型对话教学认为师生之间是一种平等的关系，师生的角色是动态生成而非制度化和固定化的，所以总体而言，在对话教学中，教师所需要的对话智慧也是学生所需要的，实际上，在某种程度上，缺乏学生的合作，教师的对话智慧也难以发挥作用。但另一方面，正如导言中所提到的，当前课堂交流中所存在的主要问题是课堂交流的 IRE 模式，教师忽视学生的"异向交往话语"，又因为教师作为"平等者中的首席"，具有一定的引导和指导职责，所以笔者在行文时，主要从教师的角度来阐述教师所需要的对话智慧。

一 实践智慧：实践理性知识与道德性知识的融合

实践智慧的概念来自于亚里士多德。他在《尼各马可伦理学》中曾区分了人类认识事物和表述真理的五种知识形式：理论知识（episteme）、实践智慧（phronesis）、技术知识（techne）、理论智慧（sophia）和直观理智（nous）。因为认识论太强调理论知识和实践知识的区别，结果实践智慧和技术知识最终被简化为一种：实践知识。技术知识和实践智慧的区别变模糊了。伽达默尔区别了认识论中被模糊的技术知识和实践智慧：实践智慧包含技术知识中所不需要的自我知识。在认识论哲学中，实践智慧经常被简化为一种技术知识，一种详细告诉人们如何去做的知识。在当代的哲学家中，伽达默尔是为恢复亚里士多德的实践智慧概念最为努力的哲学家之一，伽达默尔把理解、解释和应用统一起来，而伽达默尔视角下的应用就是一种实践智慧。由此可见，理解也具有实践性，也是一种实践智慧。实践智慧具有三个重要特征："首先，实践智慧的本质是一种不同于生产或制作的践行，而实践智慧的践行本身就是目的，也就是使人趋善避恶；其次，实践智慧考虑的乃是对人的整个生活有益的事；再次，实践智慧不只是对普遍事物的知识，更重要的是对特殊事物的知识，而且经验在其中起了重要的作用。"[①] 实践智慧追求在具体的情境中去实现最大的善，需要实际生活经验和特殊事物的知识，所以实践智慧又被称为"德性知

---

① 洪汉鼎：《诠释学——它的历史和当代发展》，人民出版社 2001 年版，第 314 页。

识（moral knowledge）"。罗蒂继承了伽达默尔有关实践智慧的观点。罗蒂说，对话的维持需要一种实践智慧："把保持谈话继续下去看做解释学的充分的目的，把智慧看做是维持谈话的能力。"① 罗蒂指出，新解释学（哲学解释学）的目的就在于使对话持续下去，而这正需要对话参与者的实践智慧，其重要的一点就是要从自己的视域出发形成新的理解，而不要总是试图去复制他人的观点。如果我们认为文本理解的过程是对话的过程，那么对话的维持就需要理解者的实践智慧。显然，技术知识适用于"正常话语"的对话，而与"反常话语"进行对话只能依赖于实践智慧。

正如前文所言，新谈话型对话教学的游戏性表明：对话的维持没有放之四海而皆准的规则可以遵循，只能依靠对话参与者的实践智慧。正如霍斯泰特勒（Hostetler）指出的那样，对话与其说是一种技术方法，倒不如说是一种实践智慧。那种需要灵活性、适应性和判断力的教学"方法"实际上不应该被称之为方法，而应该被称之为实践智慧。有关教师实践智慧的研究一直是近些年来教育研究中的一个热点。许多学者认为，从本质上讲，教学不是一种简单的技术行为，而是一种反思性实践，需要教师的实践智慧。教师的实践智慧首先具有很强的情境敏感性，指教师在具体的教学情境中的推理、洞察和顿悟，是一种具体情境中的实践理性，并不具有普遍性和客观性，这与那种可以简单应用的技术知识是不同的。许多学者都指出了教师实践智慧的实践理性的特征，例如，施瓦布的教师形象就是一个复杂的和有很高要求的技艺的实践者。教学的技艺的实践要求教师在如下方面具有作出决定和选择的责任：做什么、如何做、和谁一起做以及节奏的快慢等。李·舒尔曼（Shulman, L. S.）指出了教师所需要的五种类型的知识基础，并且列举了教师的知识基础的四个主要来源，其中之一是"实践本身的智慧"。② 爱尔贝茨（Freema Elbaz）进行了一项体现情境洞察和顿悟的研究，她汲取了施瓦布的观点并且参考了亚里士多德对理论和实践的区别。她写道："我选择用'实践知识'（实践智慧）一词，这是因为它把注意力集中到情境中的教师的行为和作出决定的本质，并且

---

① ［美］罗蒂：《哲学和自然之镜》，李幼蒸译，商务印书馆2003年版，第353页。

② Shulman, L. S.（2004），*The Wisdom of Practice: Essays on Teaching, Learning, and Learning to Teach.* Wilson, S. M.（ed.），San Francisco: Jossey-Bass, p. 228.

把教师的知识解释为教师对那个情境作出反应的部分的功能。"① 这项研究非常关注行为和特定情境的匹配。她描述了阐明行为和教学的实践情境相匹配的复杂本质的五个面向（orientation）。② 第一，实践知识要面向教师所遇到的实践情境（情境适应）；第二，实践知识要面向自我；第三，实践知识有一个社会面向；第四，实践知识存在于特定经验的语境中，实践知识正是在这种特定的经验中被习得，实践知识面向经验，因为它反映和形成了认知者的经验；最后一个方面"自相矛盾"的是实践知识要面向理论。舍恩（Schon）在《反思性实践者——专业工作者如何在行动中思考》一书中指出了实践情境的不断变化的特质：复杂性、不确定性、不稳定性、独特性和价值冲突性，由于实践情境的这些特征，科技理性在实践情境中是有局限性的。专业工作者应成为反思性实践者，运用行动中的反思。

　　但教师的实践智慧绝非仅仅是一种实践理性，更重要的还与教师是一个什么样的人不可分割地联系在一起，是实践理性与道德性的融合。例如，罗蒂认为，与作为"方法"的理性不同，作为一套"美德"的理性具有如下特征："对我们周围的人的观点的容忍及其尊重，愿意倾听，依靠说服而不是暴力。"③ 实践智慧是一种德性，是与人的品行不可分的。杜威说，"智慧是'一个道德术语，智慧不是意味着系统的和被证实的关于事实和真理的知识，而是一种关于道德价值的信念，一种引向那种更好生活的意识'。"④ 杜恩（Dunne）写道："实践智慧与美德之间的关系是相互的。"他说没有美德就没有实践智慧，同样没有实践智慧也就没有美德。杜恩进一步指出："实践智慧是一个知道如何生活幸福的人的基本特征……它是一种关于个人的知识，这是因为它体现和表达了那个人属于什么样的类型的人。"⑤ 舍曼（Sherman）指出实践智慧由这三个方面构成：

---

① Elbaz, F. (1983), *Teacher Thinking: A Study of Practical Knowledge.* London: Croom Helm, p. 5.

② Ibid. , pp. 101 – 102.

③ Rorty, R. (1987), Science as Solidarity. In Nelson J. S. , A. Megill, & D. N. McCloskey (Eds.), *The Rhetoric of the Human Sciences.* Madison: University of Wisconsin Press, p. 40.

④ 王成兵主编：《一位真正的美国哲学家：美国学者论杜威》，中国社会科学出版社 2007 年版，第 94 页。

⑤ Dunne, J. (1993), *Back to the Rough Ground: Practical Judgment and the Lure of Technique.* Notre Dame, IN, University of Notre Dame Press, p. 244.

"在洞察的、慎思的、合作的方面行使实践推理，将会是具有美德的行为者在已经具有的水平上继续建构美好生活的概念的方式。"① 洞察是指情境的洞察和顿悟解释；慎思是指理性方面；而合作是指德性方面。舍曼把合作看做一种进一步形成和理解实践智慧的德性的方法，这方面的议题主要包括考察经验、合作以及友谊是如何将它们引向德性的，一个核心议题就是围绕着实践智慧和德性之间的循环。范梅南把教师的品质描述为一种"机智"（tact），范梅南指出：一切教育都是极其规范性的，准确地说正是因为这一伦理基础，我们的教育实践才是智慧性的和反思性的。②

二　对话中的实践智慧体现为一种交流美德

在对话教学中，实践智慧体现为一种交流美德。交流美德包含这样一些特质："如宽容、耐心、批评和接受批评的开放心态、承认人可能会犯错误的倾向、愿意把自己的关注以一种让他人理解的方式重译或翻译、为了让别人有说话的机会的一种自我克制、机智的和细心的倾听的意愿和能力。"③ 交流美德支持与不同的人发展成功的交流关系。在对话过程中，师生都需要重新反思自己的前见，并且相互进行比较；对于自己的信念不固执己见，我们所看到的世界的样子未必是世界的真正样子。正如弗莱雷所说："这些美德形成了人们准确表达自己的信念、价值和感情以及倾听他人的这些方面的能力。"④ 这些能力不能被视为师生个人的私有财产，而需要被视为一种社会财产，它们是在与对话伙伴的联系中表现出来的。美德既是行为的又是态度的。人不是通过告诉他如何去做才获得美德的，而是通过与有类似美德的他人的联系才获得的。美德在关系中获得，在实践中提高。交流美德不是预先给予的，而是在对话进程中逐渐形成和发展的。具体来说，交流美德是在师生之间形成了仔细倾听、耐心解释的关系中形成的。为了形成这种交流美德就必须参与某种交流关系。这些美德不

---

① Sherman, N. (1989), *The Fabric of Character: Aristotle's Theory of Virtue*. Oxford: Clarendon Press, p. 10.

② ［加］范梅南：《教学机智——教育智慧的意蕴》，李树英译，教育科学出版社 2001 年版，序言Ⅱ。

③ Burbules, N. C. (1993), *Dialogue in Teaching: Theory and Practice*. New York and London: Teachers College, Columbia University, p. 42.

④ Freire, P. (1985), The politics of education: Culture, power and liberation. SouthHadley, MA: Bergin & Garvey. 转引自 *Dialogue in Teaching: Theory and Practice*.

是一朝一夕就能形成的，是非常个性化的，而且与认知以及情感因素联结在一起。规则和清晰的指令仅仅部分地有助于形成这些交流美德。

师生的交流美德在对话教学中发挥了重要的作用，但是不能使它们具体化或者让它们变为放之四海而皆准的绝对真理，交流美德具有情境敏感性。对话教学的情境可能支持或阻止某些交流美德的形成，所以在某种情境中未能行使某些美德并不能自动地归因于个人的缺点。正如亚里士多德所说，在一个情境中可能被视为美德的东西如果被过分地行使或者被扩延到不适当的情境中，将会成为恶德。"一个人可能只是倾听而不能表达自己的立场；一个人可能尽量不做出判断或反对他人而取悦他人；一个人可能为了保持公正而变得没有感情。这些观点表明交流美德是否适合某一特定的对话情境不是一种技术知识，而是一种实践智慧。情境的敏感性以及话语效果有助于我们谨慎判断这些交流美德何时和如何才是适当的。"①

三 对话智慧的特征

这种在对话教学过程中被体现出来的实践智慧就是对话智慧。对话智慧就是在特定的对话教学情境中，以对话美德为引导，师生在不断批判反思的基础之上逐渐形成的对话能力，它具有关系性、情境性、反思性、伦理性以及与对话情感密切相关等特征。

1. 对话智慧具有伦理性。对话智慧不是对话技术或对话策略，对话智慧是一种德性知识，是一种追求善的知识。对话智慧是与师生是一个什么样的人密切相关的，对话智慧离不开对话美德。

2. 对话智慧具有关系性。对话智慧的关系性是与对话本身的关系性密切相关的。首先，对话智慧是在与他人的关系之中表现出来的。例如，有些教师更愿意倾听他所认为的"好学生"的观点，在这些所谓的"好学生"面前更能展示出他的宽容和耐心，而有些学生更愿意在那些他信任的教师面前表达自己的真实的声音。其次，对话智慧是在与他人的关系中形成的。苏格拉底早已经指出，德性知识是一种既不能教也不能学的知识，同样对话智慧也是一种既不能教也不能学的知识，只能在与具有对话智慧的人的相互交往和联系中逐渐形成，在实践中通过批判反思逐渐

---

① Burbules, N. C. (1993), *Dialogue in Teaching: Theory and Practice*. New York and London: Teachers College, Columbia University, p. 43.

提高。

3. 对话智慧具有情境性。对话智慧不是放之四海而皆准的绝对真理，对话智慧具有情境敏感性。对话发生的特定情境支持或阻止对话智慧的形成。例如，宽容是一种非常重要的对话美德，但是任何人都不能清晰地制定衡量宽容的标准。在一个情境中可能被视为是一种宽容的美德，而在另一情境中可能就被视为放纵。

4. 对话智慧具有反思性。对话智慧的反思性是与对话智慧的情境性密切相关的。对话智慧不是一些可以简单应用的明确清晰的指令或规则，它需要对话参与者的反思。这种反思既包括对话中的反思，又包括对话后的反思。在对话过程中，师生需要根据情境的变化、对话对象的变化以及观点的不断变化随时反思自己的对话行为。而每一次对话结束后，师生也需要进行反思，在不断反思的基础上，逐渐积累经验，提高对话智慧。

5. 对话智慧与对话情感密切相关。诺丁斯论述了对话中的认知因素与情感因素的辩证互动关系："我现在主张的是感情和思维之间的一种辩证形式，这种辩证关系以一种持续的螺旋式上升的方式导致真正的关心和自由的思考。通过这样一种辩证关系，我们就能够超越那种与我们的价值观相伴的强烈的和特定的情感，超越那种附属于这种情感的特定信念，从而意识到他人——可能强烈地感受到我所不相信的东西——仍然是需要去接受的……所以对话在教育的每个方面都是至关重要的。"[1] 博布勒斯除了指明对话美德在对话中的重要作用之外，还特别指出对话情感也在对话过程中发挥了重要的功能，这是因为对话不仅仅是一个认知关系，还是一个情感关系，二者是相辅相成的。良好的对话情感关系是对话顺利进行的润滑剂。"我们从成功的对话中所获得的满足并不仅仅是认知上的。在对话中，对话的参与者应该需要关注对方的感情，而不仅仅是他们的观点。"[2] 一方面，对话智慧不同于对话情感：对话智慧具有情境性，而对话情感并不具有情境敏感性。但是另一方面，在特定的对话情境中，二者又密切交织在一起。例如，宽容是一种对话美德，而教师对学生观点的宽容不可能不包含情感因素。对学生的倾听不可避免地与对学生的信任、尊

---

① Noddings, N. (1984), *Caring: A Feminine Approach to Ethics and Moral Education*. Berkeley: University of California Press, p. 186.

② Burbules, N. C. (1993), *Dialogue in Teaching: Theory and Practice*. New York and London: Teachers College, Columbia University, p. 35.

重、欣赏，甚至爱等情感因素交织在一起。由此可见，在特定的情境中，对话美德与对话情感是交织在一起的，是很难对二者清楚区别的。事实上，对话美德中既包含实践理性的成分，也包含情感的成分。

第二节 对话情感：对话智慧的应有之义

对话教学既是一个认知的过程，亦是一个情感交融的过程。施莱尔马赫和狄尔泰都指出了"移情"在理解中的作用，虽然他们主张的是一种单方面理解，与新谈话型对话教学所要求的相互理解不同，但是毫无疑问，这样一种"移情"的态度是有助于相互理解的。师生之间的对话情感在形成良好的对话关系中发挥了重要的作用。新谈话型对话教学强调对话的关系性，所以在论述师生的对话智慧，乃至对话美德时，不能忽视对于良好的对话关系的形成产生重要作用的情感因素。在真实的课堂情境中，许多学生都有这样的体验：喜欢与某位老师对话，而害怕或不愿与另一位教师对话；在与某位教师的对话中愿意敞开自己，敢于表达自己真实的声音，而与另一位教师的对话中却总想掩饰自己的真实想法。这就表明情感因素在对话过程中发挥了重要的作用。

许多学者都提及了对话情感在对话中所发挥的重要作用。对话情感是新谈话型对话教学的必然要求，而那种把对话视为一种技术方法的观点是忽视对话情感的。具体而言，在新谈话型对话教学中，以下的对话情感是非常必要的。

1. 爱与关心。爱和关心学生是一个人成为真正的教育者的必要条件，教师只有爱和关心学生，师生之间的关系才具有真正的教育学意义上的关系。范梅南说："爱和关心孩子是教育学的条件"[1]。教师对学生的爱与关心一方面是培育师生之间情感纽带的重要因素，而这种情感关系与对话中的认知关系形成一种辩证的关系，共同相辅相成地维持着对话的进行。

另一方面，我们又需要从关系的角度来看待教师对学生的爱与关心。在现实的教育关系中，许多教师经常抱怨：我这么关心和爱护学生，可是学生们却感觉不到。这是因为教师没有从关系的角度来思考爱和关心的特

---

[1] ［加］范梅南：《教学机智——教育智慧的意蕴》，李树英译，教育科学出版社 2001 年版，第 88 页。

性。教师对学生的爱和关心不仅仅是教师个人的一种情感，更重要的还具有一种关系性。保罗·弗莱雷和诺丁斯都从关系的角度阐述了爱和关心在对话中的作用。诺丁斯从关心所具有的关系性方面阐述了关心在对话中的重要作用。"我认为关心最重要的意义在于它的关系性。关心意味着一种关系，它最基本的表现形式是两个人之间的一种连接或接触。两个人中，一方付出关心，另一方接受关心。要使这种关系成为一种关心关系，当事人双方都必须满足某些条件。"① 诺丁斯指出，真正的关心关系的建立和维持是双方的事情，绝非一方的主观愿望和单方面行动可为。教师不但要表达关心，更重要的是让学生感受到教师的这份关心。保罗·弗莱雷把爱视为对话的基础和对话本身，认为缺乏对他人的爱，对话就不能存在，他同时认为爱是一种勇敢和自由的行为。保罗·弗莱雷说："爱同时是对话的基础和对话本身……作为一种勇敢的行为，爱不能是多愁善感；作为一种自由的行为，爱不能充当操纵的借口。爱必须产生其他的自由行为，否则就不是爱。"② 在对话教学中，教师的爱无疑会使学生变得勇敢，敢于表达自己的真实想法，同时又能够不受一些条条框框的束缚，能够自由地想象，使对话过程成为一个创造的过程。当然，爱既不能成为教师过分溺爱学生，不敢让学生独自承担责任与风险的借口，也不能成为让教师包办一切，学生只能按照教师的思路行动的借口。如果忽视了这种关系性，过分地溺爱或操纵学生，学生是不会感觉到教师之爱的。诺丁斯指出，一个真正的关心者应该具有如下两方面的特征："关心者的心理状态是以专注和动机移位为特征的。专注是指关心者对被关心者的那种开放的、不加选择的接受……作为关心者，我特别关注于他人的需要，同时我也感受到一种要帮助这个人的愿望。这样，我的心理就处于一种动机移位状态。"③诺丁斯认为，专注是爱这一品质的核心，全身心地投入和接受你所关注的那个人，接受他的全部。所以真正关心一个人，就意味着去"倾听他、

---

① ［美］诺丁斯：《学会关心——教育的另一种模式》，于天龙译，教育科学出版社2003年版，第23页。
② ［巴西］保罗·弗莱雷：《被压迫者教育学》，顾建新等译，华东师范大学出版社2001年版，第39页。
③ ［美］诺丁斯：《学会关心——教育的另一种模式》，于天龙译，教育科学出版社2003年版，第24页。

观察他、感受他，愿意接受他所传递的一切信息"①，并且作出反应，这种反应就是对他的需要的一种回应。所以关注和动机移位这种心理状态就把关心置于一种关系中来思考。伽达默尔在谈到对话概念时也讲到：高度关注他人可以让我们失去自我，完全沉溺在倾听他人所说的话之中。在对话教学中，从关系的角度来思考爱与关心是非常必要的，这是因为对话本身具有关系性，对话是双方的互动，只有真正关注、思考对方的回应和感受，对话才能顺利进行。

2. 真诚。对话不仅仅在于相互交换知识和观点，更是一种情感的交融，需要对话双方以真诚的态度参与对话。教师首先要以真实的、完整的人格面对学生，真诚地表达自己的观点，更重要的是要真诚地倾听学生的观点，宽容学生的歧见，真正体会到学生作为发展中的主体的独特性以及创造性。在对话教学中，教师的真诚体现在三个方面，一是真诚的提问，二是真诚的倾听，三是真诚的回应。在课堂交流的 IRE 模式中，教师在提问之前就已经知道了答案，提问仅仅是教师的一种考查手段，这种提问的重点在于获得预设答案，并不重视回答问题的学生，这种类型的提问就是一种虚假的提问，虚假的提问难以获得学生真诚的回应。"而那种真诚的、具有对话性质的问题则总是突然爆发出来，提问者对答案一无所知，而且也不知道自己想知道什么答案。因此，这种真诚提问本身就打开了人们彼此理解之门……提问者若能对他人开放，就能换来回答者同等程度的开放。"② 在课堂交流中，有些学生之所以不愿意真诚地表达自己的观点，其原因就在于教师的提问本身就是不真诚的。其次，教师的真诚还体现在真诚的倾听。教师的真诚倾听是形成良好的对话的必不可少的一部分。如果教师不能真诚地倾听学生的发言，那么对话只能停留在肤浅的表面，不能深入下去，而且学生也会丧失发言的热情，因为学生可能感受到自己不受欢迎。再次，教师的真诚还体现在教师回应的真诚。学生能够非常敏锐地感觉到教师的回应是否真诚。只要教师的回应足够真诚，就能使学生感到自己是受到重视的，就会更加大胆地表达自己的真实观点，即使教师非常不赞同学生的观点，学生也会非常开心。虽然提问、倾听以及回应需要

---

① ［美］诺丁斯：《学会关心——教育的另一种模式》，于天龙译，教育科学出版社2003年版，第24页。

② ［加］卡罗琳·希尔兹、马克·爱德华兹：《学会对话：校长和教师的行动指南》，文彬译，教育科学出版社2009年版，第79页。

教师的真诚的态度和情感，但是仅有真诚的态度和情感还是不够的，还需要教师的实践理性思考，关于这个方面，笔者将在下一节中详细论述。

对于学生而言，在对话教学中，真诚的态度同样是非常重要的，尤为重要的是真诚地提问和回应教师以及真诚地倾听同学。笔者并非否认真诚地倾听教师以及真诚地提问和回应同学的价值，而只是想强调对学生而言，能够做到真诚地提问和回应教师以及真诚地倾听同学是非常难能可贵的。在师生课堂交流中，当学生不理解教师的观点或者自己的教材理解与教师的理解不一致时，许多学生会放弃自己的观点，而采纳教师的观点，只有很少的学生敢于当面质疑教师的想法。而在回应教师的提问时，如果教师明确表示不赞同某些学生的观点，同样，只有很少的学生敢于继续坚持自己的观点。新谈话型对话教学的目的不在于引导学生获得教师的预设答案，而在于师生之间的相互理解，特别是教师能够与学生"异向交往话语"进行对话。如果说在新谈话型对话教学中，对教师而言，重要的是如何与学生"异向交往话语"进行对话，那么对学生而言，重要的就是如何使自己可能的"异向交往话语"表达出来，让教师听到自己真实的想法。倘若在对话教学中，学生故意压制或隐瞒自己的真实想法，在对话中总是猜测教师的可能答案，那么在对话中，教师就很难听到学生的不同观点，毋宁说达到相互理解和课堂教学的创新性与生成性。所以对于学生而言，在对话教学中，敢于真诚地表达自己的真实想法是非常重要的。这就要求学生首先要学会独立思考，不盲目接受教材中或教师讲解中的所谓权威观点和客观真理，敢于对教材和教师的观点提出质疑。只有这样，对话教学才能真正达到相互理解。在新谈话型对话教学中，学生不仅需要倾听教师的观点，而且特别需要倾听同学的观点。这主要体现在两个方面，一是在生生对话中对同学的倾听，二是倾听与教师对话的那位同学的观点。在课堂交流中，有些同学可能会真诚地倾听教师的观点，但是忽视对同学观点的倾听，特别是当其他同学与老师交流时，仅仅去倾听教师的观点，而忽视同学的观点。这种缺乏对同学观点的倾听的教学就很难以一种丰富而又深刻的方式展开，同学相互之间的话语很难有机地联系在一起，往往造成各说各话，课堂中的发言虽然显得很热闹，但是彼此不能密切相连，这样就会造成课堂中的交流机械而又单调。

3. 谦逊。真诚的提问与倾听是与谦逊的态度密切相关的。一个人只有秉持谦逊的态度，才能意识到自己的学识和经验的不完整性和有限性，才能敞开自己，去真诚地提问和倾听。教师只有秉持谦逊的态度，才能改变传统的师生关系，形成新的师生关系的定位：教师—学生（teacher-students）和学生—教师（students-teacher）。学生也有教师值得去学习的地方，学生的观点可能改变教师已有的观点或者让教师形成新的见解。谦逊的态度有助于教师敢于承认自己的错误，意识到学习总是不确定的。保罗·弗莱雷指出："没有谦虚的态度就不可能进行对话……对话不能是一种傲慢自大的行为……如果对话双方（或一方）缺乏谦逊，对话就会破裂。"① 在保罗·弗莱雷看来，如果总是注意到别人的无知，而从不意识到自己的无知，那是无法对话的。

4. 信任、尊重和欣赏。对于对话伙伴持一种信任、尊重和欣赏的态度是新谈话型对话教学平等性的必然要求。保罗·弗莱雷指出："对人的信任是对话的先决要求。"② 弗莱雷认为，离开了对人的信任，对话就不可避免地退化成家长操纵式的闹剧。在现实的课堂教学中，许多教师就是因为不信任学生，认为学生不可能有真知灼见，所以在课堂教学中不愿意倾听学生的"异向交往话语"，总希望把学生引到教师所预设的轨道上。另一方面，由于教师不相信学生会提出"有价值"的问题，所以教师就垄断了提问权。事实上，只有学生感觉到教师的信任，学生才敢于坦率地表达出自己的真实想法，才不至于总是试图迎合教师的想法，才有可能形成新的见解。关于信任在对话教学中的作用，怀特（Patricia White）提出了两个非常具有见地的观点："第一，当没有人注意到信任，当对话双方都把信任作为一种不言而喻的假定时，信任就处在最强的状态……第二，在具有一定风险的情境中，就更加需要信任。"③ 根据怀特的观点，在对话开始之前就确立了一种信任的师生关系是非常重要的，特别是在师生的观点可能存在巨大分歧的情况下，只有一种信任的关系，才能保证对话双方坦率地表达、论证、坚持自己的观点或反驳对方的观点。在伽达默尔看来，只要我们向对方揭示自己的偏见，那么就一定包含着风险。换言之，

---

① ［巴西］保罗·弗莱雷：《被压迫者教育学》，顾建新等译，华东师范大学出版社2001年版，第39页。

② 同上书，第40页。

③ White, P. (1990), Trust and toleration: issues for education in a democratic society. Paper presented at the Morrell Conference on Toleration, Pluralism, and Multiculturalism. 转引自 N. C. Burbules (1993), *Dialogue in Teaching: Theory and Practice*, New York and London: Teachers College, Columbia University, p. 37.

只要我们参与对话，只要我们真实地表达自己的想法，那么我们一定是在冒险。"对话的课堂情境中的超越对教师和学生来说都意味着走出他们原来的狭窄的视域，走向不定的互动，这一互动对双方来说都是一种挑战和冒险。"① 在对话教学中，师生双方都要"冒险"揭示自己的偏见，以接受对方的质疑和挑战，并在视域融合之中，形成新的见解的过程之中，不断修正自己的偏见。既然对话是一件需要"冒险"的事情，所以师生相互之间的信任是必不可少的。

与对他人的信任密切相关的就是对他人的尊重。师生不可能知道相同的事情，师生不可能总是能够达成合意或者不可能总是能够完全的相互理解。所以正如博布勒斯所说："当在知识、价值观或信念等方面存在严重的分歧时，彼此的相互尊重是维持对话关系的重要因素。"② 杜威所提出的民主信条（democratic faith）就包含了一种对他人的信任和尊重之意。"杜威的民主信条暗示了人们有能力通过自己的努力去解决自己遇到的问题，每一个人在增进理解或解决冲突方面都有其独特价值和重要意义。民主的信条暗示通过汇聚每个人的才智和力量就能够提高产生新见解的可能性。"③ 从解释学的视角来看，对话是一个给予—索取、质询—被质询的过程，所以开展对话的首要前提就是对话的参与者都能够确信：自己可以提供给对方什么，并且能够从对方获得什么。对话过程中所产生的真理绝不是某一方的占有物，而是所有对话参与者共同分享的东西。如果教师不尊重和信任学生，总是试图引导学生获得自己所拥有的所谓"真理"，那么师生双方都会失去对话的意愿，因为教师可能认为自己不可能从学生那里获得新的见解，而学生则感觉教师不尊重自己的观点。

尊重他人离不开对他人的欣赏。正如布伯所言，每个人都是一个特殊的存在，都有其独特价值和独到之处。在对话教学中，越是遇到分歧，越是看不到发现"异向交往话语"的可对话性的希望，就越是需要相互欣赏。

---

① Gallagher, S. (1992), *Hermeneutics and Education*. Albany：State University of New York Press，p. 139.

② Burbules，N. C. (1993), *Dialogue in Teaching：Theory and Practice*. New York and London：Teachers College, Columbia University. p. 38.

③ Brookfield，S. D. (1999), *Discussion as a Way of Teaching*. Buckingham：SRHE and Open University Press，p. 13.

5. 充满希望。希望与成功的对话密切相关。我们参与并维持一种对话关系，正是因为我们在这种关系之中发现了彼此之间的联系以及新的洞察力和理解。新谈话型对话教学更加需要充满希望，这是因为它是非目的论的，在对话之前，并没有明确的需要达到的结果。"希望有助于消解这种明显的悖论：感到无助，我们却希望获得可能的理解结果；当对话进程变得异常困难或不确定时，看不到成功的希望时，我们依然在坚持不放弃。"① 正如伽达默尔指出的那样，希望是对话的一个必要成分，这是因为探讨的进程经常没有一个明确的终点，经常存在一些让我们气馁的因素，如缺少时间、最初的理解障碍，困难的冲突以及不确定的前景等。而保罗·弗莱雷也指出："离开了希望，对话同样不能存在。希望扎根于人的不完善之中，人通过不断探索摆脱不完善——这种探索只有在与他人的沟通中才能实现。"② 人的理解都是有限的，都是不完善的，总是存在着某种缺陷。在对话中，如下情况是可能出现的：在对话开始之初，不同观点之间产生分歧，甚至是严重的分歧，对话各方都看不到成功的可能性。在这种情况下，只有充满希望，才能克服对话过程中所遇到的各种不利因素，使对话持续下去。正如罗蒂所说："解释学把种种话语之间的关系看作某一可能的谈话中各线索的关系，这种谈话不以统一着诸说话者的约束性模式为基础，但在谈话中彼此达成一致的希望绝不会消失，只要谈话持续下去。这并不是一种发现在先存在的共同基础的希望，而只是达成一致的希望，或至少是达成刺激性的、富于成效的不一致的希望。"③

这些对话情感在形成良好的师生关系、推动新谈话型对话教学的顺利进行而且在遭遇到困难时依然能够持续下去等方面具有重要的作用，是对话智慧的应有之义。

第三节　对话智慧的具体体现

在对话教学中，具有对话情感是非常必要的，但是绝不是充分的，师

---

① Burbules, N. C. (1993), *Dialogue in Teaching: Theory and Practice*. New York and London: Teachers College, Columbia University. p. 40.

② ［巴西］保罗·弗莱雷：《被压迫者教育学》，顾建新等译，华东师范大学出版社2001年版，第40页。

③ ［美］罗蒂：《哲学和自然之镜》，李幼蒸译，商务印书馆2003年版，第299页。

生双方还需要具备在具体的教学情境中开展对话的能力和智慧。新谈话型对话教学将问题置于优先地位，所以对师生而言，如何提出问题正是其对话智慧的首要体现，然后师生双方需要敞开自己，真诚地倾听对话伙伴的各种声音，对于教师而言，特别需要宽容学生的"异向交往话语"，为了与其展开对话，教师需要具备解释学想象力，而且教师在倾听学生的过程中，还需要不断反思自己的观点，并作出睿智的判断和回应。当然在这个过程中，教师还需具备对话语情境以及学生的不同反应的机敏感，随时准备修正自己的观点，并调整自己的教学行为。教师的回应就是新的提问，应该被视为新一轮对话的开始，而非对话的结束。由于新谈话型对话教学的关系性和相互性，教师对话智慧的功效的充分发挥离不开学生的合作，所以学生也需要具有对话智慧。

一　提问艺术

新谈话型对话教学将问题置于优先地位，如何提问、提出什么样的问题将直接影响甚至决定着对话教学的走向。伽达默尔指出，提出问题是没有方法可以遵循的，学习如何提出问题，以及学习什么是可以提问的，这样的方法是不存在的，所以伽达默尔把提问称之为"艺术"而非"方法"。如何提出合适的问题呢？伽达默尔认为："并不存在一种方法使我们会提问，会看出成问题的东西。"[1] 柏拉图和伽达默尔都认为提出问题是一种艺术，当然，这种艺术不是古希腊人所讲到的技艺（teche）那种意义上的艺术。"作为提问艺术的辩证法被证明可靠，只在于那个知道怎样去问的人能够掌握他的问题，也就是说，能够掌握开放的方向。提问艺术就是能够继续提问的艺术，但也就是说，它是思考的艺术。它之所以被称为辩证法，是因为它是进行某种真正谈话的艺术。"[2] 提出问题不是一个简单的技术问题，它需要提问者的自我反思和自我理解，而且没有任何现成的规则可以遵循，是具有情境化的，所以它不是一个方法，而是一种艺术，是一种实践智慧。"解释学意识的真正力量是我们看出何者该问的能力。"[3] 伽达默尔明确指出，提出问题比回答问题还要困难，理解一个

---

① ［德］伽达默尔：《真理与方法》，洪汉鼎译，上海译文出版社2004年版，第475页。
② 同上书，第476页。
③ ［德］伽达默尔：《哲学解释学》，夏镇平译，上海译文出版社1994年版，第12页。

观点就意味着把它理解成一个问题，而理解一个问题就是问这个问题。"谁想寻求理解，谁就必须反过来追问所说的话背后的东西。他必须从一个问题出发把所说的话理解为一种回答，即对这个问题的回答。"①

浙江 L 小学的 J 老师在对话教学中很好地体现了提问的艺术，推动着师生、生生对话持续深入地发展②：

> 师：昨天我们着重读了麋鹿的外形部分，这是一种很珍稀的动物，然后我们再仔细读一读有关它的传奇经历的部分。读的时候，老师有个提议，如果你们有不明白的地方，有疑义的地方都可以提出来。我发现，提出一个问题比解答一个问题要困难。往往提出问题的人是对这篇文章比较了解的人。大家待会儿有什么问题都可以问。自己再轻声地把麋鹿的传奇部分读一读，开始。
>
> 学生轻声阅读，时间：一分半钟。
>
> 师：我觉着提出问题很重要。好，就这样，我们一起回顾了它的传奇经历，你们有什么问题？
>
> 生 A：有人在北京南郊发现了 120 头麋鹿，那个"有人"是谁？
>
> 师：这个问题谁能回答？你们想知道吗？特别想知道的请举手。你说说你为什么特别想知道这个人是谁？
>
> 生 B：为什么他是第一个发现的？
>
> 师：好，他是第一个发现的，别人没发现，第一个发现的总是有本领的人。
>
> 生 C：麋鹿所在的地方是很荒凉的，麋鹿也很警觉，他是怎么发现的呢？
>
> 师：好，对"怎么样发现的"好奇，是否还有其他原因？
>
> 生 D：如果不是他发现，我国的麋鹿也不会被盗往欧洲。
>
> 师：如果没有这个人，麋鹿也不会有这么坎坷的命运，也不会漂洋过海到海外去生活。还有没有其他问题？

在这段师生对话中，J 老师首先让学生们提问，而且反复强调"提出

---

① ［德］伽达默尔：《真理与方法》，洪汉鼎译，上海译文出版社 2004 年版，第 480 页。

② 引自笔者的课堂观察记录。

问题比回答问题更困难"，当有同学提出"是谁在北京南郊发现了麋鹿"时，J 老师没有直接告诉同学这个人是谁，而是以提问的方式进行回应，"这个问题谁能回答？你们想知道吗？特别想知道的请举手。你说说你为什么特别想知道这个人是谁?"结果课堂中的对话就以丰富而又深刻的方式展开，这就体现了一种提问"艺术"。教师提问对于对话的展开具有重要影响，它既可能使对话毫无进展，亦可能引起全班学生的兴趣，并且倾心投入，使对话深入下去。伽达默尔指出："柏拉图关于苏格拉底的描述提供给我们的最大启发之一就是，提出问题比答复问题还要困难……对于那些在谈话中只是想证明自身正确而不是想得到有关事情的见解的人来说，提出问题当然比答复问题更容易。"① 苏格拉底没有直接告诉学生答案，而是通过发问的方式激发学生的思考，一步一步地将学生引向真理。与苏格拉底的提问概念相比，伽达默尔的提问概念更包含提问者的不断反思之意，对教师而言，那就是不但注意倾听学生的回应，根据学生的回应变换自己的提问，而且也要不断反思自己的预设答案是否正确，是否需要被修正。当然，在课堂教学中，如果教师仅把提问视为检测的手段，那么提问显然比回应容易得多，但是对于那些真正想倾听学生的回应，真正想促进学生的创造性思维和多元思考，并且想从学生的回应中获得对问题的新理解的教师来说，如何提出一个问题不是一件容易的事情，所以伽达默尔称之为"提问的艺术"。"要进行谈话，首先要求谈话的伙伴彼此不相互抵牾。因此，谈话必然具有问和答的结构。谈话艺术的第一个条件是确保谈话伙伴与谈话人有同样的发言权……进行谈话，就是说，服从谈话伙伴所指向的论题指导。进行谈话并不要求否证别人，而是相反地要求真正考虑别人意见的实际力量。因此，谈话是一种检验的艺术。但是检验艺术就是提问艺术。因为我们已经看到，提问就是暴露和开放。针对意见的顽固性，提问使事情及其一切可能性处于不确定状态。谁具有提问的'艺术'，谁就是一个能阻止主导意见对于问题的压制的人……提问的艺术就是那种能够持续提出问题的艺术，也就是思考的艺术。"② 在对话教学中，教师的提问艺术体现在如下方面：

1. 确保对话伙伴具有平等的提问权

① ［德］伽达默尔：《真理与方法》，洪汉鼎译，上海译文出版社 2004 年版，第 471 页。
② 同上书，第 476—477 页。

谈话艺术的第一个条件是确保谈话伙伴与谈话人有平等的发言权。对话的基本结构明确指出：对话必须具有问和答的结构。不要把"提问"与"不懂"画等号。在前文的案例中，蒋老师首先把提问的权力赋予学生。如何确保学生具有平等的提问权，正是教师对话智慧的体现。教师应该根据特定的对话情境，灵活处理。在跟J老师的交谈中，他告诉笔者他在课堂中经常用"让学生猜猜教师可能提的问题"这种方式激励学生提问，通过这种方式把提问的权力赋予学生，让学生首先提问。"让学生猜猜老师可能提的问题"而不是说"让学生提出他们不懂的问题"，虽然换了个说法，但是既能够展现出对学生的尊重，又能够调动学生踊跃提出问题的积极性。J老师也提到，学生所提的问题不但基本能够囊括教师想提的问题，而且还经常提出一些非常有创意的问题。把学生的问题写在黑板上，教师不急于表达自己的观点，而是首先让其他同学回答，这样对话就首先在生生之间展开。而且学生们经常提出一些让教师意料不到的问题，这样课堂教学就必定会以一种丰富而深刻的方式展开。在现实的许多课堂教学中，提问的权力往往被教师所垄断，而这种被垄断的提问往往演变为一种变相的考查。这些教师提问的目的只是想让学生获得教师的预设答案，而不是形成新的见解。在伽达默尔看来，提出问题比回答问题更难，但是这种被异化成考查的提问显然比回答更加容易。所以学生提问权的丧失就会导致课堂中的师生对话演变为教师对学生掌握知识状况的考查。伽达默尔认为，真正的对话必定包含问答逻辑形式，那种教师垄断提问，学生只能回答教师提问的交流形式绝不是真正的对话，学生必须具有和教师同样的提问权。实际上，学生只有提出问题，才能使教材或教师讲解向他们开放，问题越多，这些文本的回答就越多，对这些文本的理解就越深刻。

2. 提出的问题应是真问题

新谈话型对话教学中所指涉的问题都是能够使提问者暴露自己的真实想法并且敞开自己的真问题。提问就是暴露和开放。"一切提问和求知欲望都是以无知的知识为前提——这也就是说，正是某种确切的无知才导致某种确切的问题"。① 真正的问题就是提问者在提问时不知道答案，而且很想从被提问者那里获得答案的问题。真正的问题必须是在提问时未能得

① ［德］伽达默尔：《真理与方法》，洪汉鼎译，上海译文出版社2004年版，第475页。

到解决的，正在等待一个确定回答的问题。

如何提出真问题，许多学者提出了自己的观点。博瑞德格斯（David Bridges）认为以下提问方式能够促进开放性的对话①：

①询问某人为什么坚持某一特定观点

②询问一个观点是如何从另一观点引发而来

③询问某种观点与探讨的论题的相关性

④询问可能的替代观点是什么

⑤要求进一步的阐释、解释，要求更准确，提供更多的证据、理由或论据

⑥寻求更系统化的信息、对于不同观点的同情的倾听、更具有想象力、开放性的猜测、愿意调整自己的观点

⑦鼓励条理性、理智性和对不同观点的尊重

在前文的案例中，当有学生问"是谁在北京南郊发现了 120 头麋鹿？"J 老师没有直接回答这个问题，而是又提出了一个相关的问题："你说说你为什么特别想知道这个人是谁？""你为什么想知道？"这就是一个真问题。在讲另一篇课文《"凤辣子"初见林黛玉》时，J 老师提出了一个这样的问题："你认为'凤辣子'王熙凤是一个什么样的人，给你留下什么印象？"蒋老师在提问时特别注重学生的观点、学生的想法、学生的印象等，很明显，这就是一些真诚的提问、开放性的提问，老师没有也不可能有预设答案，在这种情况下，学生的任何观点都会受到尊重。只要是真问题，学生的声音就会是多元的，教师就有可能会听到"异向交往话语"，使师生的对话不断深入，而且增进相互理解。

3. 提问时应不断自我反思

提问的艺术是检验的艺术，这种检验既是对他人观点的检验，也是对自己的观点的检验。伽达默尔虽然主张人的前见对人的理解的制约作用，但是他同时也指出人的前见可分为适当的和不适当的。如何才能知道自己的前见是否合适呢？通过对话，以他人的观点和见解为镜来反思自己的观

---

① Bridges，D.（1988），*Education，Democracy and Discussion.* New York：University Press of America，p. 38.

点。所以伽达默尔特别强调解释学反思在对话中的重要性。首先，提问就
是对自己的观点、前见进行反思的过程，随着对话的深入，不断修改自己
的前见，从而形成新的理解；其次，提问还需要对对话伙伴的观点进行反
思。因为对话具有关系性和相互性，任何一方的进一步提问都应以对方的
回应为基础，这就是舍恩所说的"行动中的反思"。倘若不顾对方的回
应，仅仅按照自己预先制订好的提问内容提问，那么对话很快就会破裂。
在提问中，苏格拉底根据学生的不同回应随时变换自己的提问方式，或者
从不同的角度提出问题，或者用辛辣的语言发问，总之提问是随着对话伙
伴的回应的不同而不断变化的。与苏格拉底的提问概念相比，伽达默尔的
提问概念更包含提问者的不断反思之意。伽达默尔指出，真正的谈话必须
有问—答结构，提问者必须具有真正想发现和理解对话伙伴的观点、价值
观以及经验等意愿，所以，在课堂教学中，真正的对话并不否认教师的前
理解的存在，问题的关键是教师如何看待自己的预设答案，如果将其视为
真理，对话旨在于让学生接受教师的观点，而不愿发现学生观点中的价值
和力量，这就不是真正的提问。谈话是检验的艺术，只有真诚地倾听他
人，才能真正检验自己的答案是否正确。也只有真正的提问，才能保证师
生之间的平等关系。

4. 提问应能激励对话伙伴思考

真正的提问不仅仅是提问者在思考，而且也必须能够激励对话伙伴的
思考。伽达默尔说，提问艺术就是那种继续提出问题的艺术，也就是思考
的艺术。如果对话的目的仅仅在于获得某个具体的信息或某个特定的事
实，那么一次回应就有可能让这些问题得到完全满足，而不会引起新的问
题，这样对话就会立即结束。在课堂教学中，这种类型的提问也是需要
的，例如教师可以通过这种方式了解学生的知识掌握情况，或者给学生某
种安全感，但是如果在课堂交流中，经常使用这种方式提问，就有可能挫
伤学生的对话热情和积极性。所以提问需要激励对方的思考，正如美国著
名教育学者达克沃斯所说："我们问那些并不只有唯一答案的问题，这些
问题每一个人都有话可说，'你看到了什么？''让我们看看你做的东西。'
我们注意到当有人好像要说点什么的时候，我们就问他在想什么。"① 国

---

① ［美］达克沃斯：《多多益善——倾听学习者解释》，张华等译，高等教育出版社2004年
版，第168页。

内也有学者归纳了一些激励学生思考的提问方式："发散性提问，即教学中教师设计发散性问题，引导学生多角度、多方面地去思考；互逆性提问，即在教学中，进行一定程度的正向思维训练后，根据学生的掌握情况，适时地设计互变式问题，培养学生的逆向思维能力；推想性提问，即在学生独立阅读的情况下，启发学生的想象力，把课文中没有写但又关系密切的内容推想出来，又称为'假想性提问'。"① 这些提问方式有一个共同特点：那就是让学生从自己的经验出发，用他们自己的术语和对他们有意义的方式去表达自己的所思、所想或所知。

5. 提问应具有语言艺术

在提问时，教师在态度上对学生尊重和真诚固然是非常重要的，但是另一方面教师也不能忽视提问时的语言艺术。学生是否愿意参与对话，对话是否能够持续下去，在某种程度上是与教师在提问时的语言艺术分不开的。教师的态度不但要亲切和蔼，而且用词要尽量丰富，努力创设一个坦率的、富有探索性的话语环境。例如，在提问时，多数教师都只会简单地问：为什么？用英国当代著名的青少年文学大师艾登·钱伯斯（Aidan Chambers）的话来说："当你用'为什么'这种提问方式时，语气往往像在挑衅，很有威胁感，不表赞同，甚至有点拷问的意思。"② 钱伯斯提出用"说来听听"代替"为什么"。"说来听听"有探询和邀请发言的意味，显示出教师很想倾听学生的想法，而不是站在讲台上质询的意思。教师在提问时，尽量让语言丰富一些，让学生感到课堂的对话环境是安全的、富有探索性的。笔者在课堂观察时，一位数学教师的丰富的课堂用语给笔者留下了深刻的印象。当她提问时，她经常这样说："我要向你请教"、"谁能帮我一下？""我要向你学习"。③ 这些看似简单的课堂用语，却能够让学生感到课堂环境的温暖与安全。笔者发现同学们都踊跃发言，而且敢于表达自己的真实想法。

对于学生而言，在新谈话型对话教学中，同样需要提问的艺术：所提出的问题是真问题、能够激励教师或同学的思考、在提问中应不断自我反思等。

---

① 裴娣娜：《发展性教学论》，辽宁人民出版社 1998 年版，第 144 页。

② ［英］钱伯斯：《打造儿童阅读环境》，许慧贞、蔡宜容译，南海出版社 2007 年版，第 123 页。

③ 引自笔者在 G 中学的课堂观察记录。

二 倾听能力

与提问艺术密切相关的就是倾听能力，如果教师的问题是开放的，没有预设答案的，提问是真诚的，他就会愿意倾听学生的想法。从海德格尔到伽达默尔都非常重视倾听在对话中的重要作用。从某种角度来说，倾听就是对话的孪生兄弟，没有倾听的对话是不可能存在的。美国哈佛大学著名教育学者达克沃斯更是提出了"教学即倾听"的观点，教学就是去倾听学习者，并让学习者告诉我们他们的思想。达克沃斯指出了倾听学习者的三个主要目的："首先，这是其他人（教师和其他学生）了解他们心中在想什么的好办法，这一点最明显。其次，当他们努力就某事说出自己的想法时，他们的思想经常变得更加清晰。再次，这也鼓励他们认真对待自己的观念……我们认为，一个人的知识——尽管它可能是尝试性的和不完备的——是一个人所拥有的一切。"① 伽达默尔区分了构成解释学经验的三种"我"与"你"的关系，并且指出最高的类型是具有效果历史意识的解释学经验，只有在此种类型的解释学经验中，"我"与"你"之间才形成一种真正的对话关系，而这种关系要求相互开放和相互倾听。"效果历史意识具有对传统的开放性……在人类行为中最重要的东西乃是真正把'你'作为'你'来经验，也就是说，不要忽视他的要求，并听取他对我们所说的东西。开放性就是为了这一点……谁想听取什么，谁就彻底是开放的。如果没有这样一种彼此的开放性，就不能有真正的人类联系。彼此相互隶属总同时意指彼此能够相互听取。"② 在伽达默尔看来，真正的对话必定是一种相互开放、相互倾听的关系。对话不仅仅是相互之间的说话，更重要的还是相互之间的倾听。由此可见，倾听是对话的应有之义。

在现实的课堂教学中，有些教师总是要求学生单方面地理解教师的观点，而不愿意去倾听学生的不同声音，这样一种态度就会忽视学生"异向交往话语"的可对话性，结果不但严重挫伤学生的发言积极性，而且还会错失许多导致教学生成的机会，戕害课堂教学的创新性。

---

① ［美］达克沃斯：《多多益善——倾听学习者解释》，张华等译，高等教育出版社2004年版，第165—168页。

② ［德］伽达默尔：《真理与方法》，洪汉鼎译，上海译文出版社2004年版，第469页。

老师是一只青蛙

那是个阳光灿烂的日子，同往常一样，我们又该学习新课了。不同的是，有很多老师来听课。

学习的课文是《坐井观天》，一切都在有条不紊地进行着。以前，每学完这一课，为了发展同学们的创造性思维，我都要让学生根据课文内容展开联想，以"青蛙跳出了井口"为题进行说话写话训练，效果非常好。于是，我又一次让同学们想象：青蛙要是跳出了井口，将会怎样呢？

同学们的学习兴趣一下子又被激发起来了。有的和同桌互说，有的前后同学凑在一起争论，还有的仰起小脸在思考。

待教室平静下来后，我开始点名叫学生回答。李梦说，青蛙跳出井口后，看到了无边无际的大海，海涛声吓得它忙向小鸟求救。王婉佳说，青蛙看到了高高的山峰和一眼望不到边的田野，田野里开满了五颜六色的花儿，上面飞着蝴蝶和蜜蜂，它觉得以前的日子都白过了。孙艳蕾同学竟然让青蛙坐上了飞机去环球旅行，青蛙一下飞机就对小鸟说："不看不知道，世界真大啊！"听课老师都被她的话逗笑了。

张雨是新转来我班的学生，我看到她把手举得高高的，便点了她的名。她站起来说："青蛙从井里跳出来，它到外面看了看，觉得还是井里好，它又跳回了井里。"同学们听了哄堂大笑，我也笑了。我打断了她的话，问大家："是井里好，还是井外好？"我示意张雨坐下，随口说道："我看你是一只青蛙，坐井观天。"之后，我又让大家把自己想的和说的写出来。

在批阅同学们交上来的作业时，我看到了张雨续写的故事：青蛙跳出井口，它来到一条小河边，它累了想去喝口水。突然，它听到一声大吼："不要喝，水里有毒！"果然，水上漂着不少死鱼。它抬头一看，原来不远处有一只老青蛙在对它说话。它刚要说声谢谢，就听到一声惨叫，一柄钢叉已刺穿了那只老青蛙的身子，那只老青蛙正在痛苦地挣扎。青蛙吓呆了，这外面的世界太可怕了，它急忙赶回去，又跳到了井里。还是井里好，井里安全啊！

我的心被震撼了。河水里常漂有死鱼，菜市上也常有卖青蛙的，这都是有目共睹的，青蛙跳回井里又有什么不好？可我却没有给她一个发表自己观点的机会。倘若让她把话说完，不仅同学们不会笑话她，而且也将给我的课堂增添一抹亮色。我不是要发展他们的创造性的思维吗，可我竟然说她是一只坐井观天的青蛙。孩子的心灵就像井外那多彩的世界，须要跳出来的恰恰是自以为是的我自己！

于是，我在张雨的作业下的空格里工工整整地写下一句话："对不起，老师是一只青蛙。"①

在这个教学案例中，这位老师就是因为不愿意倾听学生的"异向交往话语"，错失了课堂教学中的一个重大亮点，正如教师自己反思的那样，"可我却没有给她一个发表自己观点的机会。倘若让她把话说完，不仅同学们不会笑话她，而且也将给我的课堂增添一抹亮色。"在波尔诺夫看来，"不经意的、最初使自己徘徊的他人的不同见解，亦即在'种种的摩擦'之中，语言才会点燃起来，冒出创造性的火花。"② 从教化的角度来看，倾听他人的观点，特别是不同的观点是实现教化的重要一步。教师对学生"异向交往话语"的倾听正体现了一种宽容的态度，一种对各种异议兼容的态度，这样的一种态度正是科学精神的本质规定。那种只要求学生通过反复做练习或死记硬背的方式而熟记教材中或教师的观点的教学方法是与科学精神背道而驰的。罗蒂也明确指出，只有"反常话语"才能让我们超越自身，才能让我们产生新解释。所以科学精神与创新思维都内在地包含对异议的宽容和倾听。

1. 倾听的内涵

（1）倾听不是偏听

倾听是不能与开放分离的，不能敞开自己的倾听只能是一种偏听。在上文的案例中，这位教师之所以忽视张雨同学的观点，就是因为没有敞开自己，总是想当然地认为青蛙跳出井口是一件美好的事情，并顽固地坚持自己的观点。正如伽达默尔所说："我们不能盲目地坚持我们自己对于事情的前见解，假如我们想理解他人的见解的话。"③ 在当前的课堂交流

---

① 傅道春、齐晓东编：《新课程中教学技能的变化》，首都师范大学出版社2003年版，第29—30页。

② ［日］池野正晴：《走向对话教育——论学校教育中引进"对话"视点的意义》，钟启泉译，《全球教育展望》2008年第1期。

③ ［德］伽达默尔：《真理与方法》，洪汉鼎译，上海译文出版社2004年版，第347页。

IRE 模式中，有些教师以封闭的心灵和失聪的双耳以及自己的预设答案来与学生交流，这些教师在交流的开始之初就绝对地确信自己的预设答案的准确性，而且认为自己不会从学生那里学到什么新东西，其结果就是教师只能听到自己愿意听的或者自己所相信的和已知的，而根本就听不到任何不同的、新的观点，就会导致忽视学生的"异向交往话语"，所以偏听不是真正的倾听：

　　在一堂数学课中，老师手上的题目是：已知数字2、3、5、8、13，要求按照一定规律往下填两个数字，但是老师给学生的题目是2、3、5、8，漏掉了13这个数字。第一个学生的答案是：2、3、5、8、12、17，老师的回应是"错"，教师没有给这位同学任何解释的机会，接着又叫下一位同学回答，第二位学生的答案是2、3、5、8、9、11，结果老师的回应又是一个"错"字，同样没有给任何解释的机会。直到叫到第三位同学，老师才意识到自己的问题的差错。分析就会发现，第一位同学获得答案的规律是加1、加2、加3、加4、加5，这是很有道理的。第二位同学的规律是加1、加2、加3，然后再加1、加2……同样非常有道理，可是就是因为教师缺乏倾听的态度，把一个非常好的课堂教学的生成性给抹杀了。教师可能没有意识到，这样如此简单地否决掉学生的思考，对学生的影响有多大。①

　　在这个案例中，这位教师的听就是一种偏听，只想听到自己的预设答案。倘若老师能够敞开自己，多问一个"为什么"，那么学生就有解释自己的机会，教师就会意识到：2、3、5、8、9、12、17是对的，2、3、5、8、9、11也是对的。教师去倾听学生的解释，那么学生就获得了尊重，既有认知上的又有情感上的尊重。在这个教学案例中，这本来是一个教学意外，但是这样的一个意外会生成许多新的东西，可以发现有各种各样的规律，像这样的知识是老师备课难以预料到的。所以教师需要有倾听的态度和开放的心态，这样就可以生成新的内容。在课堂教学中，真正的教师倾听是教师能够敞开自己去接纳学生所表达的任何观点，不管这些观点是否威胁到教师的利益或地位，或者与教师的观点是否一致。

---

① 引自王涛博士2009年6月26日在华东师范大学的学术讲座。

（2）倾听不是顺从的听

倾听的前提是敞开自己，愿意接纳各种观点，但是这并非意味着放弃自己的主张或观点，而全盘接受所听到的他人的观点。在课堂教学中，有些学生对教师的观点信以为真，视为绝对真理，不加批判反思就照单全收，这样的一种听是顺从的听，不是真正的倾听。正如伽达默尔所说："当然，这并不是说，当我们倾听某人讲话或阅读某个著作时，我们必须忘掉所有关于内容的前见解和所有我们自己的见解。我们只是要求对他人的和本文的见解保持开放的态度。"① 敞开自己并不意味着放弃自己的观点和主张，那种放弃自己的前见解和自己的理解的倾听不是真正的倾听。虽然我们主张教师应该倾听学生的不同观点，但是并不意味着教师对学生的所有观点都不作判断。例如，J老师在讲《"凤辣子"初见林黛玉》一文时，有位同学在谈到自己对王熙凤的印象时，用了"很坏"一词作评价。J老师没有直接评论这样的观点的对错，而是引用了一位红学专家的评语"恨凤姐，骂凤姐，不见凤姐想凤姐"来表明像王熙凤这样的一个人物是很难用"好"与"坏"对其这样简单二分的。② 可以发现，J老师既没有简单否定学生的观点，又没有完全顺从学生的观点，而是提出了一种新的观点来激励学生的进一步思考。这就是一种对话智慧。

（3）倾听是一个同化和顺应的过程

倾听既不是偏听，亦不是顺从的听，而是一个不断同化和顺应的过程。伽达默尔指出："这种开放性总是包含着我们要把他人的见解放入与我们自己整个见解的关系中，或者把我们自己的见解放入他人整个见解的关系中……一个受过解释学训练的意识从一开始就必须对文本的另一种存在敏感。但是，这样一种敏感既不假定事物的'中立性'，又不假定自我消解，而是包含对我们自己的前见解和前见的有意识同化。"③ 倾听具有关系性。我们的前见或前见解是否正确只有置于关系之中才能确定，在这个关系中，不同的见解相互为镜。我们既不能假定自己前见的完全正确，也不能忽视其潜在的限制作用，而是对新的不同的见解不断地进行同化和顺应。教师的观点是否正确，在听到学生的见解之前一直处于悬而未决状

---

① ［德］伽达默尔：《真理与方法》，洪汉鼎译，上海译文出版社2004年版，第347页。

② 引自笔者在浙江L小学的课堂观察记录。

③ ［德］伽达默尔：《真理与方法》，洪汉鼎译，上海译文出版社2004年版，第347—348页。

态。教师在倾听学生见解的过程中，既有可能以自己的前见解同化学生的见解，亦有可能修正自己的前见解从而顺应学生的见解。

（4）倾听是对他人生命存在的揭示

倾听不仅仅要听到他人的声音与观点，更重要的是要听到他人的生命存在。所以倾听是"一种主动的听，这种主动性在倾听与精神生命的发展之间建立起实质性的联系。倾听面对的是人的生命存在，倾听是揭示、回忆和思考人的存在的可能性的重要手段。倾听的任务是领悟被听者。通过倾听，教师领悟到学生是生命的存在。这意味着作为倾听者不仅是旁观者，而且是行动者、创造者。他将通过倾听去参与学生的成长、参与创造学生的声音"。① 教师不仅听学生发言的内容，而且听其发言中所包含着的心情、想法。总之，教师倾听的课堂教学认为教学的结果不是学生对知识和教师的服从，而是学生的精神的成长以及知识的再生，是每个学生的经验世界与社会共有的"精神文化世界"的沟通和富有创造性的转化。如同美国著名学者大卫·M. 列文所说："就是承认并认识到了他们的不可征服不可占有；就是将他们视作并听作完全的本质上的他者；就是承认他们的无法克服也不必克服的本体论差异。"②

（5）倾听是一种本体论的听

倾听不仅仅在于"听到"他人的生命存在，而且在倾听他人的同时，也是对自己的存在的敞开和追忆。倾听具有相互性和辩证性。"当我倾听自己，听我的话，我的语声时，我也能倾听他人，我在我之内倾听他人。反过来，当我倾听他人时，我也能倾听自己，我在我的世界的他人之中，并通过他们倾听自己。我们彼此共鸣应和。"③ 美国学者列文指出了人成长过程中听觉发展的四个阶段："幼儿阶段的归属性的听、从儿童到成人时期的日常的听、生存的成熟阶段的熟练发展了的听、成熟的智慧阶段的本体论的听。"④ 所谓归属性的听是一种完全敞开自己、内在于并且归属于整个声音存在领域，具有完整性、融合性以及前本体论理解性。但是这种类型的听也具有非反思性和非判断性的特点。从日常的听到熟练发展了

---

① 李政涛：《倾听着的教育》，《教育理论与实践》2001 年第 7 期。

② ［美］大卫·M. 列文：《倾听着的自我》，程志民等译，陕西人民教育出版社 1997 年版，第 47 页。

③ 同上书，第 122 页。

④ 同上书，第 48 页。

的听是指一种正常的社会化所要求的技术化的听，能够认清自我（ego）与自身（self）之间的区别，听的完全敞开的向度逐渐被抑制。成熟的智慧阶段的本体论的听是一种对于听觉领域的完全开放向度的追忆，并且欣然于某种对在者之在的存在意义上的理解。列文认为，从第二阶段到第四阶段是一种从期待与先入之见严格控制的倾听向更广泛的倾听的转变。列文认为第四阶段的听是一种解释学意义上的活动。正如海德格尔说："实际上，听构成了此在向其自身的潜能，向存在敞开的原初的真正的方法……倾听是此在在其作为和他者共在之中的开放的生存方式。"① 思考着的倾听是一种"前概念"的倾听，是一种涉及整个身体，即感受经验的身体的倾听。这种倾听，不是通过由概念把握的意向性构成的，而是通过对于言语的切身感受构成的，这是一种通过感觉加以协调的倾听。这种构成倾听情境的方法允许言语发生共鸣；它给予言语一种倾听的听觉空间。"言语只有在它们被给予了这种自由，这种敞开性时，才会发生共鸣。否则，它们就会被捕捉、限制于表象结构之中。"② 所以倾听就是揭示、追忆和思考人的存在的可能性的重要手段。

对于教师而言，最重要的是不要偏听；而对于学生而言，最重要的是不要顺从的听。不管对教师还是对学生来说，倾听就是一个不断同化和顺应新声音的过程，就是不断对他人和自我的生命之揭示的过程。

2. 倾听的要求

倾听不是一件容易的事情，因为我们的意见、观点、成见、冲动、偏好以及背景总是干扰我们的倾听，使我们无法聚精会神和保持内心的宁静。若要理解他人，我们必须有一颗谦虚的心，而实际上我们的宗教的或精神的、心理或学术上的种种偏见以及生活中的担忧、欲望或恐惧，使我们只能听到自己发出的声音，而听不到别人说的话，正如克里希那穆提指出的那样：

倾听……
你是否思考过自己倾听的方式

---

① ［美］大卫·M. 列文：《倾听着的自我》，程志民等译，陕西人民教育出版社1997年版，第39—40页。

② 同上书，第16页。

不管倾听什么：
鸟儿，叶间的风，湍急的水，
还是你自己，
或亲密的朋友，丈夫或妻子……

我们试图去听，却发现困难无比，
因为我们的意见、观点、成见、
冲动、偏好、背景
总是冒出来，
干扰我们的倾听。①

（1）反思前见

倾听离不开对那些构成了我们的前见并时刻干扰我们倾听的意见、观点、成见、冲动、偏好以及背景的反思。伽达默尔指出，我们的理解总是受到前见的制约，我们的前见解是否正确一直处于悬而未决状态。如果我们想理解他人的见解，想倾听他人的话，我们就不能盲目地坚持我们的前见。伽达默尔说："谁想理解，谁就从一开始便不能因为想尽可能彻底地和顽固地不听文本的见解而囿于他自己的偶然的前见解中——直到文本的见解成为可听见的并且取消了错误的理解为止。"② 如果我们想真正理解他人、倾听他人的话，我们就必须敞开自己，反思自己的前见的正确与否。"只有通过解释学的反思我才能自由地面对自己，可以自由地考虑我的前理解中哪些可以被证明为正当，哪些则是不能证明的。而且只有按照这种方式我才学会对以前通过受偏见影响的眼睛所看到的东西获得一种新的理解。"③ 人的前见是在人的背后以一种隐匿的形式发挥作用的，如果不对其反思，它就不会显现，我们就不能知道哪些前见是正当的，哪些是不正当的，而反思可以使某些前见呈现于面前。值得注意的是，伽达默尔所指的反思不是个人的苦思冥想，而是在关系中的反思、在对话中的反思。我们只有参与到对话中，在与他人的见解的关系之中才能反思判断自

① ［美］琳达·埃莉诺、格伦娜·杰勒德：《对话：变革之道》，郭少文译，教育科学出版社2006年版，第87页。

② ［德］伽达默尔：《真理与方法》，洪汉鼎译，上海译文出版社2004年版，第348页。

③ ［德］伽达默尔：《哲学解释学》，夏镇平译，上海译文出版社1994年版，第39页。

己的前见的正当与否。"当某个前见不断地不受注意地起作用时，要使人们意识到它可以说是不可能的；只有当它如所说的那样被刺激时，才可能使人们意识到它。而能如此提供刺激的东西，乃是与流传物的接触（Begegnung）。"① 所以，从这个意义上讲，对前见的反思、倾听与对话是紧密相连的。

> 这是一堂小学三年级的语文课。教师首先给同学们举了一些有关"合作"的成语，如聚沙成塔，积少成多等。然后教师问同学们："谁还知道其他有合作意思的成语？"这时一位学生说："滴水穿石"。教师有点不耐烦地让这位同学立即坐下，然后自己解释说，"滴水穿石赞叹了一种毅力的重要性，与合作无关。"这是一位比较勇敢的同学，听完教师的解释之后，他又立即站起来说，"滴水穿石就是很多水滴合起来把石头穿透，我觉着滴水穿石也有合作的意思。"这位教师沉思了一会儿说："好像也有几分道理，谢谢你。"②

很显然，这位教师所熟知的滴水穿石的寓意就是一种对恒心或毅力的赞美，但是我们也不能否认滴水穿石也与合作有关。因为这位同学的勇敢、坚持以及这位教师对自己前见的反思，所以这位教师修正了自己的预设答案，实现相互理解。另一方面，在这个例子中，这位教师之所以能够反思自己的前见，并不是自己的苦思冥想，而是因为学生的"异向交往话语"刺激了教师。

（2）时刻对自己的前见和他人的话语保持警惕

在倾听中，首先需要对自己的前见时刻保持警惕。伽达默尔虽然提出了"解释学反思"的概念，但是我们需要充分意识到的是：伽达默尔的反思总是意味着一种不彻底的反思，这是因为我们的前见反思只能发生在我们的前见之中，我们的前见不仅仅是一种意识，更是一种存在。也正是因为反思的不彻底性，持续的对话才有存在的必要。正如伽达默尔所说："对于给定的前理解的反思使某些东西呈现于我面前，而它们本来只会在我背后发生。是某些东西而非任何东西，因为我所称的效果历史意识不可

---

① ［德］伽达默尔：《真理与方法》，洪汉鼎译，上海译文出版社2004年版，第386页。
② 引自笔者在Y小学的课堂观察记录。

避免地是存在而不是意识，而存在永远不可能完全地展示出来。"① 虽然反思是不彻底的，但是反思可以避免意识形态的僵化，而且也是形成新的理解的基础。正是因为解释学前见反思的不彻底性，美国学者卡罗琳·希尔兹反对英国著名的对话理论研究者戴维·伯姆所提出的"搁置己见"的概念。戴维·伯姆指出对话参与者的不同思维假定往往是阻碍对话顺利进行的一个主要因素。戴维·伯姆所提出的思维假定的概念非常类似于伽达默尔的前见概念，他指出，当这些意识深处的思维假定受到挑战时，人们总是会不自觉地去保护和捍卫它们，而且极易情绪冲动。在对话中，由于思维假定在积极地发挥作用，所以人们容易坚持己见，从而很难倾听他人的观点。他认为对话需要破除隐藏于我们思维假定背后的种种束缚，他提出需要"搁置己见"，就是暂时悬置自己的思维假定，既不要让它们发挥作用，也不要刻意压制它们的出现。而卡罗琳·希尔兹指出，我们不可能完全悬置自己的前见，而只能时刻对其保持警醒。即使当一个人悬置一两个前见时，他仍会产生新的前见，正如伽达默尔所说，前见就是我们的存在，它是永远不会消失的。时刻对前见保持警惕的首要前提就是时刻保持一种开放的态度和秉持一种关系思维。"我们只是要求对他人的和本文的见解保持开放的态度。但是，这种开放性总是包含着我们要把他人的见解放入与我们自己整个见解的关系中，或者把我们自己的见解放入他人整个见解的关系中。"②

另一方面，倾听还需要时刻对他人的话语保持警惕。在对话中，对话参与者的思路要随着对方的变化而变化，所以在对话中绝不能自顾自地自说自话，而需要对他人的话语保持警惕，否则就有可能错过一些重要的信息而不能理解对方。对他人的话语保持警惕就是对他人的声音的特点、变化以及隐含的意义保持警惕。"对来自学生的每一种声音的方向、特点和隐藏的变化趋势保持敏感。这样的倾听是面向瞬间性的倾听，他希望抓住生命发展中那些不可重复的瞬间。缺少了专注和警觉，那些瞬间就会永逝。而教育的机会和个体发展的机会就蕴藏在无数个瞬间里。"③

（3）换位思考

---

① ［德］伽达默尔：《哲学解释学》，夏镇平译，上海译文出版社1994年版，第39页。

② ［德］伽达默尔：《真理与方法》，洪汉鼎译，上海译文出版社2004年版，第347页。

③ 李政涛：《倾听着的教育》，《教育理论与实践》2001年第7期。

倾听他人讲话除了需要反思自己的前见并对其保持警惕之外，还需要了解他人的话语本意。我们需要意识到由于前见的不同，他人的真正本意会在某种程度上与我们所认为的他人的本意存在不同，我们经常会以自己的想法来篡改他人的本意，所以我们需要去进一步辨别和理解他人的真正本意。正如伽达默尔所说："理解的经常任务就是作出正确的符合于事物的筹划，这种筹划作为筹划就是预期，而预期应当是'由事情本身'才得到证明。"① 大卫·列文指出，学会换位思考是倾听他人真正本意的必然前提，而拒绝换位思考就意味着拒绝倾听。"倾听他人讲话就是站在他人的位置上了解世界的真相，倾听就是变换位置、角色和体验。拒绝这个转换性就是拒绝倾听他人的观点。"② 而卡罗琳·希尔兹也提出了类似的观点，"我们必须倾听他人惟一的、独特的本意……我们需要的是将心比心，这很重要……将心比心是说我们要设身处地地为他人着想，推己及人。"③ 从根本上讲，学会换位思考或将心比心就是要以一种平等和宽容的心态面对他人，就是对他人的尊重和欣赏。换位思考或将心比心是从情感的交融开始，去逐渐了解他人话语的本意或世界的真相。在课堂对话教学中，教师需要把学生视为和教师一样有血有肉的鲜活的生命个体，具有其独特性。学生也有自己的独特的经验与偏见，他们当中可能依然保留着已经被成人所遗忘的人类智慧的原初形态，有许多值得教师学习的地方。教师不能用自己的想当然的观点去篡改学生的本意，站在学生的角度看待学生、理解学生是倾听的重要一步。而这一切都建立在教师对学生的了解的基础之上。如果教师对学生不了解，是很难做到换位思考或将心比心的。

换位思考也可用施莱尔马赫和狄尔泰所主张的"移情"来表示，正如伽达默尔对他们的批判所表明的那样，虽然换位思考有助于人们更好地倾听和理解对话伙伴，但是达到完全的换位思考或"移情"是不可能的，而这正暗示了持续对话的必要性。

（4）倾心投入与积极参与

---

① ［德］伽达默尔：《真理与方法》，洪汉鼎译，上海译文出版社 2004 年版，第 345 页。

② ［美］大卫·M. 列文：《倾听着的自我》，程志民等译，陕西人民教育出版社 1997 年版，第 212 页。

③ ［加］卡罗琳·希尔兹、马克·爱德华兹：《学会对话：校长和教师的行动指南》，文彬译，教育科学出版社 2009 年版，第 77 页。

在倾听中倾心投入首先意味着真诚与谦逊的态度；其次要不断反思、时刻警惕自己的思维、意识与前见；再次还要主动地参与到他人的话语中去，特别是对教师来说，有时对学生的回应作适度的引导是非常必要的。教师不应一味被动地去倾听，对学生的回应无所作为，还需要主动地参与到学生的思想的建构过程之中、精神生命的发展之中，这也是教师职责的必然要求。当然，这种主动投入和参与绝不是控制和干预，而是对学生精神生命存在的应合。另外，教师的主动参与不仅仅在认知领域，而且更重要的是在情感和精神领域。教师不是从某种理论、概念出发去倾听学生，而是从自己的真实感受、真实体验出发去倾听学生。这样师生之间就不但形成认知上的联系，更形成一种情感上的和精神上的联系。从这个角度来看，倾听也具有情感因素。博布勒斯指出对话需要对话参与者的倾心投入，他说："对话也要求对这一交流过程持倾心地投入，相信它，在必要时愿意袒露自身潜藏已久的理性、情感和动机。"[1] 同样，在倾听中也需要倾心投入。

对于学生而言，在师生对话和生生对话中，同样需要持一种开放的态度去倾听老师与同学，所以这样的一些倾听能力对学生也是必要的。

三　宽容能力

在对话教学中，当教师提出了一个真问题，而且又秉持真诚倾听的态度和具有倾听的能力，那么教师就有可能听到学生各种各样的声音，其中必然包括一些超出教师预料的"异向交往话语"，这时对教师而言，重要的是具有宽容的态度和能力。"缺乏宽容精神的学校教育和教学管理是扼杀个体创新精神的一个重要的制约因素，这种制约不仅从外在的角度以社会控制的形式压抑个体创新思维的发展，而且从内在的角度以思维习惯的形式抑制个体创新思维的生成。"[2]

1. 宽容的内涵

教师对学生的真正的提问、真诚的倾听以及耐心的回应是与教师的宽容精神密切相关的。《辞海》中将宽容界定为"宽恕，能容人"[3]，《辞

---

① Burbules N. C. (1993), *Dialogue in Teaching : Theory and Practice.* New York and London: Teachers College, Columbia University , p. 81.

② 上官子木：《创造力危机》，华东师范大学出版社 2004 年版，第 5 页。

③ 夏征农主编：《辞海》，上海辞书出版社 1999 年版，第 1186 页。

海》的定义更侧重于对错误的观点或行为的容忍，有一种居高临下，不与对方一般见识而作出让步的意味。而《大不列颠百科全书》给宽容如此定义："容许别人有行动和判断的自由，对不同于自己或传统观点的见解的耐心公正的容忍"。① 这里更强调对异于自己的观点或行动的容忍，强调对"不同"、"多元"的容忍，这里的宽容有平等相待之意。图尔敏（Stephen Toulmin）指出，宽容是一种对思想和行为的包容美德："一方面，这意味着对自己的能力和自我表达的自我意识方面形成一种谦逊的态度……另一方面，它需要容忍社会的、文化的和认知上的差异。立即谴责那些在制度、风俗或观点等方面与我们不同的人是不合适的。"② 法国著名学者莫兰（E. Morin）认为，"真正的宽容不是对种种观念的漠不关心或被普遍化的怀疑主义。它在以一种信念、一种信仰、一种伦理学的选择为基础的前提条件下，同时接受与我们相反的观念、信念、选择的被表达。宽容意味着接受消极的或根据我们的观点看起来是有害的观念的表达所引起的痛苦，以及承受这种痛苦的意志。"③ 莫兰进一步指出，可分为四个等级的宽容：第一个等级是伏尔泰（Voltaire）所表述的宽容，它迫使我们尊重别人说出我们感到卑鄙的言论的权利；第二个等级与民主的选择不可分离，民主的原则促使每个人尊重与他的观念相对立的观念的表达；第三个等级是遵从尼尔斯·玻尔（Niels Bohr）的这样一个观念，一个深刻的思想的对立面是另一个深刻的思想；第四个等级来自意识到人类被神话、意识形态、观念或神祇所支配，还意识到漂流把个人带到距离他愿意前往之处很远的和不同的地方。莫兰的分析指出，宽容不仅仅意味着对他人的不同的观点的容忍和尊重，而且还需要不断反思个人的观点。对于教师而言，宽容不仅仅意味着原谅学生的错误，更重要的还在于平等地对待学生的"异向交往话语"，给学生行动和判断的自由。

伽达默尔对宽容问题的重视是与他对偏见概念的正名以及对实践智慧概念的复兴密切相连的。伽达默尔的宽容观奠基于其应用概念——在普遍原则或真理与解释者所面临的具体情况之间进行中介。它有两个重要特

---

① 张家军：《论教育宽容》，《教育研究与实验》2004 年第 4 期。

② Toulmin, S. (1990), *Cosmopolis: The Hidden Agenda of Modernity*. New York: Free press, pp. 199 - 200.

③ ［法］埃德加·莫兰：《复杂性理论与教育问题》，陈一壮译，北京大学出版社 2004 年版，第 81—82 页。

点：一是强调解释者的境遇和情境在理解中的影响；二是理解的过程是一个中介的过程，所谓中介就是指在普遍真理和个人境遇之间不断权衡、反思、判断，寻找二者最契合的点，这就是一种实践智慧的体现。而科技理性主导的应用是一种简单应用，忽视人的境遇与实践判断。正是因为理解具有实践性，而每个人的境遇又不尽相同，所以对同一件事情就会产生多元的、相对的理解。理解的实践性表明理解的过程是一个不断权衡、反思和判断的过程。学生不能盲目地接受教师或教材中的观点，而必须独立做出判断。对教师而言，情况同样如此，教师也不能把教材中的观点简单移植到课堂中，教师必须从自己的境遇出发对其进行理解。在伽达默尔看来，宽容问题的理论意义首先是在近代宗教宽赦令上表现出来的。宗教宽赦令不仅调和了存在于基督教、伊斯兰教和犹太教三大宗教之间的尖锐冲突，还影响了人们思想和政治领域的解放运动，而且也为学术研究提供了一种宽松的环境。当今的时代科技理性占主导地位，绝对性、单一性与标准性是其特征，不宽容性是其一种基本精神表现，这严重地压制了人的行动和判断的自由。其在教育中的体现就是追求答案的标准性与唯一性，相信只有一种正确的知识，而教师往往就是这种正确知识的化身，这样的一种知识观必定导致师生之间关系的不平等，课堂教学成为单方面的信息传递而非双向的沟通交流。教师尽管也经常提问学生，但是所提的问题都是虚假的问题，而学生的回答仅仅是证实教师的答案，而不是对知识的探究。教师虽然也在听学生的回答，但是只想听到与自己的预设答案一致的见解。教师虽然也在回应学生的提问或回答，但是教师只想尽快地告诉学生标准答案是什么。

在课堂教学中，由于许多教师对自己的预设答案的标准性和唯一性深信不疑，结果就很难宽容学生的不同答案，即使学生的这个答案非常有价值。

这是一堂两年级的数学课，老师刚刚教了乘法，于是老师提出一个问题，"有一个小组，二个小朋友，小张、小李、小王，三个人。小张有两个苹果，小李有两个苹果，小王有两个苹果，请问他们一共有几个苹果？"同学们列式计算：$2 + 2 + 2 = 2 \times 3$。然后这位教师就随口提了一个问题，"哪种算法更好？"，这种问题按照老师的预设答案肯定是乘法，谁知一位同学站起来说是加法。这位老师跟其他的很多老师一样，用了一个技巧，把这个注意转移，依靠群众的力量来讲他自己想讲的答案，"你们说呢？"然后学生们都说"乘法"。然后老师说"对了"……然后我就问那位老师，你有没有想过问个"为什么"。那位老师说，"为什么要问为什么？"我说这个"为什么"很有意思，他说乘法都已经教过了，还说加法啊，那小孩有问题……下课后，我就去问那个男孩，"你为什么要用加法？"那小孩很害怕，马上说"错了错了，老师我错了"。我说，你别说自己错了，你告诉我当时你是怎么想的. 他才告诉我真实的想法，他说我觉得 $2+2+2$ 肯定能做对，2×3 我现在还不太熟。学生的观点是否有道理呢？如果教师听到了学生这样的回答，教师就需要反思你出的题目是不是有问题？$2+2+2$ 这个题目并不能突出乘法的优越性，加法能做的为什么要用乘法？如果这位老师能够具有宽容学生的不同观点的理念，让学生拥有解释自己观点的机会，那么他听到学生这样的回答以后，他的课堂的话语结构就不一样了。可以在原来的基础上，宽容并聆听这位学生的想法，看他说的有道理，很好，那现在又来了几对鹅，那这样 $2+2+2+2+\cdots\cdots$ 这么长，这时候运用乘法就水到渠成了，这时候就需要修正我们的教学。所以我们这个课不能完全是预设的，要在和学生的互动中生成，这就需要我们老师一定要把你的思维打开，宽容学生的各种观点。①

在这个案例中，由于教师想当然地认为乘法比加法优越，而且又不能宽容学生的异议，所以就错过了一次很好的反思并改进教学内容的机会。对教师而言，只有具有宽容的精神才能创设自由的学习环境，使课堂具有生成性，并且激发学生的创造力。"在现在这样一个科学技术统治一切的时代，在一切生活领域都被合理化和职能化的情形下，重新要求宽容意识，建立起宽容道德，这将是现代社会道德建设的新使命。"② 正如莫兰（E. Morin）所指出的那样，把科学想象为清除了任何意识形态和只由唯一"正确"的世界观或理论统辖的想法是个极大的错误。实际上意识形态的、形而上学的预先假定（意识到的或未意识到的）冲突是科学生命

---

① 引自王涛博士于 2009 年 6 月 26 日在华东师范大学的学术讲座。
② 张能为：《理解的实践》，人民出版社 2002 年版，第 247 页。

力不可缺少的条件。

宽容与软弱相悖。正如伽达默尔所说："宽容并非弱者的表述，而是一种强者的表现。"① 软弱的人所表现出的是不敢坚持自己的观点，盲目赞同那些权势者的观点，视权势者的观点为"真理"，真理越是不建立在合意的基础之上，宽容就越表现为一种软弱，"而只要宽容表现为一种软弱的任意行为，那么宽容的可能性和真正的意义就从内部丧失殆尽，其结果就是无人能得到宽容"②。实际上，宽容所表现出的是一种自尊和自信，是一种理性的判断，宽容的人并非人云亦云，没有自己的主见，不敢坚持真理，"而是一种表面柔弱而内心坚韧强大的表现，是人格的一种主动开放状态，是一种对世界、真理和人的本性深刻洞察后表现出的一种超然的生活态度"③。所以宽容既不是不做决定，也不是对自己的力量不信任才对他人的权利的承认，而是一种对世界、真理以及人性的深刻洞察和理智判断。在课堂教学中，教师对学生的宽容既不是教师的软弱，也不是教师对学生的不负责任，而是一种基于实践理性的判断。

2. 宽容的要求

正如前文所述，宽容不同于软弱，不是无原则、无限制的让步，否则，宽容的精神与价值将会丧失殆尽。"无节制的宽容，播下的是吞噬宽容的种子，衍生的是毁灭宽容的魔鬼，培植的是取消宽容的邪恶。"④ 所以在课堂教学中，教师既要给予学生自由表达观点的机会与权利，又不能对学生的观点持一种放任的态度，这就是一种中庸之道，一种宽容智慧。

第一，教师需要具有一种平等的情怀。平等既指教师平等地对待学生，又指教师平等地对待每一位学生。教师首先要平等地对待学生，平等地对待学生的"异向交往话语"。有些教师一旦发现学生的观点不同于自己的观点，就以自己的观点作为评判标准，判其为错误的观点，这样的一种态度是与宽容精神背道而驰的。其次，教师的宽容能力也离不开平等地对待每一位学生。如果教师以自己的标准把学生人为地分为"好生"与"差生"，认为宽容的对象仅限于那些所谓的"好生"，这样宽容就会变成放纵，最终会毁灭宽容。

① ［德］伽达默尔：《赞美理论——伽达默尔选集》，上海三联书店1988年版，第105页。
② 张能为：《理解的实践》，人民出版社2002年版，第245页。
③ 张家军：《论教育宽容》，《教育研究与实验》2004年第4期。
④ 贺来：《宽容意识》，吉林教育出版社2001年版，第138页。

第二，教师需要具有耐心的态度。教师的耐心一方面表现为克制自己作出评价的欲望，另一方面又表现为耐心倾听学生解释的愿望。当教师听到学生的"异向交往话语"时，应该克制以自己的标准作出评价的欲望，要耐心地听取学生的解释，甚至还要倾听其他同学的见解。

第三，教师需秉持一种关系思维。如何确定宽容的限度，这正是教师宽容智慧的集中体现。对于教师而言，秉持一种关系思维是必须的。这是因为宽容是一种相互性的美德，换言之，教师对学生的宽容的前提就是宽容不能违背学生个体、他人以及社会的利益。正如莫兰所言，"宽容当然是对各种观念有效，而不是对侮辱、攻击和杀害的行为有效。"① 例如，假如教师发现学生的观点具有常识性的错误，教师却不指正，那么教师的宽容就违背了学生个体的利益；如果学生的观点明显在侮辱他人，教师也不能宽容这样的观点。正如有学者所言，"如果对某些事物的宽容居然让宽容本身成了问题，这些事物就不应再被宽容。宽容是一种相互性的美德。"②

第四，教师需要一种实践理性思维。在伽达默尔看来，现代社会中宽容精神的缺失是与实践理性的丧失密切相关的。科技理性的兴盛使实践变为一种纯技术化的简单应用，荒疏了人类实践的自我判断力。所以宽容并不仅仅是一种态度和情感，更重要的是一种实践理性思维。教师需基于自己独特的境遇对学生的观点进行权衡、反思，并作出理智判断。这样的一种判断不能简单套用规则或理论，而必须依靠教师的教学经验才能获得，这是一种实践判断力。所以教师需要不断反思自己的教学经验。

对于学生而言，这样的一种宽容精神和能力在生生对话之中是特别需要的，宽容地对待其他同学的不同见解是生生对话得以持续下去的重要保证。

四 解释学想象力（phantasie）

教师在听到学生的"异向交往话语"，并且给予学生解释自己观点的机会之后，教师所需要的是一种解释学想象力，去试图与学生的"异向

---

① ［法］埃德加·莫兰：《复杂性理论与教育问题》，陈一壮译，北京大学出版社 2004 年版，第 82 页。

② 莫妮克·坎托—斯佩伯：《我们能宽容到什么程度》，钟良明译，第欧根尼（中文版），1999（1），转引自张家军《论教育宽容》，《教育研究与实验》2004 年第 4 期。

交往话语"展开对话。解释学想象力要具备看出事物之间的表面上并不明显的联系的能力，而正是这种能力本身要求对经验持开放的态度，要超越对常规解释或对作为一成不变的法令而接受下来的传统的依赖。

1. 解释学想象力的内涵

想象力是解释学的内在规定性。伽达默尔说："解释学是一种幻想力或想象力（phantasie）。在我们这个充满科学技术的时代，我们需要一种诗的想象力，或者说一种诗或诗文化。"[①] 伽达默尔所强调的想象力是一种诗意的想象力，它并不要求具有严格的精确度，相反它崇尚浪漫、自由、开放、多元等，这显然是科技理性所不容的。但是解释学想象力并非那种虚无缥缈的幻想（fantasy），正如努斯鲍姆（Nussbaum）所说："情感和想象力在对情境的把握中发挥了必不可少的作用……根据亚里士多德的论述，想象力（Phantasia）的作用就是聚焦于实在、过去和现在以及所有的具体的细节之中，而非通过一种虚无缥缈的幻想（fantasy）去创造一种非实在（unreality）。"[②] "'phantasie'一词从哲学上讲，始于柏拉图，柏拉图把'phantasie'用作判断与知觉的混合物。对亚里士多德来说，'phantasie'是知觉与思维之间的中介，它是一种由感觉引起的心灵的运动，一种对知觉过程消失后仍可存在的形象进行展现的过程。"[③] 亚里士多德对"phantasie"的解释中，有两个关键词：一是形象，"phantasie"通常被译为想象力（imagination），而"imagination"的词根"image"具有形象之意，所以"phantasie"与形象有关；二是展现或出现，"动词词根'Phantazo'被翻译为'使出现或展现（appear）'"。[④] 有学者认为从亚里士多德对"phantasie"的解释中可以发现三层意思："其一，是对余像（after-image）的被动接受；其二，意识中的形象的产生；其三，进行辨别（kritika）。前两个意思与"imagination"有关，而第三个意思表达了展

① 洪汉鼎主编：《中国诠释学（第二辑）》，山东人民出版社2004年版，第17页。

② Nussbaum, Martha (1978), *Aristotle's de Motu Animalium* (Princeton, NJ, Princeton University Pressp. p. 255. 转引自 Jana Noel Phronesis and Phantasia: Teaching with Wisdom and Imagination. *Journal of Philosophy of Education*, Vol. 33, 1999 (2).

③ 洪汉鼎主编：《中国诠释学（第二辑）》，山东人民出版社2004年版，第19页。

④ Schofield, Malcolm Aristotle on the imagination, in Jonathan Barnes *et al.* (eds.), *Articles on Aristole*, Vol. 4, London, Duckworth, 1979.

现（appear）之意。"① 亚里士多德对"phantasie"一词关注的重点不在形象本身，而在于事情如何向人们展现。"'phantasie'是一种功能，借助于这种功能，人能够把看到的物体归为某种类型的物体。"② 这样，"phantasie"就不仅仅指对形象的知觉，更在于一种解释能力，能够对知觉的东西进行解释、做出判断、辨别或比较。而伽达默尔以其哲学解释学为理论基础，发展了亚里士多德的"phantasie"的意思。伽达默尔认为理解就是与某物进行"周旋"，与之打交道，而且要参与其中，所以伽达默尔的想象力（phantasie）的意思就是在与事物"周旋"的过程中不断进行解释、做出判断、辨别或比较。想象力之中包含着慎思、实践判断或选择的能力。伽达默尔认为，我们只有与精神科学的文本"周旋"，并且参与其中，才能获得其真理内容与意义。"周旋"表明了理解的过程是一个动态的不断参与的过程，是一个自我理解和相互理解的过程，而绝非主体对客体的静观的单向理解或认识。

2. 解释学想象力在对话教学中的作用

第一，解释学想象力可以丰富教师的实践智慧概念，以一种富有生成性的方式来处理教学实践情境中的实践推理。"首先，对于好的结果的选择就明显包含着想象力。其次，实践推理的假设涉及实践情境中的细节，这是想象力的另一重要作用。最后，它聚焦于灵活性与洞察力。"③ 教师的想象力是教师实践智慧的重要一环，在实践推理阶段，教师的想象力通过其产生形象的功能而发挥作用，为教师列出"理想的"教学目标，然后又通过其解释能力比较各种选择，并作出判断，采取行动。亚里士多德的实践智慧的概念包含着趋善避恶，在具体的情境中实现最大的善之意蕴，所以在课堂教学中，教师应该具有一个"善"或"好的结果"的形象，当然这样的形象可能是在教学过程中逐渐形成的，而这样一个形象的构建是离不开教师的想象力的。当我们对未来有各种选择时，我们需要借助解释学想象力的解释能力去作出决定。而在我们选择"善"的形象时，我们必须对情境中的各种细节进行慎思，去知觉各种可能性。在作出决定的过程中，想象力有助于我们对情境获得深刻的洞察，并灵活地思考各种

① Noel, J. Phronesis and Phantasia: Phronesis and Phantasia: Teaching with Wisdom and Imagination *Journal of Philosophy of Education*, Vol. 33, 1999 (2).

② Ibid..

③ Ibid..

选择。"正是通过想象力我们能够识别和辨别世上的每一事物，将其作为去寻求或躲避的东西，作为能够回答我们的一个或几个实践关注或兴趣的事情。"①

第二，解释学想象力有助于提升师生之间的持续对话意识。一方面，解释学想象力有助于教师提出真问题，提出创造性的问题，"我认为，正是想象才是学者的决定性功能，想象自然地具有一种解释学的功能并使人能敏感地发现什么是有问题的，使人能提出真正的、有创造性的问题。"②另一方面，解释学想象力使教师的各种选择和决定都不具有最终性，而是具有开放性，都期待着与他人的对话，从而不断生成新的选择和决定。"解释学想象力总是不断地追问有哪些东西以独特的言论和行动方式相互作用着，以期推动对于世界的总体性和整合性的不断深入的理解——只有这样才能进行思考和行动……解释学指明人是怎样相关地、相对地而不是绝对地认识事物的意义的。概念、结构或范畴的最终权威，并非寓于概念本身，而是寓于人们通过对话达成的一致意见之中。"③ 解释学想象力强调真理的相关性和分享性，教师在课堂教学中要忘记自己的所谓的"真理代言人"或"知识权威"的角色，让位于与学生之间的对话本身，在对话过程中，不断深化自我理解与相互理解，不断发现彼此之间的关联性和可对话性。

在讲《麋鹿》一课时，J 老师提出这样一个问题："因为我们对麋鹿的生活习性、外形都已经有一定的了解。好，咱们来推测一下，为什么乌邦寺动物园的麋鹿生长良好？"这个问题是对某位学生所提问题的回应。很显然，这是一个需要师生双方都要发挥自己的解释学想象力的问题。以下就是师生之间的对话④：

生1：可能乌邦寺动物园模仿了麋鹿喜欢的生活环境。
师：麋鹿喜欢什么环境？

---

① Noel, J. Phronesis and Phantasia：Phronesis and Phantasia：Teaching with Wisdom and Imagination *Journal of Philosophy of Education*, Vol. 33, 1999（2）.
② ［德］伽达默尔：《哲学解释学》，夏镇平译，上海译文出版社1994年版，第12页。
③ ［德］史密斯：《全球化与后现代教育学》，郭洋生译，教育科学出版社2000年版，第125页。
④ 引自笔者在浙江L小学的课堂观察记录。

生1：沼泽。

师：对，乌邦寺动物园本身就是一块很大的湿地。当然麋鹿生长良好了。还有没有其他原因？

生2：贝福特公爵可能跟别人的人不一样，别人是把麋鹿拿来展示，而贝福特公爵是来爱惜与呵护它们的。

师：我查过资料，我可以回应你的推测，贝福特公爵真正喜欢动物。所以当第二次世界大战爆发的时候，他想尽办法把麋鹿运往世界各国。他也曾经想把它运回中国，但是当时中国也在发生战争。他才放弃了这个想法，所以你的推测完全正确。好，还有没有其他原因？

生3：贝福特公爵的麋鹿是私人养的，没有多少人会知道。会减少一些打扰、干扰。

师：因为那是一个私人动物园，非常好。在中国的许多动物园里的麋鹿死得也很多，为什么呢？许多人乱扔尼龙袋，麋鹿吃了之后窒息而亡。

这个案例很好地展示了师生的解释学想象力在对话中的作用，很显然，这是一个没有标准答案的问题。学生必须以自己所了解的事实为根据，发挥想象力，形成自己的见解；同样，教师也需要根据自己已知的信息，发挥自己的想象力，寻求学生的回应之中的可对话性。但是师生的想象力都绝不是那种无中生有的幻想。

第三，解释学想象力可促进学生的创新思维。解释学想象力对于学生而言尤为重要，这是因为解释学想象力是学生"异向交往话语"产生的重要源泉。罗蒂说，没有"反常话语"，我们就不能超越自身，同样，在课堂教学中，没有学生的"异向交往话语"，课堂教学就不可能有创新。想象力是学生创新思维的重要组成部分。下面这个非常著名的官司可以给我们许多启示：

据说，1968年的一天，美国一位3岁女孩指着一个礼品盒上的"open"对她妈妈说，她认识第一个字母"o"。妈妈非常吃惊，问她是怎么认识的，女孩说是幼儿园老师教的。这位妈妈在表扬了女儿之后，一纸诉状把幼儿园告上了法庭，理由是该幼儿园剥夺了孩子的想象力。因为她女儿在认识"o"之前，能把"o"说成是苹果、太阳、足球、鸟蛋等等圆形的东西。但是，自从幼儿园教她认识了字母之后，孩子就失去了这种想象的能力。她要求幼儿园对此负责，并进行精神赔偿。

此案在法院开庭时，这位妈妈作了如下辩护："我曾在一个公园里见到 两只天鹅，一只被剪去了左边的翅膀，放在较大的水塘里；另一只完好无损，放在很小的水塘里。管理人员说，这样能防止它们逃跑，剪去左边翅膀的因无法保持身体平衡而无法飞行；在小水塘里的因没有足够的滑翔路程，也只能待在水里。现在，我女儿就犹如一只幼儿园的天鹅；他们剪掉了她一只想象的翅膀，过早地把她投进了那片只有 abc 的小水塘。"

陪审团的全体成员都被感动了。幼儿园败诉！从此，美国《公民权法》中多了两项特别规定：幼儿在学校拥有两项权利：1. 玩的权利；2. 问为什么的权利。①

学生"异向交往话语"产生的原因很多，但是学生的想象力绝对是一个重要原因。爱因斯坦说过：想象力远比知识更重要，因为知识是有限的，而想象力概括着世界上的一切并推动着进步，想象才是知识进化的源泉。而学生的"异向交往话语"正是课堂教学具有生成性和创新性的重要力量。在我国的学校教育中，忽视学生的想象力，重视学生的记忆力，这可能是我国学校教育缺乏创新性的一个重要原因。

3. 解释学想象力之要求

教师想象力的发挥是与教师的实践推理能力、慎思以及洞察力密切相关，诺尔（Jana Noel）认为想象力是教师实践智慧的重要一环。国内有学者指出，重要的是做到"一破两立，即打破对教育常规的过分依赖，树立在教育情境中的反思意识，确立更具弹性的新教育观。"② 这里所提及的一破两立，其核心思想在于树立教学或教育的情境观，教师需要有情境敏感性，不能把自己过去的经验以及他人的所谓好经验简单移植到当前的教育环境中。不但要有教学之后的反思，更要有教育情境中的反思，"行动中的反思"，要根据情境的变化而变化，确立一种弹性的、开放性

---

① 周云龙：《幼儿的权利》，《内蒙古教育》2008 年第 5 期。
② 邓友超：《教师实践智慧及其养成》，教育科学出版社 2007 年版，第 76 页。

的教学或教育观。

从根本上来说，发现师生之间的可对话性，实现相互理解也是教师实践智慧的具体体现。史密斯教授更关注于解释学想象力在跨越分歧与隔阂，发现彼此的可对话性之中的作用。师生在课堂中的教学对话多半是围绕着教学文本展开，所以师生如何理解教学文本将是决定对话教学进程的重要一环。史密斯指出，解释学想象力对于如何理解文本有如下要求①：第一，养成专注于语言本身的习惯。这是因为理解具有语言性，语言是理解不可缺少的媒介，理解只有通过语言才有可能。由于语言贮藏了丰富的文化、历史和传统，所以对于词源学研究是非常重要的。上好的词源大典是每一个解释学者必需的工具。第二，深化自己对人生本身实质上的可解释性的意识。每一位解释者都需要反思自己之所以如此解释的原因，不断加深对于我们的具体的思想和行动中所包含的东西的认识。换言之，就是要深刻反省自己的前见的正确与否。这就要求我们必须独立思考，不要盲目接受他人所传递的号称真理性的东西。第三，深入倾听对方。判断某一解释性研究是否优秀，不是看该研究在多大程度上遵循着一套特殊的研究方法，而是看该研究在多大程度上表明了它对于它所探究的对象的理解。这里所谓的"理解"代表了这样一个深刻的认识：所探究的东西在目前的环境下是否得到了深入的倾听。解释学意识实际上表达了这样一种期望：大家所接受的理解是能够被解释和再解释的。无论何时何地，解释学意识总是一种敏锐地关注人类经验的故事性本质的思维和行动方式，更多地关注人生的意义问题，而不是一些肤浅的表面的东西。第四，创造意义而非报道意义。从解释学的视角来看，把对话维持下去，解释者就需要把自己看做是新描述的产生者，而不是去准确描述他人。在课堂教学中，师生不能盲目接受所谓的教参、教辅材料中的解释或说教，必须从自己的情境出发，独立自主地解释课程。师生的课程理解的过程也是一个不断自我理解的过程。教师要真正理解，人类世界是一种叙述性结构，师生都能够创造性地进入其中并参与其活动，教师的课程解释是能够被学生再解释和不同解释的。

---

① 参见［加］史密斯《全球化与后现代教育学》，郭洋生译，教育科学出版社 2000 年版，第 127—131 页。

五　解释学反思能力

教师在听到学生的不同观点之后，不应固执己见，试图引导学生获得标准答案，而是需要反思自己的预设答案的正确与否，反思自己获得如此答案的前提是否站得住脚。这就需要教师具备一种解释学反思能力。对于学生而言，在对话教学中，在听到教师或其他同学的不同观点之后，同样需要不断反思自己的见解。

1. 解释学反思的内涵

解释学反思是一种探寻个体的前见或假定的反思，这种反思的目的在于凸显内在于个体理解中的前见或假定。布鲁克菲尔德把假定或前见分为三种类型："范式（paradigmatic）假定、规范（prescriptive）假定和因果（causal）假定。"① 范式的概念是由美国著名科学哲学家托马斯·库恩在1962年出版的《科学革命的结构》一书中提出。虽然对于范式的准确含义莫衷一是，但是库恩基本上把范式看做一种公认的模型或模式，是由一些基本定律、理论、应用等构成的一个整体。布鲁克菲尔德指出，所谓范式假定就是我们建构世界的基本公理。换言之，这些范式假定就是被我们想当然地认为是绝对正确和毋庸置疑的事情。当然，从另一角度讲，我们也总是无意识地在我们的理解中应用这些范式假定。规范假定就是指在特定情境中我们认为应该发生的事情的假定。布鲁克菲尔德认为规范假定植根于范式假定，是范式假定的扩展。而因果假定帮助我们理解世界不同部分之间的相互作用和相互影响。解释学中所指的前见主要发生在范式假定和规范假定的层面，是很难被发现或意识到的。而范梅南则把反思分为三个水平：② 水平一，技术合理性，它是依据个人的经验对事件进行反思，或进行非系统的、非理论性的观察，往往看不到目的的存在，这是一种经验分析模式；水平二，实用行动水平，它能够对系统和理论进行整合，教师开始分析教育目标背后的假设，支持教育目标的信念，并对教学行为所导致的教育后果进行考虑，这是一种解释学—现象学模式；水平三，批判反思水平，能够整合道德与伦理的标准，教师以开放的意识，将道德和伦

---

① ［美］布鲁克菲尔德：《批判反思型教师 ABC》，张伟译，中国轻工业出版社 2002 年版，第 3 页。

② 申继亮主编：《教学反思与行动研究》，北京师范大学出版社 2006 年版，第 67—68 页。

理标准整合到关于实践行为的论述中，这是一种批判—辩证的模式。新谈话型对话教学中的反思强调第二水平和第三水平的反思。

2. 前见的二重性与解释学反思的必要性

伽达默尔反对启蒙运动对所有前见的贬斥，并且为前见正名，肯定了前见的合法地位，但是这并不意味着人必须顺从所有的前见，更不意味着所有的前见都能产生正确的理解，所有的前见所提供的结论总是准确的、正确的或不能挑战的。事实上，正如弗莱雷所主张的那样，"教育对话的意图在于反思参与者的实际情况——他们的政治的、经济的和文化的状况——这些真正的情况在对话中不会神奇地完全消失。"① 伽达默尔认为，"实际上前见就是一种判断，它是在一切对于事情具有决定作用的要素被最后考察之前被给予的。在法学词汇里，一个前见就是在实际终审判决之前的一种正当的现行判决……它的概念包含它可以具有肯定的和否定的价值。"② 在伽达默尔看来，前见可分为肯定的前见和否定的前见。那些能够产生正面的理解或者使理解得以可能的前见就是肯定的前见，反之，那些产生错误的理解或者阻碍理解的前见就是否定的前见。伽达默尔同时也指出："占据解释者意识的前见和前见解，并不是解释者自身可以自由支配的。"③ 根据伽达默尔的观点，许多前见一直内在于我们的理解之中，但是我们既不能控制它们，也不能有意识地使它们显现，但是这并不意味着我们在前见面前无能为力，伽达默尔指出，通过解释学反思我们能够意识到并且避开某些特定的前见。事实上，解释学的任务就是要识别哪些前见是肯定的前见，促进理解的前见；而哪些前见是否定的前见，造成误解的前见。由此可见，个体的理解不可避免地受其前见的制约与影响，而许多前见都内在于个体的理解之中，被个体当做想当然的事情；而有些前见肯定会阻碍个体的正确理解，所以个体需要解释学反思。

　　自从本学期担任预备年级四班的班主任以来，C 老师发现小宇同学一直表现得很"活跃"，而且经常"活跃"过头。C 老师发现，不

---

① ［美］肖恩·加拉格尔：《解释学与教育》，张光陆译，华东师范大学出版社 2009 年版，第 222 页。

② ［德］伽达默尔：《真理与方法》，洪汉鼎译，上海译文出版社 2004 年版，第 349—350 页。

③ 同上书，第 382 页。

管他在课堂上讲什么内容，小宇同学都喜欢插嘴，而且经常发表一些不同于教师的见解。C老师开始不但表扬小宇同学，而且还鼓励其他同学向小宇学习，敢于表达不同于老师的观点。但是几个星期过后，C老师发现小宇所发表的观点经常与讲课内容没有任何联系，有时候竟然说一些对教师有羞辱之意的话。C老师就找小宇单独谈话，希望他以后发言时能够针对主题，不要岔题太远。可是让C老师感到诧异的是，小宇依然跟往常一样，在课堂中说一些不着边际的话。C老师感到很生气，开始是私下里，后来发展到在教室里公开批评小宇同学，而且明确告诉他，希望他以后上课时不要再讲话了。但是批评没有任何效果，小宇还是和以前一样，喜欢上课插嘴。C老师很苦闷，但是C老师同时也意识到，小宇的这种行为绝非仅仅是为了表达自己的观点，肯定还有其他原因。C老师于是再次找小宇谈话，问他为什么喜欢上课讲话？让C老师更为诧异的是，小宇竟然说："因为平常根本就没有人和你说话。"C老师问："为什么没有人和你说话？"小宇不愿意讲原因。C老师让小宇离开后，一方面找来班长，了解小宇在班级的人缘情况，另一方面又跟小宇以前的班主任联系，询问小宇的一些情况。通过了解得知，原来小宇的生父母都已经去世了，现在由养父母抚养，而养父母对小宇的生活基本上持一种放任的态度，小宇感受不到家庭的温暖，而小宇在班级里也没有一个朋友，同学们都不太愿意和他说话。C老师了解到这种情况后，认为小宇喜欢上课发言的原因可能是他想引起老师或同学的注意，让别人意识到他的存在。于是，C老师一方面跟小宇的养父母联系，希望他们能抽出时间和小宇多交流；另一方面，C老师又跟小宇私下达成协议，希望他还是像以前一样多思考，如果他认为自己的发言与教师的上课内容有关，可以立即发言，但是如果与教师的上课内容无关，就把他想在课堂上说的话，通过电子邮件的方式发给老师，由老师在下一次课中念给全班同学听。①

　　在上文的案例中，C老师的前见一直影响着他对小宇行为的理解，而C老师也一直通过反思从而不断修正自己的前见。首先C老师赞扬小宇上

―――――――

① 引自笔者在G中学对教师的访谈记录。

课插嘴的行为，甚至鼓励其他同学向小宇学习，这表明 C 老师所接受的一些民主的教育理念形成了他的前见，所以他能够宽容学生上课插嘴这种行为。但是当 C 老师发现小宇上课插嘴的行为已经严重影响了教学秩序，而且许多发言显然与问题不相关时，C 老师开始意识到，或许不能一味地宽容学生上课插嘴行为，于是他开始找小宇谈话，很明显，第一次谈话没有发现问题的根源，所以小宇依然喜欢上课插嘴。这时 C 老师开始用批评的方式，希望运用教师的权威强制小宇上课时不要发言，但是小宇的行为并没有变化。这时 C 老师也一直在反思自己的前见，并且不断调整自己的行为。不管学生还是教师都必须意识到传统（前见）所提供的无尽的可能性和限制作用，通过解释学反思认清传统在提供这些可能性和限制性方面是如何发挥作用的。有些教师往往想当然地认为自己前见的客观性，从而不能对前见保持开放，这样他就会冒着被独断的解释所迷惑的危险，冒着终结自己和学生的进一步学习的危险。

3. 解释学反思的特征

第一，解释学反思离不开对话。解释学反思绝不是自我冥想，这是因为当某个前见不断地不受注意地起作用时，仅仅通过自我冥想是很难意识到它的。解释学反思与对话是相辅相成的，没有解释学反思，对话就很难持续下去，而没有与他人或他物的对话，解释学反思就不能展开。解释学反思发生的首要条件就是对话，与他人他物接触、攀谈，使自己的前见被刺激，这样才能意识到某些前见的存在。"只有当前见被刺激时，才可能使人们意识到它。而能如此提供刺激的东西，乃是与流传物的接触……理解借以开始的最先东西乃是某物能与我们进行攀谈，这是一切解释学条件里最首要的条件。"① 所以对自己前见的反思是离不开同他人或他物的对话的。教师需要认真倾听学生的发言，关注学生所说的东西，承认学生的真理要求并认为它与我们发生关联，这样教师的前见就会被刺激，某些前见就会被意识到。

第二，解释学反思具有情境性。"我们梳理并丢弃那些否定的前见的方法不是去求助于某种独立的客观标准。这样一种标准并不存在。不管我

---

① ［德］伽达默尔：《真理与方法》，洪汉鼎译，上海译文出版社 2004 年版，第 386—387页。

们用什么标准去识别否定性的前见，这种标准必须在解释学的情境中获得。"① 由此可见，解释学反思不是一种技术方法，没有客观标准可以依赖，解释学反思永远具有情境性，所以解释学反思是一种实践智慧。实际上，教师解释学反思的运行方式与实践智慧相同：首先，教师总是处于特定的解释学情境中，他不能摆脱它，用法国哲学家马塞尔（Gabriel Marcel）的话来说，这个情境对他而言就是一个"秘密"，而非一个"问题"；其次，教师反思的过程就是自己的前见与学生的观点之间不断地产生融合或张力的过程，所以反思必定包含自我理解。

第三，解释学反思的持续性。戴维·伯姆指出了人的思维假定对于人的对话的限制和制约，他认为对话的一个先决条件就是"搁置己见，即暂时把你的思维假定搁置起来，既不让它们发挥作用，也不要刻意去压制它们的出现。"② 戴维·伯姆认识到思维假定以潜移默化的方式影响着人们生存的意义，制约着人们相互之间的对话，这是很有见地的，但是他又认为人可以像脱掉衣服一样可以暂时把自己的思维假定放到一边，暂时不用，这一点是值得商榷的。在伽达默尔看来，我们的前见或思维假定不像我们的衣服，而是像我们的皮肤，任何想试图摆脱前见的努力正如同走出自己的皮肤一样，都是徒劳无功的。这是因为，人的前见就是人的存在。正如伽达默尔所说："对于给定的前理解的反思使某些东西呈现于我面前，是某些东西并非任何东西，因为我所称之为效果历史意识不可避免地是存在而不是意识，而存在不可能永远完全地展示出来。"③ 我们不能像脱掉衣服一样，把某个前见简单地搁置一边，使另一个前见或另一种东西直接取代它而发挥作用。不管一个人如何反思，他总是处在某种情境中的反思，人不可能完全明白自己所处的情境，也永远不可能摆脱自己的解释学情境。

关于反思是否是一个持续的过程或是否存在彻底的解放是伽达默尔与哈贝马斯论争的一个焦点。哈贝马斯坚持认为，通过批判反思可以消除人的偏见，实现不受意识形态扭曲的交流，达到完美的合意，实现彻底的解放。但是伽达默尔反驳道，意识形态的批判高估了反思和理智的能力。人

---

① Gallagher, S.（1992），*Hermeneutics and education.* Albany: State University of New York Press, p. 91.

② ［英］戴维·伯姆：《论对话》，王松涛译，教育科学出版社 2004 年版，第 23 页。

③ ［德］伽达默尔：《哲学解释学》，夏镇平译，上海译文出版社 1994 年版，第 39 页。

们对任何偏见的反思只能在自己的已经存在的偏见和语言之中进行，任何的反思都不可能摆脱意识形态和偏见的影响，这意味着人只能在前见或传统中去转变或创造一个新的前见或传统；另一方面，伽达默尔主张语言的普遍性，任何的反思或理解都只能发生在语言之中，人不可能摆脱自己的语言。所以反思是一个持续的过程，绝对的解放是不可获得的。总体而言，伽达默尔的反思属于范梅南所称的"水平二的反思"，而哈贝马斯的反思属于"水平三的反思"。

第四，解释学反思包含问题结构。伽达默尔认为，对前见的一切悬置，从逻辑上看，都具有问题的结构。问题的本质就是敞开和开放可能性。事实上，我们自己的前见正是通过它冒险行事才真正发挥作用。换言之，我们只有敞开自己、开放自己，并通过真诚的提问，我们才能开始反思前见。伽达默尔所指的"冒险行事"就是指要敢于倾听不同的观点，只有在倾听不同的观点中，在承认他人的真理要求中，我们才会意识到自己前见的"盲目性"。

六　机敏感（Taktgefühl）

1. 机敏感的内涵

机敏感是构成精神科学的判断能力和认识方式的重要因素。这是伽达默尔从赫尔曼·赫尔霍姆茨（Hermann Helmholtz）那里借用的一个概念。这一点在范梅南的著作中也提到，"将机智的概念用来指人类互动的特殊品质……伽达默尔提到了赫尔曼·赫尔霍姆茨（Hermann Helmholtz）的工作，来说明机智的两个方面：作为人类互动方面的机智和作为社会科学学术成就的机智。"[①] 范梅南认为机智具有如下特征："①机智意味着对他人的实践；②充满机智就是'打动'他人；③机智不可以事先计划；④机智受见解的支配同时又依赖情感；⑤机智支配着实践。"[②] 赫尔霍姆茨认为精神科学的归纳程序不同于逻辑归纳法，需要一种机敏感。伽达默尔发展了赫尔霍姆茨的机敏感概念，他认为机敏感包含两个重要方面：一是指人类互动中的特殊品质，"所谓机敏，我们理解为对于情境及其中行为

---

① ［加］范梅南：《教学机智——教育智慧的意蕴》，李树英译，教育科学出版社 2001 年版，第 173 页。
② 同上书，第 184—194 页。

的一种特定的敏感性和感受能力，至于这种敏感性和感受能力如何起作用，我们是不能按照一般原则来认识的。因此，不表述性和不可表述性属于机敏的本质。"① 机敏感不但对情境，而且对于人际间的互动都具有很强的敏感性和感受性，具有不表述性和不可表述性特征，因而是"不可学的和非效仿的"。其二，机敏感具有一种教化的功能。"赫尔霍姆茨称之为机敏的东西就包含教化，而且是一种既是审美性教化又是历史性教化的功能。"② 所以伽达默尔认为，机敏感并非只限于一种感情和无意识的东西，同时也是一种认识方法和存在方式。因为有了审美感，所以就能区分美丑和好坏；因为有了历史感，所以就能区别某个特定时代的对与错以及可能与不可能。总之这种机敏感具有在无须说明缘由的情况下，对个别事件作出正确的区分和评价的功能。具体而言，机敏感具有如下特征：

第一，机敏感具有情境性。正如伽达默尔指出的那样，机敏感具有情境性，而且不能用一般的原则来认识，所以不能将机敏感变为一种技术或技巧；机敏感是"不可学的和非效仿的"，具有不表述性和不可表述性的特征，机敏感是一种"个人知识"，是与自我理解不可分的。教学中的情境变幻莫测，教师不可能用一种或几种技巧来应付教学中的所有事件，教师必须根据不同的情境作出不同的判断和行动。

第二，机敏感具有教化性。机敏感具有教化功能，具有"善"的追求。教师的机敏感具有道德上的完整性，其出发点必须是为了他人（学生）的利益，而非一种自私自利的表现，用范梅南的话来说，教师的机敏感就是"真正做正确的事情"。具有机敏感的教师能够在复杂而又微妙的环境中，迅速地和恰当地做出对学生有益的事情。

第三，机敏感具有即时性。所谓即时性是指机敏感是无法事先准备的，只能是临场发挥的。"在教学当中，常常是那些不稳定的、不连续的、变化不定的时刻需要某种无法计划的机智的行动。这些不稳定的时刻并不是教学中的偶然事件，它们从本质上讲是教学的一个有机的组成部分。"③ 不稳定的、不能事先预料的事件是教学的有机组成部分，而这些时刻正需要教师的机敏感。在教学对话中，学生的"异向交往话语"是

---

① ［德］伽达默尔：《真理与方法》，洪汉鼎译，上海译文出版社 2004 年版，第 19 页。

② 同上书，第 20 页。

③ ［加］范梅南：《教学机智——教育智慧的意蕴》，李树英译，教育科学出版社 2001 年版，第 191 页。

教师所预料不到的，如何适切地回应学生的"异向交往话语"是不能预先准备的，在这种情境下，只能依靠教师的机敏感才能即时地和适切地作出回应。

第四，机敏感具有情感性。"gefühl 这个词意味感觉、敏感性、情感，即对某个事物有'感觉'的感知性质。"① 实际上，赫尔霍姆茨在提到机敏感时，把机敏感与情感并置，这充分表明了机敏感所具有的情感性。那种对学生麻木不仁、毫不关心的教师是不可能有机敏感的。教师的机敏感离不开对学生的爱、关心与信任，只有具有这些感情，教师才能时刻想着学生的利益，才能捕捉到学生情感的微妙变化，才能尊重学生的个体性与独立性，而这些都是教师机敏感产生的必不可少的条件。

2. 机敏感在对话教学中的必要性

机敏感在对话教学中发挥了重要的作用，是新谈话型对话教学的顺利开展所不可或缺的。伽达默尔之所以非常重视人的机敏感是与其理解观紧密相连的，他认为理解本身就是一种应用，这意味着文本要得到正确的理解，必须在具体的情境中以不同的方式被理解，所以正确的理解既要考虑到情境的要求和他人的要求，又要兼顾到文本的要求，这就需要理解者具有机敏感。范梅南认为伽达默尔的机敏感概念在教育中具有重要的价值："机智（机敏）既包括教师和儿童之间的主体性教育关系，也包括教师和课程内容或知识之间的解释性教学关系。"② 当然，范梅南使用的是"tactfulness"（机智）这一术语，他认为德语的"taktgefühl"比英语的"tactfulness"一词更具有细腻的感知性质。"要对他人富有机智，你就得能够'听见'、'感觉'、'尊重'这个人的本质或独到之处。"③ 所以德语的"taktgefühl"具有充满机智的感觉的含义，这样的一种感觉并非全然是天赋，更需要后天的准备和实践。所以"taktgefühl"被译为机敏感，而机敏感的这种教育功能正是对话教学所必需的。

解释学视域下的对话教学主张对话的关系性和相互性，对话教学的

① ［加］范梅南：《教学机智——教育智慧的意蕴》，李树英译，教育科学出版社 2001 年版，第 176 页。

② ［加］范梅南：《教育敏感性和教师行动中的实践性知识》，《北京大学教育评论》2008 年第 1 期。

③ ［加］范梅南：《教学机智——教育智慧的意蕴》，李树英译，教育科学出版社 2001 年版，第 176 页。

过程与结果是师生所不能控制的。对于教师而言，在与学生的互动中，教师会经常遇到以下随时需要教师进行选择和作出判断的问题，如：提出哪些问题能够激发学生的对话参与兴趣？以哪种方式提问更易于学生接受？在回应学生的回答时，何时需要保持缄默？怎样回应学生的回答对学生最有益？对学生观点宽容的限度在哪里？怎样才能让尽可能多的学生参与到对话之中？怎样才能营造一种对话的气氛？等等。对于这些问题的回答既需要教师对情境以及学生的敏感性，又需要教师对文本或课程知识的解释能力。事实上，在提问、倾听、回应、宽容、想象以及反思中，教师都需要一种机敏感。由此可见，具备机敏感是对话教学中的教师所必需的。正如范梅南所说："教育敏感性和机智与一般的交往机智具有共同的特征，但是它具有道德上的完整性。教育者机智地行动意味着在特定的情境下能够看到孩子所发生的事情，理解孩子的体验，明白该情境的教育意义，知道做什么以及如何去做，而且真正做正确的事情。"① 同样，对于学生而言，在与教师或同学的对话中，具备机敏感是对话成功的必要保证。

3. 机敏感的养成

机敏感虽然具有"不可学非效仿"的特征，但这并不意味着机敏感仅仅是一种天赋，实际上，后天的实践和准备是非常重要的。对于教师而言，养成一种机敏感需要做到以下几点：

第一，对学生的了解。机敏感需要教师能够听到、看到学生的本质和独到之处，需要教师对学生的关心和投入，如果教师缺乏对学生的了解，做到这些是很困难的。对学生的了解主要包含对学生的家庭状况、生活经历、性格特征、学习动机等方面的了解。

第二，需要不断批判反思自己的课程理解。教师机敏感的一个重要方面就是教师与课程知识或文本形成解释性关系。所谓解释性的关系就意味着教师的课程理解一直处于开放的状态，教师不把自己的观点或课程理解视为绝对的客观的真理，教师需时刻反思自己的课程理解。不断批判反思的过程就是一个不断质疑自我的过程，一个不断开放自我的过程。

第三，需要敏锐的课堂观察。机敏感要求教师瞬时作出反应，因此教

---

① ［加］范梅南：《教育敏感性和教师行动中的实践性知识》，《北京大学教育评论》2008 年第 1 期。

师需要对课堂中发生的一切进行敏锐的观察。教师特别需要注意观察学生发言时的态度、表情等判断学生是否具有"善良意愿"。

同样,对于学生而言,机敏感的养成也是一个不断实践反思的过程。

七 回应艺术

在课堂对话教学中,教师的回应主要包括两个方面,一是对学生提问的回应,二是对学生回答的回应。伽达默尔认为问和答具有辩证关系,提问是对某个观点的回答,而对某个问题的回答就是进一步的提问。课堂对话是否能够深化和持续进行是与教师的回应能力密切相关的。解释学视角下的对话教学强调对话的关系性和相互性。为了维持对话的顺利持续进行,对话双方的相互尊重和关心是必要的,而且任何一方都不能想当然地认为自己拥有某种特权或专长。"对话关系具有可逆性(reversible)和反身性(reflexive)。换言之,我们提问他人,同时也必须做好他人向我们提问的准备;我们对他人提出要求,同时也必须对自己提出相同的要求。"① 具体而言,回应艺术主要体现在以下几个方面:

1. 回应即新的提问

新谈话型对话教学认为,回应就是新的提问。伽达默尔强调问和答的辩证关系,认为提问在对话中具有优先性,对一个问题的回答就是新的提问。"为了回答这个向我们提出的问题,我们这些被问的人就必须着手去提出问题……通过这种提问我们寻求对流传物向我们提出的问题的回答。"② 伽达默尔并不主张回应就是对话的结束,而是认为回应是新一轮对话的开始,所以教师应该通过回应进一步激励学生的思考,而非像在IRE模式中,教师简单地作出一个评价,从而结束这一轮对话。克瑞斯坦森(Christensen)提出了当教师在回应学生的回答时,如何使对话持续下去的三个建议:"首先,教师保持缄默,等待其他学生的回应;其次,如果教师对学生的观点有所了解的话,他可以邀请一位具有完全相反观点的学生来回应,通过这种方式,可以激励全班学生都愿意面对各种相互冲突

---

① Burbules, N. C. (1993), *Dialogue in Teaching: Theory and Practice.* New York and London: Teachers College, Columbia University, p. 82.

② [德] 伽达默尔:《真理与方法》,洪汉鼎译,上海译文出版社2004年版,第485页。

的观点；再次，教师可以问一个与刚才这位学生的回应直接相关的问题。"① 当学生对教师的提问作出回应之后，教师保持缄默，不立刻表示自己的观点对于推动对话的深入发展是非常有意义的，这是因为教师的观点对于学生的影响是不言而喻的。教师保持适当的缄默，一方面可以给这位回答问题的同学一个反思自己观点的机会，如果有新的想法，可以随时补充；另一方面，可以给那些想表达自己观点的其他同学一个机会。当然，教师保持缄默的时间不宜太长，如果在一段时间之后，仍旧没有同学愿意主动表达自己的观点，教师可以邀请某些同学表达观点，当然教师也可以提出另外一个与之直接相关的问题来激励学生们的进一步思考。

正如前文所讲，在回应学生的问题时，J 老师显示了高超的对话智慧。如，在讲授《麋鹿》的课堂上，有学生问："为什么流落在国外的麋鹿大部分相继死去，只有英国贝福特公爵在私人别墅乌邦寺动物园里饲养的 18 头麋鹿生长良好？"J 老师如此回应："他强调了一个词'只有，为什么只有……也是很奇怪的一件事情，是不是？那我们作一个推测，因为我们对麋鹿的生活习性、外形都已经有一定的了解了。好，咱们来推测一下，为什么乌邦寺动物园的麋鹿生长良好？"J 老师意识到这是一个开放性的问题，其他同学可能会有很好的观点，所以他没有选择直接回答，而是用一种提问的方式激励同学们继续思考，使对话持续下去。

2. 回应要尊重他人观点

回应必须建立在尊重他人观点的基础之上。伽达默尔指出："进行谈话并不要求否证别人，而是相反地要求真正考虑别人意见的实际力量。"② 哲学解释学认为人的理解总是受到个人偏见的制约，理解总是意味着不同的理解，而新的知识正是不同理解之间的融合而产生的。所以，在课堂教学中，教师应该首先尊重学生的"异向交往话语"，而不应该总是以自己的预设答案来衡量学生的回应。师生都依据已有的文献资料来形成自己的解释。任何事情都不能被认定为肯定的结论，因为所有观点必须经受未来分析的检验。从理论上讲，如果教师的预设答案总是完全正确，那么就不

---

① Christensen, C. (1991), "The Discussion Leader in Action: Questioning, Listening, and Response." In C. Christense, D. Garvin, and A. Sweet (eds), *Education for Judgment: The Artistry of Discussion Leadership*. Boston: Harverd Business School. 转引自 Brookfield, S. D. (1999), *Discussion as a Way of Teaching*. Buckingham: SRHE and Open University Press, p. 77.

② ［德］伽达默尔：《真理与方法》，洪汉鼎译，上海译文出版社 2004 年版，第 477 页。

会有新知识的产生。在我国由于受传统文化的影响，学生往往不想提问、不愿主动回答问题、更不敢提出批判，所以在这种情况下，教师就越应该尊重学生的不同观点，将其视为一种不同的理解而非错误的或不完整的理解。倘若如此，学生就会更好地参与到对话之中。"当学生们提出问题、主动回答问题、提出一个论断或者大胆提出批判之时，学生们都在冒险，特别是在他们不知道教师的期望目标或者仅有限的对话经验的情况下。当教师对学生的发言持一种热情、鼓励的态度时，学生们就为以后的对话奠定了基础。"①

3. 回应要真诚

真诚的回应是保持对话持续下去的必然要求。虽然教师要尊重学生的观点，但是这并不意味着教师可以敷衍学生，不管学生的回答如何，教师都可以笼统地说"好"或不作评价。学生对教师的回应很敏感，他们能够很清楚地分辨教师是否在真诚地回应他们的发言。如果教师的回应很真诚，即使教师表达了不同的观点，学生依然会非常高兴，因为他们感到自己受到教师的重视。所以教师在回应时态度必须真诚，观点必须是发自内心的，不能敷衍学生。教师要让学生感觉到自己的观点受到重视，老师是愿意和自己对话的。

对于学生而言，在回应教师的提问时，重要的是对自己的观点充满自信。学生对自己的观点充满自信与真诚地表达自己的观点是密切相关的，在许多情况下，学生之所以不真诚，就是因为对自己的观点缺乏自信的结果。由于教师在事实上所享有的许多特权，造成了学生处于一种弱势地位。在对话教学中，当教师对学生的观点表示反对之后，许多学生也就不再继续坚持自己的观点，而是顺从了教师的观点。笔者无意鼓励学生要固执己见，但是那种"虚假的赞同"也不是真正的对话。在真正的对话中，学生不应该轻易放弃自己的想法，而是要积极主动地对自己的观点作出解释、主张、建议和论证，并且对教师话语的有效性提出疑问或表示反对。只有这样，对话才能持续深入下去，达到师生的相互理解。学生如何在充满自信与不固执己见之间保持平衡正是学生对话智慧的体现。

---

① Brookfield，S. D. （1999），*Discussion as a Way of Teaching*. Buckingham：SRHE and Open University Press，pp. 77 – 78.

小结

需要特别指出的是，不仅对话智慧与对话情感紧密相连，如倾听和宽容既是一种对话智慧，也是一种对话情感和态度，而且这七种对话智慧的界限也并非泾渭分明，而是相互融合的，有时很难对其截然区分。例如，在教师的提问、倾听以及回应中都离不开教师的解释学反思能力和机敏感，同样教师的宽容能力和想象力也需要教师的反思能力和机敏感，而教师的反思能力和机敏感有时又融合在一起。所以它们的区别仅仅在于侧重点不同。

如何与学生"异向交往话语"展开对话是新谈话型对话教学顺利实施的关键所在，这没有任何客观的规则和策略可以遵循，只能依赖教师的对话智慧。新谈话型对话教学认为对话的过程是一个持续的循环过程，所以教师的回应并非是对话的结束，而是应该被视为新一轮对话开始，回应就是新的提问。但也需要意识到，仅仅与学生的"异向交往话语"进行对话对于新谈话型对话教学的实施而言是必要的，但绝不是不充分的，这是因为在课堂交流中，师生的交流可能被扭曲，有些学生可能故意压制或隐瞒自己的真实声音，这样就可能造成学生的"异向交往话语"在师生交流中的缺席，这同样会导致课堂教学的生成性缺失。如何让学生真诚地表达自己的真实的声音，如何让师生的对话不被扭曲，新谈话型对话教学还需要适切的课堂话语环境。

第四章　新谈话型对话教学的实施(下)：
适切的课堂话语环境之构建

认识论把参与者看做统一在奥克肖特（Oakeshott）所谓的一种共同体或整体（universitas）中，即在追求共同目的中由相互利益统一起来的一个团体。解释学把参与者看做统一在他所谓的一个社区或社群（societas）中，社群中的个人道路在生活中结合起来，个人是由于礼仪（civility）而不是由共同的目标、更不是由某一共同基础联合起来的。①

——理查德·罗蒂

为了促进对话教学的开展，许多学校改变了那种"教堂式"的课堂设置，而采用 U 型或圆形的课堂设置，这样的设置从形式上使师生处于一种平等的位置，在某种程度上确实能够增加师生之间的互动和交流，但如果认为仅通过改变课堂的桌椅设置，就能保证师生对话的真实性、真诚性和正当性，则是一种一相情愿的做法。正如有学者指出的那样，"你不可能仅靠改变教室的桌椅就能除去班级里的权力系统，学生也不可能就自然放松并相信你。"② 实际上，这样的一种新课堂设置有时是一种逼迫学生必须要发言的做法，或许可能让师生之间的交流增多，但是可能让有些内向的学生感到更加紧张，而且难以保证学生的发言是真诚的。所以新谈话型对话教学的顺利实施也需要对课堂中的权力系统进行批判反思，从而创设一种让学生敢于真诚地表达自己真实声音的话语环境，从而使师生之

---

① ［美］理查德·罗蒂：《哲学和自然之镜》，李幼蒸译，商务印书馆 2003 年版，第 300 页。
② ［美］布鲁克菲尔德、普瑞斯基尔：《讨论式教学法：实现民主课堂的方法与技巧》，罗静、褚保堂译，中国轻工业出版社 2002 年版，第 90 页。

间的交流不被扭曲。

第一节　新谈话型对话教学与"理想的课堂话语环境"的必要性

一　新谈话型对话教学：一个超语言事件

新谈话型对话教学是一种理解取向的交流（communication toward understanding）。哈贝马斯认为人与人之间的交流形式可分为两类：策略交流（strategic communication）和理解取向的交流。策略交流的目的在于根据自己的意愿，运用语言对他人施加某种影响，如让他人去做某事或不做某事，策略交流不是一种对话行为，而是一种具有功利主义的算计行为。而在理解取向的交流中，说话者的首要目的就在于尽可能清楚地向对方表达他们的意思和意愿。理解取向的交流的基本特征就是它包含对某些标准的内在承诺，对话中的任何一方都能求助于这些标准。"衡量以相互理解为目的的行为是否是理性的，标准在于一个主体对一种事实的陈述是否是真实的……在行为中是否真诚地表达了他的意向……以及与行为规范相关联的、事实上得到承认的有效性要求是否是正当的。"[①] 哈贝马斯提出了理解取向的交流的有效性的三个标准：真实性、真诚性和正当性。哈贝马斯认为，以前的话语行为理论，特别是格莱斯（Paul Grice）的理论仅仅关照了话语的合语法要求和真实性要求，忽视了话语的真诚性和正当性要求。哈贝马斯把这些标准置于交流关系之内，这样就把交流重新置于一种关系语境之中。哈贝马斯指出，对话的参与者能够根据这三种有效性声称，通过对话解决分歧，达成合意，这需要一种适切的话语环境，哈贝马斯称之为"理想的话语环境"。所谓"理想的话语环境"应当被理解为"脱离了经验、不受行为制约的交往形式，其结构将能够保证，只有话语的潜在有效性要求才可成为讨论的对象；能够保证参与者、话题和意见绝不受到限制，除了更有说服力的论证不存在任何强制，除了共同寻求真理，任何其他的动机都必须摒弃"。[②] 但是从另一方面来说，所谓"理想

---

① ［德］哈贝马斯：《历史唯物主义的重建》，苏尔坎普出版社 1976 年版，第 34 页，转引自章国锋著《关于一个公正世界的"乌托邦"构想》，山东人民出版社 2001 年版，第 135—136 页。

② ［德］哈贝马斯：《后期资本主义的合法性问题》，苏尔坎普出版社 1973 年版，第 148 页，转引自章国锋著《关于一个公正世界的"乌托邦"构想》，第 153 页。

的话语环境"意味着从未实际存在过，或者即使存在，也因为有太多的实践中的障碍而使其不能完全实现，因为意识形态的和制度的因素阻碍了"理想的话语环境"的实现，但是这些理想的标准可以作为一面透镜，从中可以识别和批判那些导致交流扭曲的因素。

公正理解的首要前提就是对话参与者能够识别并且最终控制那些对话中的客观限制和权力结构。哈贝马斯认为，解释学是有范围限制的，语言是受到语言之外的经历影响的，如果语言本身受到系统地扭曲，那么具有明显病态或缺陷的言语本身的组织就会造成不可理解性，而且依存于语言并在语言中活动的解释学就会无法超出病态的语言而对其进行批判，在这种情况下，解释学意识就不适当了。这正是伽达默尔与哈贝马斯论争的焦点所在。伽达默尔宣称所有的解释都是语言的，即使是语言外的经历，如果它有任何的意义或效果，必须由语言来传递。但是哈贝马斯坚持认为解释的语言方面并非是解释的全部，解释不仅仅是语言的。正常的解释被像经济地位和社会阶级这样的超语言的因素所扭曲。这些因素正如同语言和特定的传统那样制约着解释和交流。实际上，语言的习得和应用在某种程度上总是受它们发生的社会条件和权力关系的限制。由此可见，与伽达默尔相比，哈贝马斯更加重视话语的环境。在哈贝马斯看来，伽达默尔的解释学主张是有局限性的，它未能意识到或处理一些形成了意识形态的语言外的因素，而这些因素扭曲了对话的本质。他认为只要伽达默尔没有意识到造成解释和对话扭曲的一些语言之外的因素，如权力、强迫和统治等，那么伽达默尔的政治立场就是幼稚的。对话是语言的，但是又不仅仅是语言的。"那种认为苏格拉底的对话在任何地点、任何时间都是可能的想法是一种不切实际的虚幻的想法。"[①] 探寻对话的可能性也让我们意识到各种局限。在课堂交流中，教师霸占了一些特权，而教师又不愿意与学生共享这些权力；教师向学生问一些教师自己不愿意被问的问题；在有些方面，教师既不愿意解释也不愿意被提问。很自然，在持续的对话中，没有人能够避免某种错误或错判，但是一贯的违反这些规则就会导致对话关系的破坏。哈贝马斯认为，只有消除这些导致解释和交流扭曲的霸权因素，才能获得不受限制的交流，而这正是解释学的一个重要作用，"解释学是

① Bernstein, R. J. (1986), *Philosophical Profiles*. Philadelphia: University of Pennsylvania Press, p. 93.

用来保证在文化的传统之内不同的个体和群体之间的相互理解以及自我理解。它使不受限制的一致和交流行动所依赖的开放的主体间性成为可能。"① 在巴赫金和奥克肖特看来，理想状态的对话应该是由多元声音构成，每一种声音都有自己的独特风格，而且每一种都相对独立。"然而，如果人类的对话被理想化地认为应该没有霸权、没有等级，而且不需要参与的资格，那么很容易地就会发现某些声音主宰着对话，而另一些声音被排除掉。"② 奥克肖特指出了对话的不完美性，他认为对话创造了一种"僵局"："一种确立的垄断将不但让另一种声音很难被听到，而且也让这种情况——这种声音不应该被听到——成为看似合适的事情：事先就被认为是不适切的。并且，摆脱这种僵局是不容易的。"③ 当然，在真正的对话中，人们经常遇到奥克肖特所描述的那种僵局。我们必须承认，人与人之间在角色、地位、环境和文化方面所处的情境性是不同的，这种差异会加重人们之间在各种教育机会上的不平等现象。由于情境性的差异，一些文化习俗和组织架构会严重妨碍对话的开展，我们必须对这种现象予以充分的了解。总之，教师必须基于道德的原则来运用权力。

在课堂这个充满了霸权和意识形态的话语环境中，必须通过批判反思，消除制度上和权力上的扭曲和阻碍，才能实现师生之间的真正的对话。正如有学者指出的那样，对话教学需要一种"对话性空间"。"对话性空间是教育对话的各种活动可能的重要条件。这是现实的教育具有对话性的关键所在。这意味着现实的教育生活必须摆脱话语霸权和暴力的存在，必须祛除任何支配性、塑造性意志，必须除去教育、教师中心化意识。"④ 实际上，课堂交流的 IRE 模式就是一种被客观限制和权力结构所扭曲的交流。在我国当前占主导地位的课堂交流 IRE 模式中，教师忽视学生的"异向交往话语"，甚至批评那些说出与教师的预设答案不一致的学生，这是一种可以经常见到的情况，但是还有一种情况是不容易被发现的，那就是有些学生试图掩饰自己的真实想法：他们或者保持缄默，或者

---

① Habermas, J. (1971), *Knowledge and Human Interests*, trans. Jeremy J. Shapiro. Boston：Beacon Press, p. 176.

② Oakeshott, M. (1975), "The Voice of Poetry in the Conversation of Mankind", in *Rationalism and Politics*. New York：Methuen, p. 198.

③ Ibid, p. 202.

④ 金生鈜：《规训与教化》，教育科学出版社 2004 年版，第 198 页。

在回答问题时挖空心思迎合教师的可能想法，或者在他们发现自己的观点与教师的观点不一致时，他们就立刻放弃自己原先的想法，并且"赞同"教师的观点，这样一来，教师就不太容易听到学生的"异向交往话语"。用哈贝马斯的话来说，这种类型的交流就是一种"扭曲的交流"。正如哈贝马斯指出的那样，"要理解一种语言表现，并不意味着不考虑关系就同意这种表现的应用要求，因为同意往往有'系统地被歪曲的可能性'。"① 对话不仅仅是一种语言学现象，更是一种社会现象，不能忽视对话参与者之间的关系。在课堂交流 IRE 模式中，教师拥有最终的评价权和课堂管理权，师生之间的关系是不平等的。学生对教师的观点表示赞同，这可能未必是学生的真实想法，这种同意可能只是一种"扭曲"的同意。同样，学生不反驳教师的观点，这未必意味着所有的学生都赞同教师的观点，这种缄默可能也是一种"扭曲"的缄默。学生是否能够真实地表达自己的声音在很大程度上取决于师生之间的关系如何。哈贝马斯认为解释学不能仅仅停留在语言学层面，必须深入到语言学背后的社会现象。哈贝马斯的深度解释学的理解则要求一种扩展到语言之上的系统的前理解，由于这种前理解超出语言，因而能对本身歪曲了的语言的不可理解性进行理解，他认为唯有"深度解释学"才能说明被歪曲的交往的特别不可理解性。

在对话教学中，仅有对话智慧并不足以保证对话的顺利实施。"课程中对话与话语……所遵循的不是一种简单的'语法规则'，而是一种比较复杂的'文化规则'。在这种文化规则中，支配与反支配、控制与反控制、霸权与反霸权往往是非常主要的内涵。"② 由此可见，在新谈话型对话教学中，虽然教师的对话智慧无疑是非常重要的，教师只有具备对话智慧才能确保对话的持续进行，发现学生"异向交往话语"的可对话性，但是仅有对话智慧是不够的。在现实的课堂教学情境中，如果相信只要师生拥有了对话智慧、良好意愿和持续的努力，就能让师生跨越所有的误解和偏见的障碍，那是一种幼稚的想法。在教学对话中存在着一种危险，即天真地希望在一个存在着权力和控制的课堂结构中，单凭良好的意愿和讨论就能在师生所有分歧之间架起桥梁；在这种情况下，试图强行达成一致或合意，结果往往造成教师主导的声音之下的学生的不同声音被湮没。在

---

① 洪汉鼎：《诠释学——它的历史和当代发展》，人民出版社 2001 年版，第 284 页。

② ［英］麦克·杨：《未来的课程》，谢维和译，华东师范大学出版社 2003 年版，第 9 页。

这个意义上讲，师生之间各种不同的充满歧义的声音进行斗争和共存，而不是强行压制学生的某些声音，这是值得肯定的，而且也是进步的。

二　霸权性的课堂话语环境：新谈话型对话教学实施的阻碍

"霸权"是意大利著名的西方马克思主义者葛兰姆西（Antonio Gramsci）所提出的一个概念，它主要包括两个方面的含义："第一，它指一种统治过程，借助该过程，统治阶级通过其理智和道德领导而对同盟阶级施加控制。第二，它还指对暴力与意识形态的双重主宰，以再生产统治阶级与附属集团的社会关系。"① 从这个定义可以发现，"霸权"以再生产统治阶级的社会关系为目的，以意识形态为核心。教育中所存在的权力结构是导致课堂话语环境霸权性的重要原因，不平等的权力关系对对话必定产生影响，妨碍对话的实现。课堂话语环境的霸权性可以被阐释如下：正常的课堂交流被一些超语言的和超解释学的因素所扭曲，这些因素主要包括师生之间地位的不平等、社会文化的多元性以及性别差异等，这些因素正如同语言和特定的传统那样制约着课堂中的解释和交流。在课堂对话中，教师所享有的某些权力和特权易于强化师生对话中的非对称关系，贬低对话所需要的相互性和尊重。受伤害或害怕的经历易于使某些学生"噤声"。当讨论某些主题或展示他们的信念、感情和经历时，有些学生会感到更大的风险。在课堂对话中一直存在某些偏见和预先假定，它们阻止某些主题，而厚爱某些观点，或者扭曲对话的形式。然而这些方面在对话中经常不能被揭示和补救，因为它们不允许被学生质疑、挑战或完善。

1. 课堂话语环境的霸权性体现在师生话语权的不平等

师生话语权的不平等是课堂话语环境霸权性的重要体现。哈贝马斯根据他提出的交往行为理论，提出了形成"理想的话语环境"的四个条件：同等的话语参与权、同等的话语论证权、同等的话语协调权、同等的话语表达权。而课堂话语的霸权性正好与这四个方面相对，具体体现如下：

（1）师生话语参与权的不平等

师生话语参与权的不平等是指在谁能够有权力参与某些课堂讨论或交

---

① A. Grmsci（1971），Selections from Prison Notebooks，Quintin Hoare and Geoffrey Smith（ed. And trans.），New York：International Publishers，pp. 57 – 58. 转引自张华《经验课程论》，上海教育出版社 2001 年版，第 174 页。

流等方面存在不平等。福科（Michel Foucault）指出了权力对现代社会的话语影响："多种声音被排除：疯子、穷人、病人、被监禁者和少数民族有很少的发言权"。① 在课堂交流中，这种话语参与权的不平等性主要体现在三个方面。第一，只有教师才拥有课堂交流的发起权，而学生往往是被动参与课堂交流。交流的开始往往是知道标准答案的教师通过向不知道标准答案的学生提问开始的，而且教师通常以点名的方式提问，因为这种提问有考查的目的，没有被点到名字的学生不能回答。第二，有时教师或学校会出于某种目的运用一些或明或暗的标准有效地排除某些潜在的对话参与者。例如，在公开课的课堂交流中，教师在提问学生时，总喜欢提问那些所谓的"好学生"，以求尽快获得教师的预设答案，给那些听课的领导和同事留下好印象。第三，话语效力的不平等。布鲁克菲尔德借用政治哲学家帕特曼（Carol Paterman）对话语效力的研究，并指出："话语效力与话语参与密不可分，所谓话语效力就是指一个人话语参与的重要性，或者说一个人的话语对他人所产生的影响。话语效力对话语参与是非常重要的。当一个人所说的话经常被忽视或不能对别人产生影响，那么这个人的话语参与的积极性就会减弱。"② 在课堂交流中，有些教师由于某些主观原因往往会忽视某些学生的发言或对其敷衍了事，从某种意义上讲，这就是对这些学生的话语参与权的剥夺。正如美国著名教育学者古德莱德（John I. Goodlad）通过对多所美国学校的课堂进行观察后所得出的结论："我们所观察的教室大致是这种模式：教师用解释或讲课的方式给全班或个别学生上课，偶尔问一下有标准答案的问题……教师说话的主要形式是述说式的教导。在教学时，老师启发学生回答问题的时间还不到5%，需要学生们经过自己思考再发表见解的时间连1%都不到。"③ 这一研究结果表明，在课堂教学中学生的声音经常处于一种隐退状态，师生的话语参与权是不平等的。

（2）师生话语论证权的不平等

师生话语论证权的不平等是指在对话语的有效性提出疑问、提供理由

---

① ［美］肖恩·加拉格尔：《解释学与教育》，张光陆译，华东师范大学出版社2009年版，第253页。

② Brookfield, S. D. (1999), *Discussion as a Way of Teaching.* Buckingham: SRHE and Open University Press, p. 8.

③ ［美］古德莱德：《一个称作学校的地方》，苏智欣等译，华东师范大学出版社2006年版，第4页。

或表达反对等方面存在着不平等。最突出的不平等体现在不是以话语论证
的逻辑推理，而是以权力地位的高低来评判话语的有效性。教师可以独立
决定某个答案的对错，如果教师认为某个答案是错误的，学生一般不敢反
驳，只有教师有权质疑学生的观点，学生不敢质疑教师的观点。这样一种
权力不对等的交流，使"对话"变成了考查和背诵，严重扭曲了对话的
精神。教师经常认为自己的知识比学生渊博，这样的一种态度就很难让学
生获得与教师同等的话语论证权。例如，有些教师为了维护自己的尊严和
地位，剥夺学生对教师的观点提出质疑和反驳的机会。如果学生的观点与
教师的预设答案不一致，教师又很少给学生解释和论证自己观点的机会，
教师可能通过批评这位同学、让下一位同学回答或让全班同学共同回答等
方式来剥夺学生的话语论证权。另一方面，当学生把教师视为"专家"，
而采取了一种被动的、接受性的态度时，这也会阻碍对话的可能性。

（3）师生话语协调权的不平等

师生话语协调权的不平等是指在调节对话的进程方面的权力的不平等，
主要体现在师生之间在发出某种要求和拒绝某种要求、允许对方发言和禁
止对方发言、作出某种承诺或拒绝某种承诺、自我辩护或要求对方作出自
我辩护等方面存在不平等。这种话语协调权的不平等往往导致在课堂交流
中教师对学生的片面要求，而学生不能相应地要求教师如何行动。这样就
会导致教师单方面控制了对话的进程。许多学校的课堂管理制度是导致师
生话语协调权不平等的重要原因。教师拥有课堂管理的权力，例如许多学
校的课堂管理制度中都有如下要求：学生不能随便讲话、插嘴，回答问题
或向老师提问需举手，经老师允许后方可起立发言，声音清晰、洪亮。所
以教师拥有学生所不拥有的许多话语协调权。这些课堂管理制度体现了有
些教师的一种"规训"意识，他们认为这样的一种师生交流模式既能体现
教师的权威地位，亦能保证教学的高效率，但是教师的这样一种"规训"
意识阻碍了学生的自由思考和批判反思意识，从根本上讲是反教育的，正
如有学者指出的那样，"规训不是教育的一种必然，而是教育的负面现象，
是一种恶，它使个人失去自由和自主的精神气质，失去追求德行的理想。"①

（4）师生话语表达权的不平等

师生话语表达的不平等是指师生在表达自己的观点、意愿以及情感等

---

① 金生鈜：《规训与教化》，教育科学出版社2004年版，第2页。

方面的权力的不平等。话语表达权的关键在于是否敢于真诚地表达自己的观点。由于教师的评价对学生的前途产生重要影响，所以有些学生为了获得教师的好的评价，挖空心思地猜测教师的标准答案，既不敢也不愿真诚地表达自己的真实想法，这样就会湮灭学生的许多非常有创意和想象力的观点。在课堂交流中，话语表达权的不平等集中体现在学生经常压制自己的真实声音，去迎合教师的可能想法或假装符合教师的观点。

课堂交流中学生的回应都是学生的真实想法吗？是否有些学生为了迎合教师的观点而故意隐藏自己的真实声音呢？这是一些很值得去思考的问题。哈贝马斯的"深度解释学"概念对此作出了解释，它以弗洛伊德的精神分析为模式，试图揭示和消除交流中的欺骗和扭曲。弗洛伊德认为，人的精神活动好像冰山，只有很小部分浮现于意识领域，具决定意义的绝大部分都湮没在意识水平之下，处于无意识状态。人格结构中最基层的本我（id），总是处在无意识领域。弗洛伊德认为本我遵循享乐原则，迫使人设法满足它追求快感的种种要求，而这些要求往往违背道德习俗。而自我（ego）处于现实环境和本我的要求之间，起着调节作用。而人格结构中最高层次是超我（superego），体现了一种道德感、荣誉感和良心。按照弗洛伊德的观点，人的本我是人的最本真的表现，但是往往由于违背道德习俗，所以在现实环境中，人只能压制自己的某些本我的要求，以一种自我，甚而超我的面貌出现。但是无论是自我抑或是超我，都是一种扭曲的本我。哈贝马斯通过引用精神分析中关于抑制和转化社会所不能接受的行为或表现这一原理，把这一观点引入了个人精神的层面。在政治—经济的和精神分析的模式中，关键的概念是权力。哈贝马斯认为，伽达默尔的解释学忽视或拒绝解释中的权力维度，而仅仅关注语言，视语言为元结构，就此而言，伽达默尔的解释观是不充分的。在课堂教学中，学生面对拥有评价权的教师是否敢于真实地表达自己的观点呢？特别是在意识到自己的观点可能与教师的观点不一致的情况下。正如克里希那穆提所言，"在孩童时期，由于教育和社会的压力，顺从附和的行为便开始了。"①

2. 课堂话语环境的霸权性体现在主流文化和意识形态的再现

学校这个教育机构往往以一种隐蔽的方式把主流文化看做是全社会需要共同拥有的财产，并且再现主流文化和意识形态。布迪厄（Pierre Bour-

---

① ［印度］克里希纳穆提：《一生的学习》，张南星译，群言出版社2004年版，第63页。

dieu）和帕斯隆（Jean-Claude Passeron）秉持文化再现理论，认为教学行为是"通过霸权的力量对文化霸权的强加，它试图再现某一特定社会阶级的霸权（也就是，不是从任何普遍原则演绎而来）的文化图式（思维观点、价值和方法）……总的来说，在教育经验中再现的都是主流文化以及在一个社会结构之内的权力关系"①。布迪厄和帕斯隆认为教育倾向于再现主流文化，学校发挥了支持和使主流文化合法化的作用。这种主流文化的概念非常类似赫希所提出的"文化素养"的概念。赫希就主张，对于那些弱势群体来说，声明他们的正统文化最好的方法就是在自由的学校体制中获得文化素养。而文化素养虽然被冠以"需要共同拥有的财产"的头衔，但是实际上只体现了优势群体的兴趣和利益。保罗·弗莱雷称这种主流文化的霸权性为"文化侵犯，在这种现象中，侵犯者对另一群体的文化的方方面面进行侵犯，无视后者的文化潜力。他们把自己的世界观强加于受侵犯者身上，通过压制他们的表达来抑制受侵犯者的创造力"②。

虽然布迪厄和帕斯隆的文化再现理论和赫希的文化素养理论是以存在阶级分化和族群多元的西方国家的学校教育为基础提出的，但是在我国的学校教育中同样存在"主流文化"，只不过这种"主流文化"并非是附属于某一特定阶级或族群，而是附属于官方所审定的教科书、考试试题以及代表了国家意志的教师，所以用"主流知识"一词可能更为恰当。在学校教育中，教师往往在制度上被确认为主流文化或主流知识的代表，教师必定凭借自己的制度上的权力向学生强力灌输这种主流文化。这种文化再现理论过于保守，受到不少批判理论家的反驳，如亨利·吉鲁（Henry Giroux）在文化再现理论的基础上，发展形成了"抵制理论"，这一理论表明了"学生是如何不但接受而且经常拒绝、调和或忽视学校教育的信息的"③，但是这一理论同时也强调了这一点：学生的抵制行为或声音往往会受到教师的批评、打压或忽视。教师对学生的"异向交往话语"的

① Pierre Bourdieu & Jean Claude Passerdon（1977），*Reproduction in Education, Spciety, and Culture*, trans. Richard Nice. London and Beverly Hills：Sage, pp. 5 – 6. 转引自加拉格尔著《解释学与教育》，张光陆译，华东师范大学出版社2009年版，第203页。

② ［巴西］保罗·弗莱雷：《被压迫者教育学》，顾建新等译，华东师范大学出版社2001年版，第90页。

③ ［美］肖恩·加拉格尔：《解释学与教育》，张光陆译，华东师范大学出版社2009年版，第205页。

忽视就是一个例子。正如吉鲁解释的那样，"教育冲突和抵制总是受制于那种支持统治阶级的不对称的权力关系"①。

在现实的课堂交流中某些限制和操纵是非常隐蔽和内隐的，没有人计划去操纵它们，它们开始对每个人产生影响，并不仅仅是针对某一方。对话的可能性和局限不能仅仅被解读为个体参与者们的意图和偏见，它们可能被修改或完善，但是也来自超越个人意识或控制之外的意识形态。正如巴赫金所指出的那样：我们不能选择我们所使用的语言；内在于语言之中的含义和言外之意在我们开始说这些话之前就已经给予我们了；所以我们分析和表达社会情境的能力是有局限性的。有时人们或者只能在预先规定好的语言格式之内表达自己，或者感到很挫折，不知该如何表达自己。在现代社会里，大众传媒不仅仅直接影响了许多人的关注点和价值观的形成，而且从长期来看，对于形成一种轻率而又浅薄的社会和政治话语起了系统性的作用。意识形态不仅仅通过明显的压迫和宣传而发挥作用，而且通过更为隐蔽的、悄无声息的方式侵入我们的认知和情感生活。

只有通过批判反思，消除这些社会条件和权力关系对交流的扭曲，才能进行真正的对话，实现最终的合意。哈贝马斯认为，真正的对话的首要前提就是构建"理想的话语环境"。"在这里，理想化意味着隐蔽地进入交往结构的权力关系的彻底消解，而这种权力关系造成了心理的和人际交往的壁垒，阻碍着人们有意识地避免冲突，并通过共识的达成来解决冲突。理想化意味着此种被制度所扭曲的交往障碍的克服。"②

第二节　新谈话型对话教学的话语环境：社群化的课堂

一　对话需要一种师生共同体

新谈话型对话教学主张对话的关系性、相互性与合作性，在对话过程中，无论教师抑或是学生，都处于与对话伙伴的相互关切、相互交往、相互合作的关系之中，个体的自我创造和人格成长都是在交往过程中形成

---

① Henry A. Giroux (1983), Theories of Reproduction and Resistance in the New Sociology of Education: A Critical Analysis. *Harvard Education Review* 53, p. 260.

② ［德］哈贝马斯：《历史唯物主义的重建》，苏尔坎普出版社 1976 年版，第 34 页，转引自章国锋著《关于一个公正世界的"乌托邦"构想》，山东人民出版社 2001 年版，第 136 页。

的，所以对话的过程具有社会性，这同时意味着某种共同体的优先存在。
"对话性的教育共同体意味着教育中的多元声音的共存。每一个求教育者
是一个完整的精神存在，他具有表达、被倾听、交往的能力和权利，在教
育中，他并不是作为一个单一性功能存在，而是在教育中以完整的人格平
等参与各种丰富的活动。"① 总之，对话性的教育共同体是一种消解了话
语环境霸权性的共同体。哈贝马斯认为："把'理想的话语环境'变为
'现实的话语环境'途径只有一条，那就是通过民主、合理和公正的话语
规则和程序的制定，保证每一个话语主体都享有平等、自由的话语权力，
彻底摒弃以权力的滥用和暴力手段压制话语民主的做法。"② 事实上，哈
贝马斯的"理想话语环境"已经包含着建立共同体的意蕴，只有在一种
共同体之内，每个成员才能共享自由、平等的话语权力。伽达默尔虽然否
认"理想的话语环境"的存在，但他并不否认团结、友谊在人类共同生
活中的作用。他指出，现代人应该汲取古希腊重视人类共同体和友谊之关
系的思想，重新确立友谊品德在人类生活中的地位和作用，友谊与团结是
人类共同生活的基础。课堂就是师生共同生活的地方，课堂中应该充满友
谊与团结，而非对立与疏离。正如伯恩斯坦所说："如果形成一种公众生
活，它能够增强团结、公众自由、愿意言说和倾听、相互辩论、投身于理
智的劝说，那么它就预先假定了一种早期的共同体的生活形式。"③ 伯恩
斯坦所言的早期共同体就是指古希腊时期的人类共同体，它以团结和友谊
为基础。而我们现代人正缺乏这样的一种共同体意识。在某些情境中，制
度和意识形态因素阻止某些人参与对话，人们不论是作为个体抑或是作为
某些群体的代表都能感悟到他们的利益经常与那些面对他们的人产生冲
突，而这些冲突的利益往往是以权力和未受质疑的特权为基础而建立的，
这些情境是对话所不能忽视的。例如，我们的课堂管理制度人为地制造对
立与疏离，这必然导致许多学生的话语权被剥夺，许多学生的真实的声音
被压制或被排除在外。

　　共同体应该成为未来的学校形式，而且也是对话的基础。著名教育学

---

① 金生鈜：《规训与教化》，教育科学出版社 2004 年版，第 198—199 页。
② 章国锋：《关于一个公正世界的"乌托邦"构想》，山东人民出版社 2001 年版，第 153
页。
③ Bernstein, R. J. （1983）, *Beyond Objectivism and Relativism: Science, Hermeneutics, and Praxis.* Philadelphia: University of Pennsylvania Press, p. 226.

家塞尔乔万尼（Sergiovanni）认为，人们只有把学校视为一个共同体，而不是组织机构，学生的学习生活才能得到根本的转变。美国学者小威廉姆·多尔也指出了共同体在对话中的作用，"情境框架的一个重要构成是社区（共同体）的建立——使建立'没有人拥有真理而每个人都有权利要求被理解的迷人的想象王国'成为可能。在此体现出要以对话为基础，通过在关切而富有批判性的社区（共同体）之中的对话，促使方法、程序和价值从生活经验中养成——'是'就此转化为'应该是'。"① 日本学者佐藤学也指出，未来的学校应该是一种学习共同体的形式。佐藤学认为课堂就是一个微型社会，有三种基本形态："第一种形态是对班集体直接性归属意识与对课堂之规范的无意识承认结合而成的原始共同体社会。第二种形态是课堂中权利义务的契约关系与制度性的角色关系所构成的群集性社会。也可以说是以个人自主为前提的市民社会那样的课堂社会。第三种形态是靠语言（知识）与信息（伦理）的共同拥有所产生的社会亲和与知性想象力这一纽带，所结成的自觉化的共同体。"② 佐藤学指出，在第一种形态的课堂中，每一个儿童埋没于集团之中，其意识与行为具有同化于班级规范并使之均质化的取向。而在第二种形态中，每一个儿童形成着私的世界，其活动与经验依存于课堂这一制度的目的手段关系与角色关系，共同体的性质被剥夺了。在第三种形态中，每一个儿童在各自自主的个人世界中生活，同时也通过同他人的社会亲和，在课堂的共同体世界中生活。

二　两种共同体概念

共同体可分为同质化共同体和异质化共同体。

1. 同质化的共同体

同质化的共同体追求团体意见的一致，而那些持异见者或者就范，或者被排除在团体之外。佐藤学所指出的第一种形态的课堂就是一种同质化的共同体，其特点是内部强调划一性，对外强调排他性。"在这种课堂的教学中的知识内容及其文化，在课堂之外是不开放的，在课堂内则具有排

① ［美］多尔：《后现代课程观》，王红宇译，教育科学出版社2000年版，第239页。
② ［日］佐藤学：《课程与教师》，钟启泉译，教育科学出版社2003年版，第143—144页。

斥异己、使之同质化的倾向这一特征。"① 同质化的共同体追求共同认识和共同文化的形成，虽然主张师生之间的齐心协力和彼此合作，但是由于其对异议的排斥，是很难适应新谈话型对话教学的。同样的是，扬（Iris Young）和鲍伊尔（Dale Bauer）对真正的对话能够发生在这种同质化的共同体之中的观点表示质疑，认为这种共同体只不过是人们对团结和一致的一种追求，共同体可能要求持异见者就范，按照共同体的规矩和价值观行事。他们采纳了巴赫金的复调理论，认为对话的本质是不同声音之间的"斗争"，在对话中，各种不同的声音在地位、受尊重程度或者权力等方面是不平等的。结构的和制度的因素赋予教师的观点以特权，从而压制学生的声音。他们认为或者师生共同体是不可能的，或者师生共同体只能被视为"弱势声音和强势声音"之间的持续的斗争。扬认为"这种共同体更重视同一而非不同，更重视直接而非斡旋，更重视同情而非承认从他们的视角理解他人的局限性"②。鲍伊尔也提出了类似的批评，"没有边缘人群和核心人群的张力就不会有对话的共同体。"③ 在对话教学中，师生之间的张力当然存在，但是没有理由假定不同的人或观点之间的对话必然包含或者消除这些不同或者把一个群体的观点强加给另一方。很显然，同质化的共同体是不适合新谈话型对话教学的，但是需要注意的是，同质化的共同体并非是惟一的共同体类型。除此之外，还有一种异质化的共同体概念。"那些导致理解、合作、和解的对话在更广泛的宽容和尊重的联合体中继续维持着不同。所以，我们所需要的不是否认共同体，而是把共同体建立在更加富有弹性的和更少的同质化的假设之上"。④

2. 异质化的共同体

异质化的共同体能够让背景各异、观念多样的人相互理解，亲密地、和谐地生活在一起，但并不奢求有共同的目的。佐藤学所指出的第三种形态的课堂就是一种异质化的共同体。异质化的共同体以民主为基石，在充分尊重每个人的个性和自主的前提下，建立起的一种具有亲和性的社会关

---

① ［口］佐藤学：《课程与教师》，钟启泉译，教育科学出版社 2003 年版，第 145 页。

② Young, I. M. (1990), *Justice and the Politics of Difference*. Princeton, NJ: Princeton University Press, p. 300.

③ Bauer, D. M. (1988), *Feminist Dialogue: A theory of Failed Community*. Albany: State University of New York Press, p. xiii.

④ Burbules, N. C., & Rice, S. (1991), Dialogue Across Difference: Continuing the Conversation. *Harvard Educational Review*, 61, pp. 393 – 416.

系。杜威的共同体概念更接近于异质化共同体。杜威指出，共同体不仅仅包含共享和同一，而且还应该宽容视角的丰富性和复杂性，对于那些继续在共同体生活中扮演角色的人来说，个人的充分发展是最伟大的。"杜威拒斥的另外一个可能的误解是这样的信念，即一个共同体必须要展示其同质的以及它的某些批判者赋予他的单色的一致性。他承认，没有高度的共享，一个共同体就不成其为一个共同体。然而，这个共同体同时也应当包含着一个可能的视角的丰富性或复杂性，此丰富性或复杂性能够被容纳，而非得到简单的认同。他相信，共同体的发展不需要'牺牲个体性；其成员自身没有得到发展的共同体将是一个贫乏的共同体'。"① 另一位美国学者格林（Green，J. M.）也指出了在共同体中应该宽容歧见，他说，人们在共同体中总是不可避免地想去追求团结和一致，这种想法是错误的。对话既不需要达成一致，也不需要消除差异。在打着追求"合意"的幌子下，有些教师就会试图把自己的观点强加给学生，或者消除不同观点的分歧。人们应该做的是"对那些价值观虽然与我们不同，但是并非绝然敌对的人，抱着一种尊重、虚心倾听和合作的态度"②。这就是一种民主的精神。格林的观点同时也暗示着，对他人的尊重和宽容并不是无限度的。

异质化共同体并不排斥规范。在课堂教学中，有些学生的行为严重干扰了他人的正常学习，或者有些学生的观点违背了明显的道德伦理，教师也不能一味地尊重与宽容，否则就是懦弱。在前文的案例中，小宇的课堂发言已经严重干扰了其他同学的学习和教师的教学，所以课堂作为一种公众生活的社区，某些课堂规范还是必不可少的。规范与自由并不是彼此排斥、彼此对立的概念。涂尔干（Emile Durkheim）认为，"自由是规定的结果，规范的实践，规定和支配着人的能力，赋予人们权威和力量，这是自由的全部实在。"③ 但是课堂规范或管理制度的制订不能是学校或教师单方面的强制行为，不能以贬低人性或破坏人性的方式，在制订过程中，

---

① 王成兵主编：《一位真正的美国哲学家：美国学者论杜威》，中国社会科学出版社 2007 年版，第 85 页。

② Green，J. M. （1999），*Deep Democracy*：*Diversity*，*Community*，*and Transformation*. Lanham，MD：Rowman & Littlefield，p. 60.

③ ［法］爱弥儿·涂尔干：《道德教育》，陈光金等译，上海人民出版社 2001 年版，第 55 页。

需要学生的参与,教师或学校需要倾听学生的观点,这样的一种规范应该是师生合作的符合人性的产物。从这个意义上讲,巴赫金的狂欢节(carnival)概念虽然使人们从日常生活中一些僵化的、不可逾越的关系中解放出来,提供了一个平等自由、人人尽情展现自我的世界,提供了对话和复调的舞台,但是狂欢节也悬置了那些维系社会秩序的规范,所以这样的一种对话形式从根本上讲是不会持续很久的。

在教育中,异质化共同体的形成依靠师生的礼仪与道德。一方面需要并尊重多元的声音,另一方面也需要人性化的规范。理查德·罗蒂则用社区或社群(societas)概念表达了一种异质化的共同体的意蕴。他认为,参与对话就意味着推动共同体或整体(universitas)转变为社区或社群,罗蒂从奥克肖特那里借用了这种区别。"认识论把参与者看做统一在奥克肖特所谓的一种共同体或整体中,即在追求共同目的中由相互利益统一起来的一个团体。解释学把参与者看做统一在他所谓的一个社区或社群中,社群中的个人道路在生活中结合起来,个人是由于礼仪(civility)而不是由共同的目标、更不是由某一共同基础联合起来的。"① 罗蒂指出,在过于追求同质化和同一性的共同体之中,是不会有"反常话语"的存在空间的,毋宁说与"反常话语"进行对话。而社区或社群的形成依赖于人与人之间的礼仪,这是一个以交流和团结(solidarity)为基础的共同体,具有在实践中相互关心、相互合作的特征,成员之间的冲突将通过参与性的民主过程裁决。罗蒂把这种团结描述为一种扩大化的和更具包容性的对话,在其中,各种根本不同的声音和观点都得到尊重;这种共同体把那些不相信种族中心主义的人们联合起来。这种意义上的团结并不受多元性的威胁。"如果团结包括协调一个人与另一人的行为……它也包括对他人的正面承认,这是一个适切的符号,表明一个人已经开始考虑他人的行为,并且理解了它们的意义……同时……对话暗示了在具体的语言互动中,团结是存在的;也就是说,它们也是团结的典型模式。"② 与罗蒂的社群概念相应的是,另一位美国学者卡罗琳·希尔茨提出了学校应该变为"异质社区"的概念。"这种

---

① [美]罗蒂:《哲学和自然之镜》,李幼蒸译,商务印书馆2003年版,第300页。

② Urban, G. (1990), Ceremonial Dialogues in South America. In T. Maranhao (Ed.), *The interpretation of dialogue*. Chicago:University of Chicago Press , p. 109.

社区不会忽视、极度轻视乃至边缘化那些不同的观点与看法。在这种类型的学校中，每个个体都作为一个完整意义的人走到一起来，带着各自不同的观念、习俗、文化、信仰、价值观和传统，融聚到社区这一大'空间'中来。"① 当然，希尔茨同时也指出在学校这种公立机构中构建"异质社区"不是一件容易的事情。

三　社群化的课堂：一种异质化共同体

新谈话型对话教学所需要的正是这样一种异质化共同体——一种社群化的课堂。无论教师还是学生都作为一个完整意义的人来到课堂中，一方面，他们自己独特的观念、习俗、文化、价值观和传统受到尊重；另一方面，他们依靠礼仪和道德维系着共同体的规范，只有这样一种异质化共同体才能使师生相互真正地融合。"从根本上讲，对话不是一种具体的提问和回应的交流形式，而是一种让参与者参与其中的社会关系（social rela-tion）。成功的对话包含在面对可能的歧义、混乱、失败以及误解时所体现出的一种心甘情愿的合作。对话过程的持续下去离不开一种相互尊重、相互信任和关心的关系，对话中的相互交流必须经常与这些纽带的确立和维持有关。这样的一种人际关系比特定的交流形式要更加深刻和持久。"② 佐藤学所提出的"学习共同体"，从根本上讲就是一种异质化共同体，"'学习共同体'是通过针对'同一性'的格斗而实现的尊重'差异'的共同体，是'交响乐般的共同体'。音色、音阶都不同的乐器发挥其差异，和谐地发出音响的表象。"③

如果在课堂中存在着控制关系，那么就会不可避免地限制和阻碍师生之间的交流和理解。如果许多学生的不同声音被压制或被噤声，那么新谈话型对话教学只能是一个美好的幻想，成为一种理想化的自欺欺人之事。保罗·弗莱雷明确指出，真正的解放是离不开所有对话参与者的团结的。"在对话理论中，领袖们必须不遗余力地使被压迫者团结起来——并且使

---

① ［加］卡罗琳·希尔兹、马克·爱德华兹：《学会对话：校长和教师的行动指南》，文彬译，教育科学出版社 2009 年版，第 123 页。

② Burbules，N. C. (1993)，*Dialogue in Teaching：Theory and Practice.* New York and London：Teachers College，Columbia University，pp. 19 – 20.

③ ［日］佐藤学：《学习的快乐——走向对话》，钟启泉译，教育科学出版社 2004 年版，第 384 页。

领袖们与被压迫者团结起来——目的是为了实现解放。"① 这就是说，在课堂交流中，师生之间、生生之间的团结是达成真正的合意，实现解放的必要前提。深受弗莱雷和哈贝马斯影响的西班牙著名教育学者弗莱夏明确指出，社团（一个异质化的共同体）是平等教育和对话教育的基础。他以一个文学社团的活动为案例展示了对话学习的不同侧面，指出互利互助是对话学习的目的与前提。

社群化的课堂需要一种既尊重多元声音又遵守人性化的规范的"道德文化"。博瑞德格斯（David Bridges）探讨了在课堂中培育一种特定的"道德文化"的重要性，"这是一种鼓励和支持通情达理的、爱好和平的、真诚的、参与自由的、平等的和相互尊重的文化"。② 新谈话型对话教学需要师生之间的互惠与相互尊重，这是师生双方在对话过程中首先需要拥有的一种态度和道德情感。虽然在具体的领域，这样一种文化氛围可以在我们的教育体制内确立。但是教师的努力并非是可以决定一切的力量，让这种道德文化的追求成为一个可以公开探讨的话题能够经常鼓励参与者思考他们的行为是否符合这些标准。对交流过程的反思是一种重要的方法，通过这种方法，一群毫无联系的分离的个体能够开始形成一个对话共同体。社群化的课堂具有开放性。哲学解释学认为，任何理解都是不完整的，任何理解都有进一步被修正的必要性。博瑞德格斯列举了开放的对话的标准："主题是没有限定的、参与者具有开放的意识、参与者愿意接受新的观点和批评、任何人都能参与、时间不受限制、讨论的目标是开放的、成员的目的和实践可受公开检测"。③ 博瑞德格斯指出，这些条件创造了一种良好的对话氛围，参与者们在表达自己的观点和倾听他人的观点时有安全感。在社群化的课堂中，"在教学过程中，推进个人活动与合作性活动的统一，寻求个性认识的交流与共享的共同知识的形成。在人际关系上，通过自我探索与社会性联合，寻求主体性与共同体的相互媒介的形成。"④ 教师是这个共同体中的平等的一员，既是教育专家，但同时也是一个学习者。师生之间

---

　　① ［巴西］保罗·弗莱雷：《被压迫者教育学》，顾建新等译，华东师范大学出版社2001年版，第106页。

　　② Bridges, D. (1988), *Education, Democracy and Discussion*. New York：University Press of America, pp. 21–24.

　　③ Ibid.

　　④ ［日］佐藤学：《课程与教师》，钟启泉译，教育科学出版社2003年版，第145页。

的交流是一个共同确立意义，建构一种关系的、文化和社会的实践。所以社群化的课堂是真正消解了话语环境霸权性的课堂。"师生之间的对话就是把具有不同个性、不同需要、不同思想和感情的人真正带到一起，使他们在教育中发生诚挚的交流沟通，不是为了形成统一的个性、统一的思想和一致的意见，而是为了保存各自的独特性，发展各自的独特精神，进行活生生的交往……这个交往是互主体性的，正是在'二者之间'，教师与学生实现了沟通和理解，又保存了丰富的差异性。"①

从这个意义上讲，当前我国的许多课堂是不符合社群化课堂要求的。罗蒂指出，社群形成的基础是礼仪，而非共同的目的或利益，当前我国课堂的形成基本上是基于共同的目的，其中最为重要的是为了学生能够在各种类型的考试中获得好成绩。这就造成了教师或学校打着"为了学生的成绩"的旗号处处维持教师对学生的控制。几乎每个学校都建有非常详细的课堂管理制度，而建立制度的目的就在于维护教师的权威，以便更好地控制学生。在课堂教学之中，只要不利于"考试"或"升学"这个共同目的的行为都是被禁止的。这样的一种管理取向的制度必定造成师生的二元对立，造成师生关系的紧张与对立，必将成为对话教学的障碍，并且造成教师忽视学生的"异向交往话语"。而礼仪的基础是团结、友谊和合作。社群化课堂的构建离不开对一些课堂制度、教学实践以及更大范围的教育制度和社会文化环境的变革。

第三节　社群化课堂构建之必然要求

一　从教师权威身份化到教师权威关系化

对话本身并不能创造或维系一个社群化的课堂。在课堂中，教师故意阻止对话可能性的情形是经常存在的：有些教师为了寻求继续维持自己的优越地位，而千方百计地压制进一步对话的可能性，其中忽视学生的"异向交往话语"就是一个例证。还有另外一种情况，教师并非有意识地通过操纵或强加自己的观点而限制师生之间的交流，但是师生之间的交流仍然受到某种隐蔽的和内隐的限制，这种限制影响了交流中的师生双方。

---

① 金生鈜：《理解与教育——走向哲学解释学的教育哲学导论》，教育科学出版社 1997 年版，第 141 页。

在我国当前的教育情境中，不可否认，教师通过公开的暴力形式，如体罚、辱骂等方式压制学生声音的做法，虽然时有发生，但是总体而言，逐渐减少，而且社会普遍对这种公开的暴力形式表示谴责。但是一种貌似非强制的伪交往的形式却长期存在，这就是教师依靠其身份化的权威地位对学生所施加的影响。例如，在我国中小学中，学生害怕教师是一种极为常见的现象。"北京市教科院调查了十几所小学，发现46.8%的学生在学校里有自己害怕的老师。另据一项涉及北京、上海等8省市的调查显示，76%的中小学生害怕与老师进行交谈。"① 由于学生害怕教师，这就会导致两种后果：一方面，学生往往把教师视为一个不能挑战的权威，坚信权威总是正确的，所以就会对自己的观点缺乏信心，或者不敢表达自己的观点，或者发现教师的观点与自己的不同之后，就盲目地接受教师的观点；另一方面，教师凭借其权威地位，垄断了提问权、评价权以及协调权等本该师生双方共享的话语权。总之，存在教师权威身份化的课堂情境中，学生的声音就会缺乏自信和安全。"对话性空间意味着教育的共同世界是各种不同的声音共同存在的场域，这些不同的声音应该具有相互之间表达、倾听、交流的可能。不同声音之间的平等性是对话进行的根本性条件。每一个参与在教育对话中的自我是具有平等价值的不同声音的表达者，他通过自己的言行进入到教育对话所创造的共同生活中，与其他自我进行相互交流，平等表达，互相倾听，共同分享。这样班级、学校才能成为教育的对话性共同体。"②

　　1. 教师权威身份化的体现：师生角色的二元对立

　　权威是一个耳熟能详的词语，《辞海》中有两个定义：①权力与威势；②含有尊严、权力和力量的意思。③ 在课堂情境中，权威与权力、真理、地位、威望等方面相连。阻碍新谈话型对话教学的一个重要原因就是教师权威的身份化。所谓身份化的教师权威是指权威与教师的身份不可分割，这样的一种权威身份是固定不变的，而且仅赋予教师一方，在师生对话之前就已经存在了。教师权威身份化意味着在课堂教学中，教师永远是权威的一方，永远是正确的一方，永远是有特权的一方。在课堂交流的

---

① 上官子木：《创造力危机》，华东师范大学出版社2004年版，第9页。
② 金生鈜：《规训与教化》，教育科学出版社2004年版，第198页。
③ 夏征农主编：《辞海》，上海辞书出版社1999年版，第1735页。

IRE 模式中，师生之间虽然有交流和互动，但是二者的角色是固定化的。只有教师有提问权和评价权，教师决定了交流的开始和结束，学生没有权力评价和质疑教师的回应，学生的主动提问一般不是质疑教师的答案而是寻求教师的帮助。有学者将这种式样的交流形象地称之为"'对话抛锚'（dialogue breakdown）。从某种意义上说，构成'对话抛锚'的特征是交流变成一种单向的活动；当说话者仅仅一味要求对方时，它的功能就不再是合作的了。有机械的信息交换，但是没有真正的对话的可能性；因为在这种语言应用中的权力关系是不对称的，而且是不平等的，所以人们已经限制了使用语言和执行言语行为的可能性"①。在传统的讲授式教学中，师生的角色更是泾渭分明，保罗·弗莱雷指出了师生角色二元对立的多个方面："教师教，学生被教；教师无所不知，学生一无所知；教师思考，学生被考虑；教师讲，学生听——温顺地听；教师制订纪律，学生遵守纪律；教师做出选择并将选择强加于学生，学生唯命是从；教师做出行动，学生则幻想通过教师的行动而行动；教师选择学习内容，学生适应学习内容……"② 在这种截然二元对立的师生角色中，教师角色具有两大功能：一是灌输，二是管理。教师把自己对教材的理解，作为客观真理强加给学生，不管是通过讲授的方式，抑或是交流的方式。如果学生的回应或反应超出了教师的期望，教师就发挥其管理角色的功能，使学生回到教师所预设的轨道上。这样一些教学的技术性思维倾向于推动教师—学生的评论主要朝"控制谈话"（control talk）的方向发展："当学生提出疑问或偏离话题时，教师把这种行为视为控制缺失的证据，教师就会采取措施恢复秩序。"③ 用福柯的话来说，教师充当了监督者的角色。福柯指出，"监督的作用就是去发现一个人是否称职，去评定他、处罚他。通过监督，人们可以对个体的行为作出区分和评判，其中夹杂了权力的因素。"④ 教师总是

---

① Burbules, N. C. (1993), *Dialogue in Teaching: Theory and Practice*. New York and London: Teachers College, Columbia University, pp. 144 – 145.

② ［巴西］保罗·弗莱雷：《被压迫者教育学》，顾建新等译，华东师范大学出版社2001年版，第25—26页。

③ Alvermann, D. E., O'Brien, D. G. & Dillon, D. R. (1990), "What teachers do when they say they are having discussions of content reading assignments: A qualitative analysis", *Reading Research Quarterly*, p. 320.

④ Foucault, M. (1995), Discipline and Punish: The Bbirth of the Prison. (A. Sheridan, Trans.) New York: Vintage Books. pp. 184 – 185. 转引自希尔兹、马克·爱德华兹著《学会对话：校长和教师的行动指南》，文彬译，教育科学出版社2009年版，第111页。

希望学生遵守并且按照学校的规章制度行事。这样的一种监督者角色势必对师生的对话关系构成威胁，因为在这种情境下，教师总是期望在维持某种秩序，而不是增进新的理解。

这样一种二元对立的、被视为天经地义的师生关系包含一种权威—权力结构，这与新谈话型对话教学所需要的平等的师生关系、师生角色的融合背道而驰。其一，从教师方面来看，如果教师在课堂交流中一直以权威的身份出现，不但是"真理"的化身，在对话开始之前就已经拥有了标准答案，而且能够独享许多学生所不能享受的话语权，如提问权、对学生的评价权以及结束对话的权力等，这样就会造成教师仅仅想听自己希望听到的答案，而且未经老师的同意，学生不能随便质疑老师的见解或与老师展开论辩，这就会造成一种"武断的同意"。其二，从学生方面来看，如果教师的权威被绝对化，学生在教师权威面前放弃了自己的理性思考，只能盲目地崇拜教师的权威，或者因为对权威的恐惧而不得不服从权威，这样教师就很难有机会听到学生的"异向交往话语"。所以新谈话型对话教学环境的构建离不开对身份化的教师权威概念的批判反思。

2. 教师权威身份化的原因

教师权威身份化是教育关系霸权性的集中体现。哈贝马斯曾经明确指出了教育关系中所隐含的霸权性，教师是权威的化身，而学生则陷入了权威和自主之间的斗争之中。所以师生之间的关系是一种不对称关系，包含一种权威—权力结构，这造成了师生在交流中的对话权的不平等。哈贝马斯指出权威是与权力联系在一起的，真正的对话需要对权威—权力结构的批判反思。而布迪厄和帕斯隆则指出，教学行为发挥了将权力关系划为合法的权威的主要工具的作用。他们认为教学是权力关系的再现，但是以权威这种合法的形式出现，强调了教学的保守性。

造成教师权威身份化的一个重要原因就是某些特定的制度和权力的赋予，由此可见，这样的一种权威概念更多的是人为形成的。在我国造成教师权威身份化的制度和权力主要有学校的课堂管理制度和考试制度。在我国几乎所有的中小学都有课堂管理制度，当然也不缺乏与师生交流有关的制度，虽然名称不尽相同，但这些课堂管理制度实实在在地影响了师生双方在课堂中的行为，这些制度缺乏人性化，体现了一种强制性，例如许多学校的课堂管理制度都有如下规定：在课堂上学生不能随便讲话、插嘴，回答问题或向老师提问时需举手，经老师允许后方可起立发言，声音清晰、洪亮等。仔细分析就会发现，这种有关师生交流的课堂管理制度是以教师为核心的，处处在树立教师的权威形象。这样一种管理制度把学生置于教师的对立面，为了突出教师的地位，赋予了教师许多特权。学生的插话、发言必须经得老师的同意，这样就会造成学生即使对教师的讲解产生质疑，但是未经老师的许可也不能随便发言，但是教师的发言却是自由的，不需要经过学生的同意。这样的一种课堂管理制度必定造成师生话语权的不平等。

另一方面，学校的考试制度也是一个重要原因。虽然《基础教育课程改革纲要（试行）》明确指出建立促进学生全面发展的评价体系，"评价不仅要关注学生的学业成绩，而且要发现和发展学生多方面的潜能，了解学生发展中的需求，帮助学生认识自我，建立自信"[1]，但是由于我国的中考、高考以及平常的期中、期末考试这些影响学生命运的考试，仍然是以学生的学业成绩作为几乎是唯一的衡量标准，而且考试形式仍然是以传统的纸笔测验的方式，考试的内容一般都有固定的标准答案。在考试中，学生的回答只有符合这些标准答案，才可能获得分数，所以这些标准答案就会成为师生眼中的"真理"，而教师往往比学生提前获得这些"真理"，所以在学生看来，教师就是"真理"的化身，就是权威。如此一来，教师在课堂教学中不愿意去倾听学生的"异向交往话语"，甚至批评那些与教师的标准答案不一致的学生，就不足为奇了。与这种考试制度相连的就是课堂知识的非人称性。传统知识论具有三个重要特征："客观性、普遍性以及中立性"[2]。传统知识论导致了课堂知识的非人称性质，其特征就是剥夺了知识的个人性格的非人称化的知识。这里隐含着一种重要的假设，那就是从应然的状态来说，无论教师还是学生，其获得的正确知识是完全相同的。所以这样一种非人称化的知识就掩盖了学生的经验、前见的多样性，其结果必然压制学生的主动性与创造性。知识就像商品一样，可以从教师这里传递到学生那里，学生学习的目的就在于获得与教师所拥有的知识相同的知识，而教师教学的目的就在于让学生获得教师的知识，这样教师的知识就以真理的形式出现，而教师也以权威的形象出现。

---

[1] 引自《基础教育课程改革纲要（试行）》。

[2] 石中英：《知识转型与教育改革》，教育科学出版社2001年版，第129页。

另外，不但特定的制度或权力关系造成教师权威的身份化，而且社会文化情境也是一个重要原因。埃奥斯沃斯（Ellsworth, E.）指出："在教学情境中，个人权威是不能与制度历史和社会文化情境抽离的，而某些制度和社会情境则赋予了教师许多本不该享有的特权和地位。有些教师可能并不期望拥有这些特权和地位，但是仅仅说自己不想拥有并不能否认自己确实拥有这一事实。"① 埃奥斯沃斯进一步指出，正确的做法是持一种更加诚实的立场，坦率地承认这种情况并且鼓励学生质疑它。埃奥斯沃斯非常清晰地指明了教师权威的特征。教师的权威地位不是来自于学生的认可，而是特定的制度和社会文化情境赋予的。有时即使某些教师不想享有这种权威地位，但是特定的权力和制度所赋予的权威已经成为教师存在的一部分，教师很难完全放弃这种权威地位，正确的途径就是正视它，并鼓励学生的批判质疑。

3. 三种不同的权威观

（1）权威的再现观

在教育领域，所谓权威的再现观是指教学过程就是一个再现教师的权威观点、权威价值、权威意识的过程，从根本上来说，教师权威再现观否认教学的对话性。权威再现观的代表人物是布迪厄和帕斯隆。布迪厄和帕斯隆认为教学行为是通过专断（arbitrary）的力量对文化专断的强加。总的来说，在教育经验中再现的都是主流文化以及一个社会结构之内的权力关系，在社会结构之内，主流的教育体制倾向于确保合法的象征暴力的垄断。正如伍德（George Wood）所说，"学校教育，不管教师是谁，都总是一种灌输（imposition）。"② 在教育中，布迪厄和帕斯隆所称的主流文化和权力关系的再现就是教师权威的再现，因为教师就代表了主流文化和价值观。"教师已经无意识地内化了阶级、种族和性别偏见，再无意识地将这些相同的偏见传递给学生。教学的作用就在于通过教师的权威形象把主流的文化和价值观转变为全民的文化和价值观。这些被传递的偏见是匿名的，并且隐藏在掩饰再现的'客观真理'的虚假意识中。因为教育机构在权力结构的隐性框架中被分级划等，它们就具有了再现确定的等级的文

---

① Ellsworth, E. (1989), "Why doesn't this feel empowering? Working through the repressive myths of critical pedagogy", *Harvard Educational Review*, 59, pp. 291–324.

② Wood, G. H. (1984), "Schooling in a Democracy: Transformation or Reproduction?" *Educational Theory* 34, p. 231.

化资本的隐性功能。"① 布迪厄和帕斯隆认为教育的过程只能是权威再现的过程，虽然意识到了学校教育的政治本质及其与主流文化和价值观的关系，但是他们理论的最大缺陷就在于忽视了学生的主动性、创造性、抵制性和批判反思性。亨利·吉鲁（Henry Giroux）指出了再现理论的不足之处："再现理论家们已经在他们的分析中使控制的观点过分简单化了，而且并没有提供关于教师、学生以及其他行为者如何为了创造和再现他们存在的条件而在具体的历史的和社会的语境中走到一起的深刻观点……实际上，主体的人普遍'消失'在这个理论之中，因为它没有为自我创造、调解和抵制留有空间。"② 于是吉鲁提出了他的"抵制理论"。"抵制理论"表明在学习的过程中，学生并非完全或绝对地再现教师的所谓权威观点，学生也在某种程度上抵制教师的观点，当然这种抵制总是受到不对称的权力关系的制约。

（2）权威的消解观

在教育领域，所谓权威的消解观是指真正的教学对话离不开对教师权威的完全消解，只要存在着教师权威，就会存在霸权，交流就必定是扭曲的，就不会有真正的合意，也就不会实现完全的解放。哈贝马斯是权威消解观的代表人物。哈贝马斯坚持认为通过批判反思，权威是完全能够被转变或消除的。哈贝马斯认为传统（权威或权力结构）的限制能够被批判反思所取消或至少缓解，而且理解的公正性离不开理解环境的公正性，所以"解释学只有首先反思性地识别解释者进行解释的客观限制和权力结构，直到它们被最终控制，才能宣称理解的公正性……批判解释学的目的就是修正解释学情境"③。所以哈贝马斯提出了"理想话语环境"的概念，认为这是一切没有扭曲的公正对话的前提，而通过批判反思是可以实现这一目标的，虽然这一目标的实现可能是一个漫长的过程。"总是这样，当我们开始对话，只要能够无限期延长，结果就会有合意，而且在本质上是一种真正的合意"④。哈贝马斯认为权威与对话是绝不相容的，把权威视

---

① ［美］肖恩·加拉格尔：《解释学与教育》，张光陆译，华东师范大学出版社2009年版，第206页。

② Giroux, H. A. (1983), "Theories of Reproduction and Resistance in the New Sociology of Education: A Critical Analysis", *Harvard Education Review* 53, p. 259.

③ ［美］肖恩·加拉格尔：《解释学与教育》，张光陆译，华东师范大学出版社2009年版，第200页。

④ 同上书，第223页。

为对话的障碍，真正的对话的首要前提就是消除霸权和权威，对话参与者以一种完全平等的关系参与到对话之中。一切对话的有效性只能根据推理的有效性而非权力的高低来判断，任何建立在权威基础上的观点都不再有效。

（3）权威的认可观

在教育领域，所谓权威的认可观就是认为教师权威并非是一个否定的概念，并非与理性相对，反而以其为基础，权威基于他人的承认或检验。伽达默尔是权威认可观的代表人物。"人的权威最终不是基于某种服从或抛弃理性的行动，而是基于某种承认和认可的行动——即承认和认可他人在判断和见解方面超出自己，因而他的判断领先，即他的判断对我们自己的判断具有优先性。与此相关联的是，权威不是现成给予的，而是要我们去争取和必须去争取的，如果我们想要求权威的话。权威依赖于承认，因而依赖于一种理性本身的行动，理性知觉到它的局限性，因而承认他人具有更好的见解。"① 在笛卡尔看来，信仰权威就是完全排除了理性的使用。如果权威的威望取代了我们的理智判断，那么启蒙运动所提出的权威信仰和理性使用之间的对立就是合理的，但是这并不能排除权威也是一种真理源泉的可能性。在伽达默尔看来，把权威和理性抽象地对立起来是没有道理的。服从权威未必是不理性的，"权威的真正基础也是一种自由和理性的行动，因为上级更全面地了解情况或具有更多的信息，也就是说，因为上级具有更完善的认识，所以理性才从根本上认可上级具有权威。"②

伽达默尔和哈贝马斯都反对权威的再现，都认为应该对权威进行批判反思，但是二者的态度有着明显的不同：哈贝马斯认为通过批判反思，权威可以完全被转变或被消除，但是伽达默尔坚持认为任何的批判反思都不能脱离解释学情境，所以权威不可能完全被转变或消除。伽—哈争论的焦点在于解释者是否有能力摆脱权力和权威结构的限制。伽达默尔否认"理想的话语环境"的存在，他认为所有的解释都受传统（权威或权力结构）的过程所限制，客观的解释学情境是不可获得的。伽达默尔认为，即使批判反思也不能脱离解释学的情境，所以解放是可能的，但是不会有绝对的解放。

---

① ［德］伽达默尔：《真理与方法》，洪汉鼎译，上海译文出版社 2004 年版，第 361 页。
② 同上。

4. 教师权威关系化：社群化课堂构建的关键

新谈话型对话教学的目的不在于消解教师的作用，而是把教师的作用置于一种关系的框架中。"教师作为平等者中的首席，教师的作用没有被抛弃；而是得以重新构建，从外在于学生情境转化为与这一情境共存。权威也转入情境之中。"① 关系化的教师权威是指权威是在师生对话的过程中逐渐形成的，权威与身份地位无关，而且师生的身份是可以互换的。在对话教学过程中，是否能够像哈贝马斯所说的那样完全消除权威？许多学者持一种怀疑的态度。例如福柯就认为，权威框架内在于教学过程。布鲁斐（Bruffee）认为："教学权威在教育的对话中并不会消失；教师仍然保留着权威，但是这不是建立在传统的理由之上（价值、真理、接近英雄人物或作者）。"② 教育情境总是达不到哈贝马斯那种意义上的理想性，在教育情境中完全消除权威是不可能的。理想的教育情境与理想的话语情境一样，只能是一种规范性的观点。但是从另一个方面讲，权威并不意味着是一个否定概念，并不意味着总是对话的障碍。实际上，权威未必是平等的交流关系的一个威胁。我们经常从一个信息灵通的人那里寻求信息，从一位有经验的长者那里寻求建议，从一位了解的更多更好的朋友那里寻求指导，这些都是一些权威的例子。"可靠的、可信赖的权威不能被想当然地认为而是应该被定期仔细检查和重新确立。在特定时刻，这些权威在持续的对话关系中将会以一种未言明的因素发挥作用。问题不是否定权威的存在，而是询问什么样的权威是合理的？"③ 如果我们完全否定权威的作用与价值，那么学校也就没有存在的必要了，但是这并不意味着教师总是一个可以依靠、可以信赖的权威，绝不意味着作为学生只能盲目地接受教师的见解，而是需要运用我们的理性不断检验和重新确立权威。换言之，教师并不意味着总是权威，权威是动态的，是在持续的对话过程中不断形成的。正如伽达默尔所说，权威不是现成给予的，权威是需要得到他人的承认和认可的。实际上，在某些情况下，学生也可以成为教师的权威。当然这种承认和认可是需要经过理性思考的，而不是通过霸权或武力强

---

① ［美］多尔：《后现代课程观》，王红宇译，教育科学出版社 2000 年版，第 238 页。

② Kenneth Bruffee（1984），"Collaborative Learning and the 'Conversation of Mankind'"，*College English* 46，p. 650.

③ Burbules，N. C.（1993），*Dialogue in Teaching：Theory and Practice.* New York and London：Teachers College，Columbia University，p. 32.

加的。

从另外一个角度来说，教师权威的关系化也意味着教师权威身份化的消解，因为教师身份与权威已经没有必然联系了。事实上，不管哈贝马斯抑或是伽达默尔都反对那种因为特定的制度和社会情境所赋予教师权威的制度，这样的一种权威是静止的，是不能被挑战的，所以必然与对话教学的理念相悖。而伽－哈都认可动态的权威观，权威或者被取消，或者被转变。所以新谈话型对话教学需要一种动态的权威观，教师的角色并不是固定不变的。在对话的过程中，师生的角色是可以相互转换的，所以弗莱雷提出了教师学生（teacher-student）和学生教师（students-teacher）的概念，这就意味着"教师不再仅仅是授业者，在与学生的对话中，教师本身也能得到教益，学生在被教的同时反过来也在教育教师，他们合作起来共同成长。在这一过程中，建立在'权威'基础上的论点不再有效；为了起作用，权威必须支持自由，而不是反对自由"①。这就表明，在对话过程中，师生的角色是来来回回不断变换的，权威地位不是教师所独享的。

教师在教但同时也在学，学生在学但同时也在教，师生双方都敞开自己，这样师生双方都能从对话中获益。所以教师不能仅仅因为制度上的教师角色就永远以权威自居，教师需要认识到真正的权威是需要学生认可的，而不仅仅依赖特定制度的赋予。在与学生的对话中，教师需要在认真倾听学生的观点，特别是学生的"异向交往话语"的基础之上，不断反思自己的见解和前见，意识到自己见解的视域性和有限性，需要在与学生的对话中，通过视域融合，不断形成新的理解。另一方面，学生也不应该盲目地接受教师的权威地位，在与教师的对话中，任何教师的见解都需要经过自己的理性的检验。正如博布勒斯所说："毫无疑问，作为一名教师，就意味着宣称具有某种程度的合法的权威，危险的就是我们应该避免陷入一种制度化的权威角色。在对话关系的情境中，权威的合理性并不是以制度化的角色和特权，也不是以未经检验的专业假设为基础。权威不应该被视为一个参与者的固定的财产，作为一种前提条件带到对话中来。毋

---

① ［巴西］保罗·弗莱雷：《被压迫者教育学》，顾建新等译，华东师范大学出版社2001年版，第31页。

宁说，权威应当被认为来自于持续的交流互动之中。"① 由此可见，权威不是在对话之前就已经存在的，而是在对话过程中逐渐生成的，而且在师生之间不断发生变化。

既然权威是在关系中生成的，师生双方都可以互为教师和学生，那么评价权就不应该仅由教师独享，师生双方都有同等权力作出解释、主张、建议和论证，并对话语的有效性规范提出疑问、提供理由或表示反对，任何方式的论证或批评都不应遭到压制。

在我国，除教师权威身份化之外，尚存在许多阻碍新谈话型对话教学实施以及社群化课堂构建的学校教育制度和社会文化环境。这些教育制度和社会文化环境一方面塑造了教师的权威地位身份化，另一方面也作为一些否定因素直接干扰了对话教学的进程。新谈话型对话教学的实施离不开对这些教育制度和社会文化环境的批判反思与重建。

二 以学生全面发展为本的对话教学评价体系的构建

1. 对目的取向的对话教学评价观的批判反思

目的论对话观认为对话是达到一个具体目标的手段，成功的对话就是要获得某种结果，如获得一个"正确"的答案、达成一个最终的合意、获得一个具有可操作性的解决方案等。柏拉图的对话观是一种目的论对话观，因为他认为对话仅仅是获得真理的手段。博布勒斯区分了两种对话观：一种是目的论（teleological）对话观，另一种是非目的论（nonteleological）对话观。指导型对话教学从根本上讲是一种目的论对话教学观。秉持指导型对话教学观的教师认为，对话教学与讲授教学的目的是一样的，那就是获得教师的预设答案。成功的对话教学的标志就是获得了教师的预设答案。反之，假如师生之间产生高度的分歧，未能最终达成合意，发现问题的解决远非想象得那么简单，可能存在不止一个正确答案，或者没有绝对的正确答案，这些情况的出现都被视为一种不成功的对话。与之相应的是，许多教师认为：对话教学与传授教学只是教学方法的不同，而要达到的目的是相同的。目的取向的评价在当前的课程教学领域中居支配地位，其主要代表人物是被称为"现代评价理论之父"的拉尔夫·泰勒

---

① Burbules，N. C. (1993)，*Dialogue in Teaching*：*Theory and Practice*. New York and London：Teachers College，Columbia University，p. 34.

以及布卢姆等人。目的取向的对话教学评价忽略了人的行为的主体性、创造性和不可预测性，不能宽容并倾听学生的"异向交往话语"，在剥夺了学生的精神自由和创造性的同时，也消解了教师本身的精神自由和创造性。

认识论思维是造成目的取向的对话教学评价观的重要原因，因为在导言中已经论述，在此不再赘言。除此之外，考试取向的教育目标也是造成目的取向的对话教学评价观的一个重要原因。考试取向的教育目标是指把考试作为教育的唯一目标，教师的一切教学活动都围绕着考试进行。许多教师的口头禅就是："考试就是指挥棒，这个棒指到哪里，我们就跟到哪里。"考试作为一种重要的教育评价手段，可以为学校管理和教师的教学提供许多有价值的信息，能够在一定程度上反映学生的基本知识技能的掌握情况，但是考试发展到今天，已经从一种教育评价手段演变为教育的目标。对于许多教师和学生而言，教学的目的不是促进学生的全面发展，而是通过一次次大大小小的考试。这是因为在我国，考试已经不单纯的是一种为教学提供信息的手段，而是具有更为重要的社会功能，特别是甄别和选拔的功能，例如从我国古代的科举考试一直到今天的高考、中考。由于考试在某种程度上与师生的命运息息相关，所以考试也就逐渐成为教育的目标。正如有学者指出的那样，"从小学就开始的各级考试，使中国的孩子逐渐具备了一种民族性，即揣摩并迎合主考意图，从而被培养出一种依别人而不是依自己来发挥文思的独特本领。这种本领显然只对考试有用，而对创造性的工作毫无益处。"[1] 考试作为一种提供教学信息的评价手段是有其重要价值的，我们的目的不在于取消考试，而是要消除考试的异化作用，还考试功能的本来面目。

在我国，学校的考试基本上还停留在布鲁姆所提出的教育目标分类当中的认知领域的第一层次：即对知识的掌握情况进行考察，主要有以下特点：首先，考试多采取闭卷的形式；其次，考试的范围以教科书内容为限；再次，考试的内容基本上是对一些基本知识和基本概念的回忆，正如布卢姆所指出的那样，主要包含三个方面："特定事物的知识、处理特定

---

① 上官子木：《创造力危机》，华东师范大学出版社 2004 年版，第 77 页。

事物的方式和手段的知识、某一范围内的普遍事理和抽象概念。"① 而考试内容鲜少涉及教育目标认知领域的其他五个层次：领会、应用、分析、综合和评价，更不必说学生的情感领域了。考试内容缺乏与学生的生活世界的联系，忽视对学生分析问题和实际解决问题能力的考查。这种考试取向的教育目标概念决定了背诵、记忆大容量的知识的重要性，而忽视学生的创造性与独立思考能力。在这种情况下，教师运用对话教学的目的不在于形成新的理解，而在于激励或调动学生的学习积极性，更加有效地获得教师的预设答案或记住教材中的内容。正如有学者指出的那样，"考试制造了一种把个人水平与标准化要求的对照机制，把个人纳入标准化的轨道中。考试是为教育发明的一种有力的规训武器，因为，考试不仅分配着教育资源和机会，而且也预定着未来的文化资本、政治资本、经济资本和其他社会资本。考试的强制威力在此，因为个体需要这些资本。因此，考试是最重要的教育霸权乃至社会霸权的实现方式。"②

我国当前存在的"考试取向"的课程评价制度，具有明显的管理主义倾向。一方面，评价者与被评价者处于二元对立状态。在正式的考试中，如中考或高考，只有各级教育行政部门才有课程评价权，甚至教师都成为被评价者；而在课堂教学中，往往只有教师才有评价权。总之，学生只能被评价。这样的一种二元对立状态必定会造成双方情感的疏离和冲突，不利于双方的团结和友谊。另一方面，这种性质的评价仅仅关注学生的学业成绩，而且评价者总是能够提前知道评价的标准答案，这就造成评价者总是正确的，评价者可以利用手中的权力把自己的价值观和预设答案强加给被评价者，而不会费心去倾听被评价者的声音。在课堂教学中，教师的教学目标就是让学生在考试中取得好成绩，教师仅仅关注学生的学业成绩，忽视学生的生命存在，忽视学生的独特性和主体性，正如有学者指出的那样："当前教育危机的根源从理论上可以归结为一点：忽视'人'。其基本表现就是'见物不见人，重物不重人'。"③ 这样一种管理取向的课程评价体系势必会阻碍社群化课堂的形成。

正是因为这种目的取向的对话教学评价观，导致了教师在对话教学中

---

① ［美］布卢姆等编：《教育目标分类学·认知领域》，罗黎辉等译，华东师大出版社 1986 年版，第 19 页。

② 金生鈜：《规训与教化》，教育科学出版社 2004 年版，第 99 页。

③ 瞿葆奎主编：《教育基本理论之研究》，福建教育出版社 1998 年版，第 467 页。

具有如下特点：

首先，所提问题的"虚假性"。教师的提问是课堂对话开始的重要方式。当教师提问学生问题时，他们倾向于遵循典型的 IRE 模式。教师在提问之前就已经预先设定了一个明确的答案，所以这些问题被称之为"虚假问题"。"虚假问题"暗示了存在固定答案以及教师是专家而学生是新手的信息，经常被认为是操纵性的和不真诚的。这些"虚假问题"展现了一种非常狭窄的知识概念，缺乏真正的开放性和回答的不固定性。教师本身缺乏真正投身于结局开放性的和探究性的对话意愿。教师仅仅维持一种"讨论取向"的课堂对话的表面现象，对话的真正目的在于让学生获得教师的预设答案。在教师参与到对话实践之中时，他们经常曲解对话实践来满足他们控制和主宰对话的实际进程的需要。与之相关的是，我国的教学实践中的一个重要特点就是注意"消灭问题"，成功的教学的标志就是学生没有问题，而学生没有问题被认为是学生已经掌握了知识的一个重要标志。这样就造成我国的课堂教学实践中缺乏问题意识，缺乏创新意识。有学者认为，造成这种状况的一个重要原因在于："我国现行的学校教育鼓励的是一种消费型的知识结构，而非生产型的知识结构，即只是消化书本上的知识并以应付考试为目的，而对发展探索性思维能力缺乏追求。"[①] 伽达默尔认为"虚假问题"是没有真正提问者的问题，"每一个真正的问题都要求这种开放性，如果问题缺乏这种开放性，那么问题在根本上说就是没有真实问题意义的虚假问题。我们在教育问题里看到了这类虚假问题，这类问题的困难和荒谬在于它们是没有真正提问者的问题。"[②] 教师不是真正的提问者，这是因为教师在提问之前就已经预设了一个明确的答案，所以教师也就不会真正敞开自己，去倾听学生对问题的回应，教师仅仅把提问视为一种考查学生的手段，真正想从学生那里听到的就是教师自己的预设答案。教师忽视学生的"异向交往话语"也就不足为奇了。

其次，忽视对话中的交流美德。仔细倾听对方、认真考虑不同观点、容忍批评或分歧、坦率而又理智地表达自己的观点，这些都是对话中的交流美德。当对话教学的目的就在于获得"正确答案"，那种更适于探究和宽容不同观点的讨论就会受到压制。师生之间的互动就会变成教师命令学

---

① 上官子木：《创造力危机》，华东师范大学出版社 2004 年版，第 81 页。

② ［德］伽达默尔：《真理与方法》，洪汉鼎译，上海译文出版社 2004 年版，第 472 页。

生如何如何，或者询问一些极端狭窄、单向的问题，师生双方的倾听、思考、质疑以及考虑其他不同选择的能力都会萎缩。教师也不能宽容和倾听学生的"异向交往话语"。

2. 全面发展的对话教学评价观是新谈话型对话教学的必然要求

新谈话型对话教学观是一种非目的论对话观。非目的论对话观并非认为对话没有目的，而是认为成功对话的标志不能仅仅根据最后的结果来评价，而是需要通过在对话关系之中形成的交流互动的质量，对于自我、对话伙伴以及我们生活的世界是否有了更好的理解来评价。新谈话型对话教学认为对话本身就是目的而非手段。布鲁克菲尔德提出了一种新的对话目的，主要包含四个方面："（1）帮助参与者对正在思考的论题形成更具批判性的理解；（2）提高参与者自我意识和自我批判的能力；（3）当有人率直而真诚地提出了不同的观点时，培养参与者对不断出现的不同观点正确评判的能力；（4）扮演催化剂的角色来帮助人们通晓外面世界的变化。"[①] 由此可见，对话的价值不在于获得一个明确的结论或解决一个具体的问题，而在于促进未来更多的对话的可能性。失败的对话的标志就是破坏对话关系，使讨论过程缩短、压制某些观点或使某些声音噤声。教学的最终目标在于促进学生的全面发展，让学生掌握一项知识、明白一个道理、学会一种方法，这些都是教学目标的一个部分、一个方面，而非全部。

而社群化或"异质社区化"的课堂的形成离不开对个体的完整生命的重视，以及对于多元声音的尊重。《基础教育课程改革纲要（试行）》明确指出建立促进学生全面发展的评价体系，"评价不仅要关注学生的学业成绩，而且要发现和发展学生多方面的潜能，了解学生发展中的需求。"[②] 课程评价的目的在于促进学生的全面发展，而不仅仅是关注学生的考试成绩。美国学者古巴（E. G. Guba）和林肯（Y. S. Lincoln）提出了以"共同建构"为特征的第四代评价，其主要代表的评价方式如艾斯纳（E. W. Eisner）的"教育鉴赏与教育批评"、斯泰克（R. E. Stake）的"回应性聚焦方式"、古巴和林肯的自然主义评价模式以及产生于教育实

---

① ［美］布鲁克菲尔德、普瑞斯基尔：《讨论式教学法：实现民主课堂的方法与技巧》，罗静、褚保堂译，中国轻工业出版社 2002 年版，第 8 页。

② 引自《基础教育课程改革纲要（试行）》。

践中的档案袋评定等。这些评价方式的目的就在于让被评价者的声音发出来，尊重每一个个体的主体性，这体现了一种深刻的民主意识。其基本特点为："把评价视为评价者和被评价者'协商'进行的共同心理建构过程；评价受'多元主义'价值观的支配；评价是一种民主协商、主体参与的过程，而非评价者对被评价者的控制过程，学生（被评价者）也是评价的参与者、评价的主体。"①

这样的一种促进学生全面发展的评价体系有助于社群化课堂的形成。这种评价体系不但不压制多元的和反常的声音，而且其目的就在于创造课堂中的"众声交响与复调"。"众声交响承认存在着众多的、各自独立的观点与立场，它们彼此通过对话互动的过程来共存。"② 通过众声交响，语言和多样化的观念均能保持其生命力，不断地发展变化。而复调则是指他人的观点与立场在自己身上的体现，但不管是否真的发出了声音。复调表明真理的共享性，而真理绝不会由一人所独有，绝不会只存在于一种声音之中，没有任何的单一声音能够告知真理，真理要求人们去倾听多种声音（复调）。具有"众声交响与复调"特征的课堂就是一个"社群化"的或"异质社区化"的课堂。

三　开放性的课程设计与民主化的课程管理

开放性的课程能够激发学习者的想象力，能够促使多元声音的产生。深受哲学解释学影响的波兰哲学家罗曼·英伽登（Roman Ingarden）系统地研究了阅读过程中的读者反应，他认为一部好的作品必须经常打破读者的期待水平，让读者感到作品的出人意料的变化，这就要求作品中留有许多"未定点"，等待读者用其想象力来填充。激发读者的想象，就要靠文本中故意留出的空白。正如伊赛尔（Wolfgang Iser）所说，"就像我们看见山就无法想见山一样，只有眼前没有山的时候，我们才可能在想象中描绘出秀丽或嵯峨的山岭。文本也是这样，我们只能想见文本中没有写的东西；文本写出的部分给我们知识，但只有没有写出的部分才给我们想见事务的机会；的确，没有未定成分，没有文本中的空白，我们就不可能发挥

---

① 张华：《课程与教学论》，上海教育出版社 2000 年版，第 391 页。

② ［加］卡罗琳·希尔兹、马克·爱德华兹：《学会对话：校长和教师的行动指南》，文彬译，教育科学出版社 2009 年版，第 129 页。

想象。"① 同样，如果课程中缺乏"未定点"，就不能激发学生的想象，就会只允许存在惟一的"正确"观点，那就没有对话的必要了。正如著名教育学家多尔指出的那样，"就激发对话而言，隐喻比逻辑更有效。隐喻是生产性的：帮助我们看到我们所没有看到的。隐喻是开放性的、启发性的、引发对话的。逻辑是界定性的：帮助我们更清楚地看到我们已经看到的，它旨在结束和排除。"② 多尔提出了设计后现代课程的四 R（即 Rich，Recursive，Relational，Rigorous）标准，其中首要的就是"丰富性"。"这个词是课程的深度、意义的层次、多种可能性或多重解释……课程内在的疑问性、干扰性、可能性不仅赋予课程以丰富性，而且带来存在乃至此在的意义。"③

　　笔者在与 J 老师交流时，他认为当前语文教材设计中存在的一个主要问题就是"文学作品教材化"，也就是说文学作品被按照某种教材编写或设计的标准进行改编，改变或删除作品中可能产生不同解释的地方，用各种方法引导教师或学生获得教材设计者所期望的解释。J 老师说：

　　　　教材方面的最大的问题是文学作品"教材化"。文学作品本身的主题多元，召唤结构很强，可以有多种体验。比如说，《巨人的花园》这篇课文里面巨人的形象非常丰富，但是课文里的第一句话就是"这是一个自私的巨人"，这就定位了，学生对他的了解只能是自私的，文本剔除掉了许多丰富的情节。文本本身就非常单一，教材参与性不强，文本本身就是限制性结构而非召唤性结构，一目了然地要表明他要讲什么，把一些形容词、一些细节都改光了。此外，现在教材编排是以主题单元的形式编排的。这样一种编排，不但限制了学生的体验，而且还强调教师在备课时必须按照主题来思考。例如，《月光曲》这篇课文，我在上课时，很多老教师给我提建议：这篇文章一定强调艺术对人的作用，因为该文放在艺术对人的影响这个单元里，你不要把主题生发出去，你一定要根据主题单元的编排来设计，

---

① Wolfang Iser. (1980)，*The Reading Process：A Phenomenological Approach*，see Jane P. Tompkins（ed.），*Reader-Response-Criticism*，Baltimore，p. 58. 转引自张隆溪《二十世纪西方文论述评》，生活·读书·新知三联书店 1986 年版，第 198 页。

② ［美］多尔：《后现代课程观》，王红宇译，教育科学出版社 2000 年版，第 240 页。

③ 同上书，第 251 页。

可以迎合主题编排。倘若如此，就会造成严重的问题，因为《月光曲》可以体验的东西太多了，如：碰到知音的高兴、即将失聪时的那种感受等，单单强调艺术对人的影响太狭隘了。①

　　这就是一种封闭型的课程。封闭型的课程设计只允许一种解读，排除其他的声音。这样，课程设计者的声音或观点将成为唯一正确的观点，这不但限制了学生的解读，而且也限制了教师的解读，导致课堂中只有一种声音。

　　开放性的课程应加强与学习者的生活以及个人经验的联系。杜威说，"只有当学科不光是作为局外学科提出来，而是从学科同社会生活的关系这一观点提出来时，它才能获得最大的感染力和儿童生活的全部意义。"②另一方面，设计课程时应该加强不同学科之间的联系。日本学者佐藤学区分了两种类型的课程设计："一种是以目标·达成·评价为单位的活动单元构成的阶梯形课程。这种课程是一种封闭型课程，学习经验狭隘、划一，评价一元化，适合传递大量的知识和技能的教育。另一种是以主题·探求·表现为单位的登山型课程。"③ 在这种类型的课程中，首先设定作为教学内容核心的主题，这个教学主题的设定不能由教师或课程设计者一手主导，而是需要学生的积极参与；然后学生用各种各样的方式，展开活动的、合作的、探究的学习，在这个过程中，教师作为"对话的他者"或者"平等者中的首席"与学生展开对话，同时生生之间也可以以小组的形势展开对话；最后学生们相互表现，共同展示学习成果。

　　综合实践活动课程就是一种典型的开放性课程。《基础教育课程改革纲要（试行）》明确规定：从小学至高中设置综合实践活动并作为必修课程，其内容主要包括：信息技术教育、研究性学习、社区服务于社会实践以及劳动与技术教育。综合实践活动课程以学生直接经验为基础，密切联系学生的自身生活与社会生活，开放性是其根本特征。"综合实践活动面向每一个学生的个性发展，尊重每一个学生发展的特殊需要，其课程目标具有开放性。综合实践活动面向学生的整个生活世界，它随着学生生活的

---

① 引自笔者对教师的访谈记录。
② 褚宏启：《杜威教育思想引论》，湖南教育出版社1998年版，第194页。
③ ［日］佐藤学：《静悄悄的革命》，李季湄译，长春出版社2003年版，第103—104页。

变化而变化，其课程内容具有开放性。综合实践活动关注学生在活动过程中所产生的丰富多彩的学习体验和个性化的创造性表现，其评价标准具有多元性，因而其活动过程与结果均具有开放性。"①

开放性的课程设计离不开民主化的课程管理政策。从过去实行集权化的课程管理制度的国家到开始重视地方和学校层面的课程开发权。实际上，在我国，综合实践活动课程作为一种新型课程形态也是新基础教育课程改革之后才出现的，这正是因为这次课程改革明确提出了设置地方课程，特别是校本课程的要求。我国的课程管理长期以来具有中央集权制的特征，存在着权力过于集中的状况，突出国家课程在课程体系中的独特地位。《基础教育课程改革纲要（试行）》明确提出了课程管理变革的方向：实行国家、地方和学校三级课程管理……学校在执行国家课程和地方课程的同时，应视当地社会、经济发展的具体情况，结合本校的传统和优势、学生的兴趣和需要，开发或选用适合本校的课程。这就是要充分发挥地区、学校在课程管理与开发方面的创造性，特别是鼓励学校在执行国家课程和地方课程的同时，根据当地特色，开发合适的校本课程。

四 对社会文化环境的批判反思

一个国家或地区的社会文化往往以一种无意识的或潜在的方式制约着教学实践。教学实践是文化习惯的产物，不可避免地受到其所在的文化传统和文化模式的制约，与一定文化体系中的价值观念、生活方式、语言符号乃至人生信仰都不可分割。荷兰著名文化学者霍夫斯塔德（Hofstede）认为，"人们的行为与价值观密切相连，要理解不同文化群体行为上的差异，就必须认识他们价值观上的文化差异。他提出了对比价值观念的四个维度：个体主义/集体主义（individualism/collectivism）、权力距离（power distance）、不确定性回避（uncertainty avoidance）、男性化/女性化（masculinity/femininity）。"② 我国的传统文化中具有许多反对话的特性。如梁漱溟认为，中国文化"不提自由、民主、平等"③，唐君毅通过对中西文化进行比较，认为中国文化缺乏西方文化所具有的"尊重个体自由意志

---

① 张华等：《综合实践活动课程研究》，上海科技教育出版社2007年版，第5页。

② Hofstede G.（1991），*Cultures and Organization：Software of the Mind.* London：McGraw-Hill. 转引自许力生《跨语言研究的跨文化视野》，上海外语教育出版社2006年版，第242页。

③ 梁漱溟：《中国文化要义》，上海人民出版社2005年版，第18页。

的精神"①。一个国家或地区的社会结构和文化是相互影响的，互为结果和原因。有学者指出我国的社会结构有五个关键属性，而其本质是反对话的："①等级的组织（社会权力的分配呈垂直的等级关系）；②集体的功能（要求个体必须服从群体）；③普遍家庭化（家庭是所有社会组织的普遍形式）；④结构的严格（严格规定社会角色和相互间的关系）；⑤社会的相同性（强调一致性而不是差异性）。"② 这样的一种社会结构必然对教育实践产生深刻的影响，具体而言突出表现为："等级化的权威型教学管理模式；功名化的教育目标；家族化的师生关系；集体意志之上的社会化训练；求同化的思维定向"③。由此可见，我国的社会结构或文化习惯具有很强的反对话性，这是造成我国教学实践中新谈话型对话教学缺失的一个重要原因。新谈话型对话教学要求师生具有一种独立的理性精神，但是"中国传统哲学强调天人合一，始终把谋求人与自然、社会的和谐作为人生理想的主旋律，反对人的独立意志和锐意进取，培养人的群体意识，顺从诚敬意识等"④。概括而言，我国的传统文化价值观中至少有三个方面与新谈话型对话教学的理念相悖：等级观念较强、自我意识较低以及回避不确定性。⑤

　　1. 等级观念较强

　　一方面，我国社会权力的分配呈垂直的等级关系，与之相应，学校中的权力分配就是按照校长→教师→学生这样一种等级关系建立的，甚至于学生内部也建立了等级化的管理体系。家庭里、社会中的尊卑观念也在某种程度上强化了教师的权威地位。另一方面，在我国由于深受传统的儒家文化的影响，具有尊师重教的历史传统，师道尊严的观念以及等级观念对学生的思想影响很大，认为应该尊重年长的、地位高的和有权势的人，具有很强的等级观念。荀子把教师的地位提到与天地、先祖及君主并列的高度，言称："天地者，生之本也；先祖者，类之本也；君师者，治之本

---

① 唐君毅：《中国文化之精神价值》，广西师范大学出版社 2005 年版，第 2 页。
② ［美］M. H. 邦德：《中国人的心理》，张世富等译，云南人民出版社 1983 年版，第 150 页。
③ 上官子木：《创造力危机》，华东师范大学出版社 2004 年版，第 32 页。
④ 许启贤：《传统文化与现代背景》，中国人民大学出版社 1987 年版，第 89 页。
⑤ 张光陆：《试论对话教学的课堂文化重建》，《济南职业学院学报》2009 年第 1 期。

也。"① 儒家名篇《学记》则把师与道的关系概括为"师严然后道尊,道尊然后民知敬学"②。而唐朝的儒家道统的捍卫者韩愈特别强调重师兴道,在他的名篇《师说》中写道:"师者,传道、授业、解惑也。"③ 在我国自古就有尊师重教的传统,而且认为教师的重要职能就在于传道、授业、解惑。韩愈的思想对后世中国教育的影响很大,传道、授业、解惑这样的职能自然把师生关系置于不平等的位置,对于学生而言,教师就是至高无上的权威。中国有句俗语,"一日为师,终生为父",这种师生关系历来被国人所推崇,这样随之就会产生课堂内的等级关系。教师既是真理的化身又是权力的化身,教师具有鲜明的榜样和权威形象,许多学生从未质疑过教师的这种榜样的角色和权威地位。这也就是为什么课堂交流的 IRE 模式在我国一直非常盛行的缘由。学生总是想当然地认为教师的标准答案就是客观真理,是毋庸置疑的,所以学生把能够猜到教师的标准答案视为一件非常自豪的事情。即使自己的观点与教师的讲解不一致,学生也不敢随便插话表达自己的观点,因为这一方面被视为对教师的不尊重,另一方面与学生总是认为教师的答案就是"真理"不无关系。

2. 自我意识较低

我国学生的群体概念和归属意识较为强烈,认为个体应该服从于集体,害怕孤立于群体之外,有学者称之为"自抑型的民族文化心理"④。学生在课堂中非常谨慎、非常克制,具有较强的依赖性,自主性较低。同时,中国文化中的"面子"观念很重,强调维护自身的面子和不伤害他人的面子以保持和谐的气氛。在课堂上,我国学生不愿意提问,不愿意主动回答教师的问题。他们怕被别的同学认为是"爱出风头"从而影响伙伴关系,他们非常在意其他同学对自己的态度,害怕因为个人的"突出"表现而引起同学的反感,被排斥在群体之外。这样,他们就会感到不安全,感到孤立。所以学生们在课堂上大都保持缄默,不主动表态,不主动回答老师的提问,除非老师点到他或她的名字。课堂氛围往往比较沉闷,经常是有来无往。虽然孔子也提出了对话教学的方法,但是有学者直言从

① 孙培清,李国钧主编:《中国教育思想史》(第 1 卷),华东师范大学出版社 1995 年版,第 79 页。

② 同上书,第 93 页。

③ 同上书,第 538 页。

④ 上官子木:《创造力危机》,华东师范大学出版社 2004 年版,第 31 页。

根本上讲儒家思想是与对话教学所追求的主体精神、理性的独立思考精神相悖的。总体而言，我国传统教育的基本取向是规训和规范，而不是培养人的自由和主体理性精神。"儒家的教育目的是为巩固和维护宗法道统、政治政统而确立的，其教育目的中的人具有非自我的特征，重视求同性和抽象的'人'，却不重视自我意识和自我觉醒的个性主体的'人'。"①

3. 害怕不确定性

中国文化强调对不确定性因素和差异性的回避，强调追求一致性。这是一种求同性思维的体现。在课堂上，学生们比较喜欢有组织、有准备的学习，希望问题都有正确且唯一的答案，害怕出现不确定性。对话教学开始之前学生虽然也会有所准备，但对话的过程之中肯定会展现许多不确定性、不可预测性。这样学生自然就会把教师视为权威，希望教师总是能给他们提供正确答案。实际上对话教学的目标是不断生成的，对话教学强调师生之间、生生之间的交互作用，正是在这种交互作用中，不断生成课堂教学的目标。所以对话教学中充满了不可预测性、不确定性，这对于喜欢寻求唯一正确答案的中国学生来说肯定是一个巨大的挑战。不可预测性、不确定性因素带给中国学生诸多疑虑和不安，影响他们在课堂上的参与程度。

文化传统常常表现为一种历史惯性运动而成为师生内在的、深层的潜意识支配着师生的教学实践。这样的一种文化价值观抑制了学生在对话教学中的踊跃发言。在笔者对教师的访谈中，有许多教师都指出，学生不愿意主动发言是阻碍对话教学持续的一个重要原因。毫无疑问，以上这些教育实践或社会文化之中存在的问题是导致新谈话型对话教学在当前的课堂教学实践中比较罕见的一些重要原因。

总之，在我国的社会文化环境中存在着许多阻碍新谈话型对话教学实施和社群化课堂构建的因素。如何对这些传统的文化进行重建以适应新谈话型对话教学将是一个长期而又复杂的过程。

小结

不容否认的是，社群化课堂的建立是一个非常复杂的过程，涉及多方面的问题，这些问题不仅仅局限于教育学层面，而且与整个国家的教育制

① 杨启亮：《评古典儒学的人本主义教育观》，《中国社会科学》1990 年第 4 期。

度、社会文化、法律制度等方面都密切相关。社群化的课堂是一种完全消解了权力的课堂，这样的一种课堂在现实环境中是难以存续的。"课堂，乃是通过其特有的装置，潜入了社会的权力与权威，并且以特有的方式发挥作用的场所……是一种揭发与抨击权力与权威、并在这种揭发与抨击的过程之中持续地生成特有的权力与权威的、充满矛盾的场所。"① 正如伽达默尔所指出的那样，绝对的理解或绝对的合意是不存在的，那种不存在任何"扭曲"的话语交流在现实的课堂环境中是难以实现的。但是这丝毫不减少我们探讨"理想"的课堂话语环境的价值，这是因为探讨这种性质的课堂，其目的在于从伦理规范的角度指出课堂话语环境的应然要求，这正如同虽然我们难以达成绝对的合意，但是我们依然需要对话一样。事实上，师生之间的绝对的平等并非是对话本身的存在所必需的。假如，师生之间在知识、经验或智力等方面完全平等或相同，那对话就没有必要存在了。博布勒斯指出，有两个因素比平等更为对话所需要："一是某种程度上的互惠；其次是每一个相关的人都有真正机会参与、奉献或退出讨论。尽管在具体的对话情境中，每一个参与者实际参与的程度和性质未必完全相同或平等，但是这本身不能被解读为一种对话的失败。"②

---

① ［日］佐藤学：《课程与教师》，钟启泉译，教育科学出版社 2003 年版，第 104 页。

② Burbules，N. C. (1993)，*Dialogue in Teaching*：*Theory and Practice*. New York and London：Teachers College, Columbia University. p. 27.

第五章　对新谈话型对话教学的
实践反思与改进

　　提问和理解之间所表现的密切关系给予诠释学经验以其真正的度向。①

——伽达默尔

　　正如伽达默尔的哲学解释学不断遭到批判和质疑一样，以其对话思想为主要理论基础的新谈话型对话教学难免不受到质疑。笔者就新谈话型对话教学在实践中的应用情况访问了多位中小学教师。在对教师的访谈中，这些来自教学第一线的教师们对新谈话型对话教学在实践中的应用提出了许多疑问。但笔者也意识到这些质疑就是一种提问，就是对话的开始。新谈话型对话教学作为一种对话教学形态，不可能是完美的，必定有其弊端，这就需要在不断倾听这些质疑的基础之上，不断与其对话，从而不断修正自身的理论主张。

一　新谈话型对话教学的学科应用范围限制

　　笔者曾经有机会跟几位年轻的数学教师座谈，笔者当时提了一个问题："如果学生的回答与教师的标准答案不一致，你们是否愿意倾听学生的解释？"这几位数学教师的回答非常接近，"一般不会，因为数学跟语文、历史等人文学科不同，标准答案只能是唯一的，对与错是很清楚的。"② 如果这几位数学教师的观点是正确的，那么新谈话型对话教学就有应用范围的限制，只能在语文、历史等人文学科中应用，而不能应用在

---

① ［德］伽达默尔：《真理与方法》，洪汉鼎译，上海译文出版社2004年版，第486页。
② 引自笔者对教师的访谈记录。

像数学这样的自然学科课程中。实际上,对于新谈话型对话教学是否能够应用于自然学科的质疑就等同于对另一个问题的质疑,即解释学是否具有普遍性? 很显然,如果解释学具有普遍性,那么新谈话型对话教学就可以应用于所有的学科之中,反之,新谈话型对话教学就有学科应用范围限制。

1. 解释学的普遍性

解释学的普遍性一直受到许多学者的质疑。虽然伽达默尔以语言的普遍性为理由来宣称解释学的普遍性,但由于伽达默尔的理论构建是以对艺术真理的理解以及精神科学的真理的理解为基础,这就造成了哲学解释学理论仅能适应于精神科学的印象。许多学者都对伽达默尔的解释学普遍性提出质疑。哈贝马斯是其中的一个重要代表。哈贝马斯认为,科学可以通过利用独白的解释得出结论,在这种情况下,"语言的表达以一种绝对的形式出现,这种形式让它们的内容独立于交流的情境。"① 哈贝马斯指出,在这种情况下就不能适用解释学的过程。而社会学家吉登斯(Anthony Giddens)以这样的方式进行批判:"技术语言和自然科学的理论假设与它们所关注的世界是隔离的,因为那个世界不会做出回应。"② 科学可以通过利用独白的解释得出结论。在哈贝马斯和吉登斯看来,在纯粹的科学或技术领域,解释学意识是受到遏制的,这是因为在这些领域完全可以获得独立于情境的客观真理。或者用这几位数学教师的话来说:"1 + 1 = 2 这一公式在哪里都是正确的,它与情境无关。"

但是伽达默尔坚持认为解释学问题的普遍性不仅仅表现在人文科学领域,而且也表现在自然科学领域。针对哈贝马斯的质疑,伽达默尔甚至专门写了一篇文章《解释学问题的普遍性》作为回应。伽达默尔以统计学为例指出:"科学的成功有赖于如下事实即其他提问的可能性被抽象所掩蔽……统计学所宣布的东西看起来似乎是一种事实的语言,但是,这些事实回答的是什么问题,如果提出另外的问题又将由哪些事实开始讲话却是解释学的问题。"③ 虽然统计学所提供的数字可能是一种事实,但是这些事实都是对某一个问题的回答,如果问题改变,那么统计的结果同样会发

---

① [美] 肖恩·加拉格尔:《解释学与教育》,张光陆译,华东师范大学出版社 2009 年版,第 14 页。

② 同上。

③ [德] 伽达默尔:《哲学解释学》,夏镇平译,上海译文出版社 1994 年版,第 10 页。

生变化。所以统计学所必须回答问题的先行性质使它特别适合于宣传。事实上，科研人员都是带着前见进入实验室的，这些前见限定了他的研究方向，以及什么样的实验结果被认为是有效的。伽达默尔指出，在所有的科学推理中，人的前见或传统在许多方面发挥作用："所以，我们根本不必否认传统要素在自然科学里也能起积极的作用，例如，在某种地方特别喜爱某种研究方式。"① 实际上，不仅仅伽达默尔，而是像认识论哲学家卡尔·波普尔和科学史家托马斯·库恩都认为科学理论总是一种解释。既然解释学具有普遍性，那么新谈话型对话教学就可以应用在所有的学科教学之中。

2. 解释学的普遍性建基于真问题之上

所谓的解释学具有普遍性不能被理解为在任何情况下解释学意识都能发挥作用。伽达默尔把问题置于解释学的优先地位，这就意味着任何一种陈述只能被理解为对某个问题的回答。这就是强调只有真正的问题才能激发解释学意识，才能创设解释学情境，反之，"假问题"或"歪曲的问题"是不能创设解释学情境的。伽达默尔指出："解释学意识中的真正力量是我们看出何者该问的能力。"② 换言之，解释学意识是与真问题联系在一起的，真问题是与开放性联系在一起的，当然这种开放也不是没有边际的开放。在课堂教学中，如果教师问的是一个封闭性的问题，只能进行狭窄地、限制性地回答，那么不管是人文学科抑或是自然学科，都可能导致解释学意识难以发挥作用。很显然，在伽达默尔看来，如果数学教师提出类似于 "1 + 1 = ?" 这样的问题，这些问题就是一些 "虚假问题"，是不能创设解释学情境的。

事实上，如果问题是假问题，即使在语文这样的人文学科之中，解释学意识也难以发挥作用。以下是笔者的一段课堂观察记录③：

　　　　这是一位中年教师，课文题目是《凡卡》，这位教师比较注重"提问"，她首先要求学生带着问题默读课文。以下是这位教师所提出的几个问题：课文的作者是谁？课文的主要内容是什么？谁干了什

---

① 　［德］伽达默尔：《真理与方法》，洪汉鼎译，上海译文出版社2004年版，第366页。
② 　［德］伽达默尔：《哲学解释学》，夏镇平译，上海译文出版社1994年版，第12页。
③ 　引自笔者在G中学的课堂观察记录。

么？课文当中哪几段包含凡卡写信的内容？凡卡在信中讲了哪几件事？

不难发现，这位教师所提的问题都是一些狭窄的、限制性的问题，在课文中都有标准答案，而且答案都是唯一的，教师肯定也预先知道了这些答案。如果学生的回答与教师或课本中的标准答案不一致，教师自然缺乏询问"为什么"的意愿，因为教师本身就以一种封闭的态度来参与师生交流。毫无疑问，这些问题很难创设解释学情境，而且很难激发学生的独立思考。另一方面，如果问题是真问题，具有开放性，那么新谈话型对话教学在数学教学中同样是适用的。例如有位数学教师在讲到厘米和毫米的概念时，为了让学生们对厘米和毫米的概念的理解更加形象和直观，就提出了一个这样的问题："请你们想一想生活中哪些东西的长度接近于厘米？而哪些接近于毫米？"① 很显然，这就是一个"真问题"，这是一个教师不可能有标准答案而且需要倾听学生不同见解的问题。这个问题也必定能够激发学生的想象力和独立思考能力。反之，倘若教师仅仅问：一厘米等于多少毫米？那么教师就有可能忽视学生的"异向交往话语。"

3. 辩证看待"假问题"在对话教学中的作用

伽达默尔完全否认那种狭窄的、封闭性问题的教育价值，把这种类型的问题称为虚假问题，认为"这类问题的困难和荒谬在于它们是没有真正提问者的问题"②。我们一方面需要意识到这种问题无助于激发学生的独立思考和创新精神，师生之间的持续的、真正的对话难以展开，如果运用过多，学生就有可能会认为，教师的兴趣只在于找出哪位同学知道答案；但是另一方面，我们也需要意识到这类问题并非全无教育价值，教学过程要比艺术欣赏或小说阅读过程复杂得多，它更多是人与人之间的交流，教师的教学离不开对学生的了解和师生之间的相互信任，而这种信任关系的确立是需要教师的实践智慧的。博布勒斯不赞同伽达默尔对狭窄的、限制性问题全盘否定的态度，他认为："伽达默尔不该全盘否认狭窄的、限制性的问题的教育意义，教育领域中真正存在的问题是认为仅仅有

---

① 引自笔者在 Y 小学的课堂观察记录。
② ［德］伽达默尔：《真理与方法》，洪汉鼎译，上海译文出版社 2004 年版，第 472 页。

这一种类型的问题。"① 博布勒斯认为，这种狭窄的、限制性的"假问题"也具有教育价值，现在存在的最大问题就是认为教育中只能有这种狭窄的、封闭性的问题。为什么那些数学教师认为新谈话型对话教学难以适应数学教学？可以肯定的是，一个主要的原因就在于这些教师认为在教学中只能提一些有惟一标准答案的狭窄的、限制性问题。

另一方面，在很多语境中，这些狭窄的、限制性的问题也可能具有教育价值，它们可被视为对话中的一些小策略，成为持续的对话过程中的一个因素，或者说作为一些开放性问题的前奏。例如，在上文中提及的那位语文教师所提出的问题虽然难以使师生的交流持续下去，但是通过这些问题，教师可以诊断和评估学生的知识掌握和理解状况，为以后的更加开放和要求更高的问题做好准备。另外，由于这些狭窄的、限制性问题在教材中都有标准答案，所以相对来说比较简单，通过这些问题的回答，可以逐渐增强学生的自信心和师生之间的相互信任感，让学生感受到成功的喜悦，这样，学生就会愿意参与回答那些更加困难、更加不确定而且需要独立思考的问题。事实上，没有一种提问方式能够适应所有的主题、所有的教师和学生——这种方法上的多元主义是唯一的明智态度。但是现在存在的最大问题是，课堂交流 IRE 模式被视为所有教学的基础，教师们经常以机械的方式应用这种方法。这样的一种简化主义是非常危险的。

二　新谈话型对话教学的"聊天化"

W 老师是一位中学语文一级教师，他对新谈话型对话教学的功效提出质疑，"新谈话型对话教学主张宽容学生的不同见解，而且教师不能试图引导学生获得教师的预设答案，那么这种类型的对话教学是否会变成一种没有任何目的的聊天呢？"② W 老师的观点很有代表性，许多教师都提出了如此疑问。

新谈话型对话教学同情和宽容不同的观点，鼓励不同观点的产生，并且寻求不同观点之间的可对话性，在对话教学过程中能够展现对话智慧和一些重要的交流美德。但是这种类型的对话教学并非没有危险，伽达默尔

---

① Burbules, N. C. (1993), *Dialogue in Teaching: Theory and Practice*. New York and London: Teachers College, Columbia University. pp. 97 – 98.

② 引自笔者对教师的访谈记录。

自提出哲学解释学理论之后，被批判的最多的就是其相对主义倾向。例如，在贝蒂看来，伽达默尔过于强调解释的主观因素，这导致了客观性丧失的结果。贝蒂认为作为主观条件的偏见不应该被允许削弱解释的客观性。而赫希则指出，没有一条伽达默尔的原则能让他避免文本意义的不确定性。如果片面强调理解的差异性和多样性，而忽视了理解的共同性和相似性，就有可能造成主观相对主义。所以，新谈话型对话教学面对的最大的危险就是可能会陷入相对主义的旋涡，把对话变成聊天，东拉西扯，海阔天空，没有明确的目的性，也不追求任何的结果。大家可以发表任何的观点而且还不能被质疑，倘若发展过头，或者被应用在不合适的情境中，那么所有的对话美德都会变成恶行，这是因为美德的一个重要内涵就是"中庸"，过犹不及。所以，为了避免把新谈话型对话教学变成聊天，需要厘清以下几个问题：

1. 新谈话型对话教学是否具有目的性

博布勒斯虽然认为谈话型对话教学持一种非目的论（Nonteleological）对话观，并且根据巴赫金的"复调"理论提出了离心型的知识观，认为对话中的每一个主张都具有多元性，但是非目的论对话观或离心型的知识观并不意味着谈话型对话不具有任何目的，这仅仅表明谈话型对话不以获得某种客观真理为目的。事实上，博布勒斯也明确指出，非目的论对话与其说是为了发现真理倒不如说是为了教化，为了相互理解。所以新谈话型对话教学具有目的性，其目的就在于师生之间的相互理解。从这一方面来看，新谈话型对话不同于那种没有任何目的性的聊天。

另一方面，新谈话型对话教学是以问题作为指引的。正如上文所说，问题在新谈话型对话教学中具有优先性，师生之间的对话必须围绕着某个问题展开，不能岔题。这也不同于聊天，一般而言，由于聊天没有明确的目的性，在聊天过程中，聊天的参与者可能因为对某个话题不感兴趣或者不愿意回答，可以随意岔题。

2. 宽容是否等于赞同

在新谈话型对话教学中，教师需要尊重和宽容学生的"异向交往话语"，有些教师可能误认为尊重和宽容学生的观点就意味着不能质疑或不能反驳学生的观点，只能赞同或欣赏学生的观点，这是一个理解的误区。实际上，宽容并不意味着教师赞同学生的"异向交往话语"，否则就会从一个极端走向另一个极端。罗蒂也指出，"反常话语"既可能是"重大的思想革命"，亦有可能是"毫无意义的胡言乱语"。最重要的是解释学中的理解一定是相互理解，既不是学生对教师的单方面理解，也不是教师对学生的单方面理解，无论教师或学生都不掌握全部真理，话语真实性的判断标准是主体间性。真理获得必须通过主体之间的相互质疑、反驳、辩护、论证、修正以及发展而最后得到，这样的一个过程就会克服所谓的相对主义知识观。教师宽容学生的"异向交往话语"的本真意义在于教师不能把自己的观点作为评判他人对与错的标准，给予学生充分展现自己观点的机会，但是这并非剥夺了教师对学生的观点提出质疑和反驳，并且对自己的观点进行辩护的权力。

正如上文所讲，宽容既是一种对话情感，又是一种对话智慧，没有可供教师简单应用的宽容标准。在对话情境中，教师有时需要对学生的观点不作评判，给予学生进一步反思的空间，但是有时假如学生的观点明显违背"善良风俗"和"社会公德"等，教师也需要发挥自己的"平等者中的首席"的角色，立即指出学生观点中的不当之处。正如莫兰所言，"宽容当然是对各种观念有效，而不是对侮辱、攻击和杀害的行为有效。"[①]

三　对话的持续性与繁重的教学任务之间的矛盾

L 教师是一位中学语文高级教师，他说，"有时候教师也很想倾听学生的不同声音，与学生展开对话，但是现在教学任务很紧，教师在课堂上根本没有时间和学生进行长时间的对话，教师只想尽快让学生知道标准答案，倘若教师总是寻求与学生展开对话，那么肯定不能完成教学任务。"[②] L 教师的观点也很有代表性。

如果一次会议没有达成协议，可以召开下一次会议继续对话。但是课堂时间是有限的，而且教师必须完成一定的教学任务，而新谈话型对话教学认为对话是一个持续的过程，如果说师生在某些情况下可以对某个问题展开持续对话的话，那么似乎不可能经常开展类似的对话。所以很显然，在课堂教学中，对话的持续性和课堂时间的有限性似乎形成一个难以解决的两难问题。很多人由此认为新谈话型对话教学带有浓厚的理想化色彩，

---

① ［法］埃德加·莫兰：《复杂性理论与教育问题》，陈一壮译，北京大学出版社 2004 年版，第 82 页。

② 引自笔者对教师的访谈记录。

具有乌托邦的空想性质。

　　所谓的对话的持续性是指绝对合意的达成需要对话不断持续下去，而且是一个没有终点的过程。这里需要指出的是，绝对合意仅仅是一种理想化状态，人与人之间是不可能达成完全的理解或绝对的合意的。另一方面，新谈话型的对话形式绝不仅仅师生对话一种形式，对话时间也不应该仅仅局限于课堂。生生之间可以通过组织合作学习小组在课后继续对某些问题展开对话，而学生自己通过继续阅读或思考也可以展开与文本的对话。当然师生之间也需要通过某些形式把课堂中的对话持续下去，特别是在现代网络时代，师生之间的联系和交流日趋便捷。笔者在此介绍一种可以使师生对话持续下去的方式：学习日志①。

　　明确的给学习日志定义是一件很难的事情。总的来说，学习日志就是学生用文本的形式来描述、质疑、反思、联系、探究、辩护或反驳课堂内所发生的一切。具体来说，学习日志主要关注课堂内的如下事情：描述、质疑和反思课堂讨论、阅读内容、新学的知识；探究阅读的文本、讨论的内容以及新知识的内在意义；把阅读、讨论以及学习内容与个人经验联系起来；为你所阅读的或讨论的内容以及某种特定的技术或程序进行辩护或反驳。学习日志的篇幅可长可短，主题可以是多个也可以是一个。总之，学习日志就是写学习者最想和老师、同学们讨论的内容。学习日志是学生的反思性实践，学习日志应该被视为课程的内在的部分，教师们对学习日志的即时回应对学习日志的效果起了至关重要的作用。以学习日志为媒介的对话是一个持续的对话过程。

　　第一，学习日志的写作包含学生的自我对话以及与教材的对话。学习日志的写作可看做是一个发现、反思的过程，在这一过程中学生不断对自己的前见以及所学的知识进行批判反思并进而探究新观点、产生新观点并使新旧观点相联系。首先是与自己的前见进行反思性对话。学生一方面承认自己的传统和偏见是理解新知识的不可避免的必要条件，但这并不意味着学习者对制约他理解和解释的传统无所作为，全盘接受，而不能对之进行反思和批判，虽然这种反思和批判不能取消它们，却能影响和改变它们；其次是与所学知识的反思对话，学生应意识到知识不同于知识的记

----

　　① 参考张光陆《学习日志：一种解释学视角下的对话教学模式》，《现代教育论丛》2009年第11期。

录。对课堂教学中所学的知识持一种批判反思取向是必须的。要认识到,即使教材中那些来自自然世界的内容也只是对自然世界的表征和解释,而未必是完全的"真理"。而且,在课程编制过程中具有不可避免的政治性,那些拥有控制课程的权力的人,有权把他们自己的意义确定为"值得传递的东西"而让人接受。在学习日志的写作过程中,学生通过与自我的前见、新获的知识进行反思性对话,这样就会有助于学生形成它们自己的观点。

第二,教师的回应包含教师与学习日志的对话以及教师的自我对话。教师针对学生的学习日志进行理解和反思。教师根据自己的知识背景、思维习惯、生活经验以及教育观念等去理解体验学习日志。教师一方面能够联系自己的前见来解读学习日志,对学习日志进行批判反思,挖掘学习日志的现实意义;另一方面,由于学习日志的作者是教师所熟悉的学生,对学生的了解本身就是教师前见的一部分,所以教师也能站在学生的立场来理解学习日志,体会学生当时的感受。教师根据自己的理解和反思对学习日志写出回应。值得注意的是,教师的回应必须具体,必须针对学习日志的内容,联系自己的个人经验、专业背景作出回应。

教师对学习日志回应的要求如下:首先,回应要及时。当学生把学习日志交给老师后,学生特别想知道老师的看法,特别想和老师进行讨论,如果老师能够及时回应,那必定激起学生进一步和老师对话的愿望和继续写作学习日志的热情。反之,如果教师的回应不及时,学生可能降低这个话题的关注度,并进而失去写作学习日志的热情。这就如同对话一样,如果听话人总是不能及时答复发话人,那对话是很难顺利进行的。其次,回应要具体。教师必须针对学习日志的内容,联系自己的个人经验、专业背景作出回应。如果教师的回应过于笼统,如:好观点、我同意或多好的表达方法之类,那么学生的回应就很难继续,对话就有可能会中止。再次,回应要真诚。教师在回应时态度必须真诚,观点必须是发自内心的,不能敷衍学生。教师要让学生感觉到自己的观点受到重视,老师是愿意和自己对话的。最后,回应要平等。在以学习日志为媒介的对话教学中,师生双方并不把对方看做是一个对象,而是看做与"我"讨论共同"话题"的对话的"你"。在平等的对话中,学生和老师都在学习,他们都依据已有的文献资料来形成自己的解释。任何事情都不能被认定为肯定的结论,因为所有观点必须经受未来分析的检验。师生之间均有同等参与话语论证的权力，任何人都可以发表任何意见或对任何意见表示反对，可以提出质疑或反驳质疑。同时教师应该尊重学生的观点，秉持一种谦虚的态度。

第三，新的学习日志可被视为学生与教师回应之间的对话。针对教师的回应，学生也应该联系个人的知识背景、价值观念、生活经验再做出回应，即新的学习日志。学生的个人的知识背景、价值观念、生活经验等构成了学生的偏见，而偏见构成了学生的特殊的视域，学生和他要理解的教师的回应都各自具有自己的视域。在理解的过程中，将两种视域交融在一起，达到视域融合。学生在与教师回应的对话中，就会产生新的观点，就会有新的价值的生成。

第四，以学习日志为中心的师生人际对话。通过定期的阅读学习日志，教师就能了解学生感到困难、疑惑的地方、感兴趣的地方、学生需要了解更多信息的地方等。这样在课堂内的言语型对话教学中，教师把重点放在如上地方，让课堂的教学更能反映学生们的关注。这样就可以更好地利用课堂时间。

四　教师对话智慧的缺乏

在对教师的访谈中，许多教师认为自己缺乏新谈话型对话教学所需要的对话智慧，一旦对课堂教学持一种开放的态度，那就有可能使教学陷入混乱。H 老师是一位中学物理高级教师，他说，"真正把课堂放开，不是每个教师都能把握的，我们讲解现成的教材内容，可能许多老师都能驾轻就熟，但是真正放开的话，如果我们的课堂变成让老师来解决学生所提出的问题的话，可能对话会完全处于一种失控或半失控状态，实际上，我们都没有做好准备，我们既缺乏对话智慧，也不知道对话智慧来自哪里。"①

许多教师都有类似于 H 老师这样的担忧，他们可能认为对话智慧是一种高深莫测的东西，实际上教师的对话智慧并非深奥的理论知识，它来自于教师的对话教学实践。事实上，许多教师在对话教学中都有意无意地展现了许多对话智慧，但是教师对话智慧的自觉应用离不开教师的长期的实践反思。一方面，许多教师缺乏实践反思的意识；另一方面，我国当前的理智取向的教师专业发展模式也在某种程度上导致了教师对话智慧的缺乏。

---

① 引自笔者对教师的访谈记录。

1. 教师专业发展的理智取向与教师对话智慧缺乏

我国长期以来理智取向的教师专业发展模式是导致教师实践智慧缺乏的一个重要原因。哈格瑞夫斯和富兰将教师专业发展归为三种理解："（1）教师发展即知识和技能的发展。这些知识和技能主要包括：内容知识、课堂管理；意识到并熟悉新的教学策略；知晓并能依据不同学习风格作出反应等。（2）教师发展即自我理解。这种观点认为教师发展不单要变革教师的行为，更要变革教师这个'人'，变革教师的观念。教师发展最重要的是'自我理解'，即对个人的和实践的知识的反思。（3）教师发展即生态变革。这种观点强调教师发展的背景，强调促进教师发展的合宜土壤。"[①] 第一种类型就是一种理智取向的教师专业发展，此种取向的教师专业发展观认为教学从根本上讲是一种技术行为，所以对于教师发展而言，最重要的是掌握一些放之四海而皆准的教学策略、教学手段、教学知识。对于教师来说，最重要的是掌握一套行之有效的教学技能，而对于教师作为一个"人"的信念、生活与专业经验则不是关心的重点。在科学技术时代中，技术地管理世界的最高理想就是以自己的图像塑造出技术的人、技术的管理者，他只能按照规定的功能去行动，而不会考虑技术以外的因素。佐藤学指出，回答教师的专业能力是一个两难问题，这是因为对于教师的专业能力有两种相反的解释："一种是认为教师的专业能力是受到基于教育学与心理学的科学原理与技术所制约，教育实践是教学论、心理学的原理与技术的合理利用（技术性实践），教师作为熟悉这些原理与技术的'技术熟练者'，其专业成长赋予了技术熟练——教职相关领域的科学知识与技术——的性格。另一种是把教师职业视为在复杂的语境中从事复杂问题解决的文化的社会的实践领域，主张专业能力在于主体地参与问题情境，同儿童形成活跃的关系，并且基于反思与推敲，提炼问题，选择、判断问题解决的实践智慧……教师是以经验的反思为基础，面向儿童创造有价值的某种经验的'反思性实践家'。"[②] "技术熟练者"模式以效率性和有效性的原理为基础，适应相互竞争的工业社会的要求、顺应学校的划一化文化与官僚组织的性质；在课堂教学中，体现为以高效地实现教

[①] Hargreaves, Andy & Fullan, Michael（1992）, Introduction. In Andy Hargreaves & Michale Fullan（Eds.）*Understanding Teacher Development*. Cassell & Teachers College Press. 转引自王建军《课程变革与教师专业发展》，四川教育出版社 2004 年版，第 71 页。

[②] ［日］佐藤学：《课程与教师》，钟启泉译，教育科学出版社 2003 年版，第 240 页。

学目标为最高目的。而"反思性实践家"模式则以教师的自主与智慧为基础,顺应知性自由与个体多样性的社会;在课堂教学中更多地关注人的全面发展以及课堂文化的民主多元性。在我国的教育实践中,对话往往被视为一种教学方法,认为只要掌握了某种对话方法,就可以应用在所有的对话情境中,而忽视了对方法本身以及情境的反思性。与此相应,在对话教学研究中,注重对话教学的手段、策略的研究,而有关对话智慧的研究则比较少见。我国当前的教师专业发展从根本上说是理智取向的,主要体现在以下几个方面:

(1) 重培训,轻反思

在我国,教师专业发展在某种意义上等同于教师培训。从各级教育行政机构到各类学校都非常重视教师培训,每个学期都举办各种各样的教师培训班,总体而言,教师培训的基本内容就是邀请一些教育学者讲解教育理论或者邀请一些所谓的优秀教师介绍教学技巧。笔者并非否定教育理论或他人的优秀教学经验的作用,但是那种认为只要把这些所谓的先进的教育理论或他人的优秀的教育经验装进教师的脑袋里,教师的教学水平就可以提高的观点就是一种技术理性思维。从解释学的视角来看,这些所谓的教育理论或教育经验都是教师需要理解的"文本",而非放之四海而皆准的客观真理,需要教师在意志自由和独立思考的前提下,以自己的传统或前见为基础理解教育理论或他人的教育经验,对其进行同化或顺应。教师的传统或前见不是固定不变的,而是不断转变的。而教师的传统或前见正制约着实践情境中的教师的理解,制约着教师实践智慧的生成。教育理论或他人的教育经验可以丰富教师的传统或前见。教育理论或他人的教育经验经过被同化或顺应,本身就成为传统或前见的一部分。所以教育理论或他人的教育经验不是决定着教育实践,而是成为传统或前见的一部分,影响、制约着教育实践。

(2) 重外在目的,轻内在价值

理智取向的教师专业发展具有很强的功利性,努力满足某种外在的愿望和利益,全然不顾自身的内在价值。这主要表现在两个方面,一是让学生在考试中获得高分,二是让教师自己在讲课比赛中成名。在当前的教育环境中,让学生获得高分就是许多教师的教学实践的唯一愿望。在教学研讨中,许多教师在评课时,往往首先谈的就是"这部分内容是否是考试中的重点考查对象以及如何被考查"。从这样一种思维出发,教师的教学就应该围绕着授课内容是否是考试的重点以及如何被考查来设计，如此一来，教育教学就被简化为一种沉闷的、单调的、以获得高分为唯一目的的技术活动。另一方面，有些年轻教师热衷于通过参加各种讲课比赛让自己成名，为了在比赛中获得好的名次，有些教师就模仿一些新的教学方法、模式来迎合某些评委的"改革倾向"，而这些教师只求在教学比赛中获奖，对于这些新的教学方法、模式背后的理论基础、所需要的课堂文化环境以及可能产生的弊端不感兴趣，这就造成了可能一时获得成功，但自己并没有真正理解这些新教学方法和模式并对其进行同化和顺应，使之成为自己的经验和智慧。而一时的成功也阻碍了这些年轻教师进一步提高自己的教学水平的欲望。通过在日复一日、年复一年的忙忙碌碌中，教师从一个教学新手转变为一个"教学熟练者"，而正是这种熟练，使教师无法再对自己的教学实践感兴趣，逐渐丧失了创造的欲望，滋生了惯性、惰性，而这样一种心态又不断强化着教师的技术性教学实践。

（3）忠实取向的教学设计

忠实取向视野中的教学设计具有如下特征："第一，教学设计是一种工程、一种技术；第二，教学设计本质上是'排斥教师的'；第三，学生被孤立于教学设计之外。"① 由于教学设计被视为一种与建筑工程、机械制造工程没有区别的工程，它强调教学过程的规范化、精确化和程序化，这种工程化的教学设计一方面具有高度的操作性，有利于教师顺利上手，但另一方面又限制了教师在教学过程中的自主性与创造性，教师只能按图索骥。有学者对比了中美两国教师的教案，发现中国教师的教案具有两大鲜明特点：完整化与精确化。教师把教学过程中能够想到的内容全都写到教案上，而且还设想了种种可能发生的意外，总之，教学设计的首要目的就在于确保课堂教学中不出现"意外"。同时，又对教学过程的各个环节仔细推敲，尽量做到每个环节的前后衔接、起承转合严丝合缝。教师在教学过程中的目的就在于像工程师一样完美无缺、高度准确地把"图纸"上的教学设计变为教学实践，在实践中，越是能够忠实地准确地实现了"图纸"上的教学设计，就越被认为是好的教学。

这样一种工程化和程序化的教学设计从根本上限制了师生在教学过程中的自主性与创造性。在教学设计过程中，教师必须严格按照教育专家开

---

① 张华：《课程与教学论》，上海教育出版社 2000 年版，第 368 页。

发并且经过教育行政部门认可的课程，所以教师在教学过程中所体现的不是个人的自主意志和独立思考，而是课程专家或官方的观点。如果教师的教学过程完全受制于教学设计，他又如何处理教学过程中的意外状况呢？特别是在对话教学中，学生的回应不可能总是与教师的预设答案一致，教师也不可能预先想到学生的可能回应到底有多少种类，所以就会出现教师完全按照自己的预设答案作为唯一评判标准，忽视学生的"异向交往话语"，总是让教学在事先预设的轨道上运行的情形。

2. 教师对话智慧的养成

教师的对话智慧是教师在对话教学中所体现出的一种实践智慧，具有很强的个体性、情境性以及缄默性，而且具有不可学的特征，所以单纯的教师培训是不能使教师养成对话智慧的。

首先，教师对话智慧的养成离不开教师的反思，包括个体层面和合作层面。① 加拿大学者康奈利（M. Connenly）和柯兰蒂宁（D. J. Clnadinin）在"教师个人实践智慧"的研究方面作出了富有创造性的成就，提出通过自传、日记，以及教师的个人叙事等自我反思的方法促进教师个人实践知识的生成，康奈利和柯兰蒂宁重视对教师的个人经验的反思。当然，他们也提及教师需要与他人合作来反思自己的经验传统。总之，康奈利和柯兰蒂宁研究的目的就是揭示教师的经验传统所蕴涵的巨大力量和潜在意义。美国学者舍恩（Schon）提出了"反思性实践者"的概念，强调个体的反思，但是与康奈利和柯兰蒂宁的观点有所不同。舍恩将反思性实践划分为"行动中的反思"和"对行动的反思"，而舍恩更强调"行动中的反思"，强调对个体自身独特情境的深入理解。美国著名教育学者舒尔曼（L. S. Shulman）是教师合作的坚定支持者，他指出："我们需要让教学成为'共同体的财产'，通过这样做，我们就使教师的工作面向公开讨论和仔细检测，创造同行评论是非常必要的。"② 日本著名教育学家佐藤学也探讨了合作在教师实践智慧的生成中的重要性，指出：在课堂中，教师要学会倾听学生；教师要相互开放教室，而学校应向社区开放；创建相互探究、创造、表现的教师学习共同体。

---

① 张光陆：《教师理解与教师实践智慧的生成》，《教师教育研究》2009 年第 4 期。

② Shulman, L. S. (2004), "*The wisdom of practice: essays on teaching, learning, and learning to teach*", Wilson, S. M. (ed.), San Francisco: Jossey-Bass, p. 453.

教师对话智慧的生成既需要教师通过日志、个人叙事等方法来理解或描述自己在对话教学中的经验，也需要教师在对话教学过程中根据学生的回应以及对话情境的变化不断反思。由于个人偏见的影响，个体反思具有一定的局限性，所以反思离不开与他人，特别是与同事的合作。同事之间的合作反思的关键在于如何增强合作的意愿。有学者对教师的合作关系进行了区分："教师合作可分为人为的同事合作关系和相互依赖的同事合作关系，其中人为同事合作关系又可分为行政强加的合作关系和组织促成的合作关系。"① 事实上，我国当前的教师合作学习关系多为行政强加的合作关系，教师本身缺乏合作的意愿。促进教师的合作涉及许多方面的原因，但是转变听评课方式是非常重要的一个方法，这是因为教师之间通过合作生成对话智慧的一种重要的方式就是互相听评课。

教师之间的听评课是一种很重要而且也是常用的合作方法。笔者曾经多次参加实验学校的听评课教研活动，发现许多听评课的合作学习徒具形式，效果不佳，这样的合作学习就是一种行政强加的合作学习，意义不大。我国当前的评课基本上都是在作价值判断，评课者和被评课者地位不平等，评课者拥有话语权。而被评课者要接受其他教师对自己的价值判断，却得不到自己想要的信息，所以总是想方设法逃避被听课。而美国著名教育学者卡利尼创造的描述性评论是转变传统的听评课方法的弊端，增强同事合作的重要方式。"描述性评论是美国著名教育学者卡利尼创造的一种集研究、教学、评价和培训四位一体的方法论。描述是现象学所发明的回到事物本身、从事物本身出发来理解事物的基本方法论。卡利尼有时又将描述性评论称为'描述现象学探究'。"② 描述性评论首先关注每一个个体（人或物）的独特性、复杂性，其次还关注个体的多样性，个体与个体之间的差异习性以及相互关系。与传统的评课方式相比，描述性评论不作价值判断，仅仅如其所是地描述现象，尊重每一个教师的独特性和差异性，尊重教学实践的丰富性和联系性。所以描述性评论是从尊重每一个教师的专业独特性和自主性开始的，而且不作价值判断，仅仅向被听课的

① Grimmett, P. P. & Crehan, E. P. (1992), "The nature of collegiality in teacher development: the case of clinical supervision", Fullan, M. & Hargreaves (ed.), *Teacher development and educational change*. London: The Falmer Press, pp. 56 – 86.

② ［美］帕特丽夏·F. 卡利尼：《让学生强壮起来——关于儿童、学校和标准的不同观点》，张华译，高等教育出版社 2005 年版，第2—4 页。

教师提供所描述的信息。但是描述性评论又不同于课堂录像，由于描述者有自己不同的前见，其所关注的重点必定有所不同，所提供的信息就是一种解释，被听课者可以根据所提供的信息调整自己的课堂教学。笔者在实验学校中，让教师们用这种方式进行评课，已经收到了很好的效果。用描述性评论的方法来构建相互依赖的合作关系，促进教师的相互理解，将是教师对话智慧生成的重要方式。

其次，教师对话智慧的养成需要对教学理论的同化与顺应。教师对话智慧的生成离不开教师对自己实践的反思，但仅有实践反思是远远不够的，同时也不能忽视对话教学理论的作用。面向对话教学理论并非是对对话教学理论的简单运用，而是以教师自己的前见为基础，结合对话教学情境对对话教学理论进行同化或顺应，使对话教学理论成为教师的前见的一部分。所以对话教学理论不应该决定对话教学实践，而应该成为教师前见的一部分，影响、制约着教师的对话教学实践。

五　学生问题意识的缺失

在笔者对教师的访谈中，多位教师提及"生源"与新谈话型对话教学的关系。J 老师是一位中学数学高级教师，她说，"我们学校的生源较差，学生思考层面很浅，教师与学生对话有困难，学生本身的基础，决定了我们实行对话是很难的，有的学生不愿意发言，根本提不出问题，这影响我们对话质量，因为学生的水平有限，而且他们不知道什么问题有价值，什么问题没有价值。"[1] 与 J 老师立场相同的教师还有许多，他们普遍认为新谈话型对话教学适合在一些重点学校开展，对于是否能够在一些"生源差"的学校开展，他们有疑义。他们认为因为学生的基础较差，一方面，教师提出问题之后，学生的回应不踊跃，经常有去无回；另一方面，学生提不出"有价值"的问题，师生的交流很肤浅。

很显然，这些教师所认为的"差生"是指那些在正式的考试当中成绩不高的学生。实际上，学生在课堂上发言是否踊跃或者说是否有能力提出"有价值"的问题与学生在考试中是否能够取得好成绩没有直接关系。曾经有多位教师跟笔者讲过让他们感到困惑的事情，越是考试成绩好的同学，越是不愿意发言。所以学生是否愿意发言，是否愿意主动回答问题与

---

[1]　引自笔者对教师的访谈记录。

学生的学习成绩没有直接关系。实际上，学生是否愿意发言更多是与学生的个性、年龄、社会文化环境、学校教育制度以及教师的人格魅力等方面有关。在第四章中已经就学生的个性、社会文化环境等方面对教学的影响进行了阐述，在此不再赘言。在我国的课堂教学中存在一种普遍现象：学生的年龄越小，越喜欢发言，课堂气氛越活越；反之，学生年龄越大，越不愿意发言。小学生原本是喜欢课堂发言的，但是时间一长，这些学生就会发现，教师不但对他们的观点根本不重视、只想让自己记住教师的观点，而且有时还因为他们的观点与教师的不同而受到批评，所以许多学生渐渐地就不愿意发言和提问了，这种现象的造成与教师不尊重学生的观点有必然联系。于是就出现了一个悖论：一方面，教师抱怨学生不愿意发言，另一方面，教师又不愿意倾听学生的不同声音，总是试图向学生"灌输"教师的标准答案。

至于什么问题"有价值"？这肯定是一个仁者见仁、智者见智的问题。不同的教师、不同的教育研究者都会有不同的看法，而且很难达成一个绝对的合意。笔者通过访谈了解到，许多教师在课堂教学中经常提出的问题是考试中经常考的问题，所以在这些教师看来，考试中经常考的问题就是"有价值"的问题。然而从解释学的角度来看，"有价值"的问题就是真问题，它具有开放性和方向性。

学生是否能够提出真问题是与教师本身密切相关的。倘若教师在课堂交流中，总是提一些事实性的、带有考查意味的问题，那么教师就不能期待学生能够提出所谓的"有价值"问题。所以教师作为"平等者中的首席"，不能放弃自己的引导责任。教师一方面需要通过自己的示范，逐渐让学生意识到哪些问题是有价值的，哪些问题是更有意义的；另一方面，教师要鼓励并引导学生从自己的生活经验出发，提出自己的问题。

从根本上讲，教师担心学生提不出问题或提不出"有价值"的问题是因为受教师的保守主义解释观的影响。美国著名教育学者肖恩·加拉格尔认为，保守主义解释学因袭了施莱尔马赫和狄尔泰的解释学传统，认为解释的目的就是通过采纳明确清晰的解释学规则，再现作者的意义或意图。再现作为保守主义解释观的一个重要原则，意味着重建文本的原意、作者的最初意图。而在教育语境中，再现经常被称之为"文化再现"，文化从一代传到另一代，传统的观点和价值在教育经验中被传递。赫希以其保守主义的解释观为理论基础，提出了文化素养（cultural literacy）的概念。赫希的"文化素养"概念包含了一种文化再现的形式。赫希特别强调"共享信息"在人类的交流中的作用，在大多数情况下，赫希认为文化和教育的关系是一种稳定的、静态的关系，文化的意义（meaning）具有自主和相对稳定的存在，虽然文化的意味（significance）会发生变化，但是赫希认为文化的意义才是"文化素养"中最基本和最具控制力的因素，也是需要在教育过程中传递的"共享信息"。在学校教育中，教材就是这些"共享信息"的载体。

秉持保守主义解释观的教师就会认为教材中的知识是确定无疑的客观真理，片面强调知识的客观性，认为主客二分是获取知识的基本前提。教材知识被认为是静止的、客观的、自足的、与人的心灵相异的，教材知识是等待人去"占有"的对象物。对于师生而言，教材就是客观真理的化身，只能用适当的方法去获得这种知识；同样，对于学生而言，教师就是客观真理的化身，不能挑战教师的权威，学生所能做的就是记住教师的讲解。如此一来，师生与教材之间就不是一种平等的对话关系，同样，师生之间的关系也是不平等的。在这种情况下，师生丧失了对教材提问的能力，而学生丧失了向教师提问的能力。由此可见，新谈话型对话教学在我国课堂教学实践中缺失的一个重要原因就在于"提不出问题"。一个人是否能提出问题或质疑他人的观点是与其是否能独立思考、是否有自由的心灵密切相关。不难想象，倘若教师把教材视为绝对权威，而学生把教师的观点视为客观真理，那么无论教师或学生都不能提出问题，都不能质疑这些权威观点，只能盲目地接受这些所谓的权威观点，在这种情况下，怎么有对话的可能性？教师不能挑战教材的权威，教师对教材解释的过程不是一个对话的过程，而是用适当的方法获得教材原意的过程，而教学的最终目的就在于让学生的教材解释与教师的完全一致。因此，教学就成为一个线性的过程：教师首先用某种方法获得教材的原意，然后再以某种方式让学生获得教师所认可的教材原意。在让学生获得教师所认可的教材原意的方式中，教师既可以用讲授的方式，亦可以运用交流的方式，但不管用何种方式，其最终达到的目的都是一样的，那就是获得教师的标准答案。同样，秉持保守主义解释观的学生也会把教材中的知识和教师的讲解视为客观真理，认为学习的目的就在于接受这些所谓的真理，而非与它们展开对话，形成新的理解。

因此，秉持保守主义解释观的教师就会认为课堂中教学对话仅仅发生在师生的言语交流阶段，师生都无须与教材展开对话，对话的目的就在于获得教师的预设答案，这样就会剥夺学生的精神自由和独立思考能力。德国文化教育学家斯普朗格认为："教育绝非单纯的文化传递，教育之为教育，正在于它是一个人格心灵的'唤醒'，这是教育的核心所在。教育的最终目的不是传授已有的东西，而是把人的创造力量诱导出来，将生命感、价值感'唤醒'。"①

六　新谈话型对话教学的评价标准的模糊性

在与教师的对话中，如下质疑也很具有普遍性："新谈话型对话教学主张师生之间的相互理解，但是如果教师发现学生的观点非常不可思议，甚至有些莫名其妙，是否还需要浪费时间与学生对话？既然新谈话型对话教学不以获得教师的预设答案为目标，那么怎样才算是成功的新谈话型对话教学呢？"②

传统的泰勒式的课程与教学评价认为评价就是把教学结果与预定的教学目标进行比较对照，在开始教学之前教学目标就已经存在了，教学结果对教学目标的达成度越高的教学就越是成功的教学，这样一种传统的课程与教学的评价模式的弊端是显而易见的。与传统的课程与教学评价模式不同的是，新谈话型对话教学的目的在于理解，而作为新谈话型对话教学目的的理解包含相互理解和自我理解，而这样的教学目的只能在对话过程中逐渐实现，不可能有一个外在的标准可以衡量。既然如此，那怎样算是成功的新谈话型对话教学呢？

1. 理解，绝非绝对理解

新谈话型对话教学的目的在于教化和理解。伽达默尔声称理解总是意味着不同的理解，这里需要对伽达默尔的"不同"概念作一番解释。这里的"不同"绝不意味着绝对的不同，而是包含有许多相同点的"不同"，伽达默尔否认那种绝对的理解或者说纯粹的再现的存在，但是这并不意味着"不同"之中没有共同之处。"教育经验是再现和生成之间的一个游戏，绝不包含纯粹的再现或纯粹的生成，而是一直处于二者之间，是一种纳取和超越的结合……每一种话语都包含了部分的再现（对传统框

---

① 邹进：《现代德国文化教育》，山西教育出版社1992年版，第73页。

② 引自笔者对教师的访谈记录。

架的纳取）和部分的生成（对那种框架的超越和转变）。"① 所以在教学过程中，师生之间的理解既不会完全相同，也不会完全不相同。正如有学者所指出的那样，"对话的终点不能全部用'理智的合意'或'获得真理的形式来界定"②。

事实上，对话能够达到的结果很多，包含以下各项③：

[1] 所有各方都赞同的协议和合意、一致的信念或价值

[2] 没有达成协议，而是一种共同的理解，各方虽然有分歧，但是确立了探讨他们分歧的一些共同的意义

[3] 没有达成共同的理解，但是能够理解彼此的分歧，虽然各方不能完全克服分歧，但是通过经验的类比或其他的一些间接的翻译能够理解，至少能够部分理解彼此的立场

[4] 很少的理解，但是能够尊重彼此的分歧，各方都不能完全理解对方，但是每一方通过看到另一方的立场是经过深思熟虑和怀着善良意愿的，他们甚至能够逐渐欣赏和尊重那些他们不赞同的观点

[5] 不能相容和不能通约的多元性

由于我们许多人受二元论思维的影响，认为理解或者绝对一致，或者绝对不同，所以许多人心中的选项或者是第一项，或者是最后一项。这样一种非此即彼的二元论思维方式会误导我们对对话的可能性和局限性的分析。当然，需要指出的是：第一项所指的"各方都赞同的协议和合意、一致的信念或价值"与伽达默尔所说的"绝对理解"或哈贝马斯所说的"完全合意"的意思是有所不同的。实际上，在对话教学中，师生之间对话产生第 2、3、4 项结果的可能性是很大的。换言之，如果师生在对话中能够获得前 4 项成果，就不能被视为失败的对话。

2. 在观点严重分歧情况下进行对话的可能性

---

① ［美］肖恩·加拉格尔：《解释学与教育》，张光陆译，华东师范大学出版社 2009 年版。

② Burbules, N. C. (1993), *Dialogue in Teaching: Theory and Practice*. New York and London: Teachers College, Columbia University, p. 127.

③ Burbules, N. C., &Rice, S. (1991), Dialogue Across Difference: Continuing the conversation. Harvard Educational Review, 61, 393–416.

　　在书稿撰写之际，恰逢号称人类历史上最重要的一次会议——哥本哈根气候会议——于 2009 年 12 月 7 日至 18 日在丹麦这个童话王国召开，人们或许期待能够产生童话般的奇迹来解决这个全人类所面临的最棘手的问题之一，但童话毕竟不是现实，会议的结果让各方失望，因为仅仅达成了一些不具约束力的协议。事实上，因为各国的观点和期待实在差距太大，希望能够在短短的十几天中达成既能满足不妨碍世界各国经济成长，又能保护全球环境的协议，这确实是在期待一个童话般的奇迹。虽然这次会议尚未达成任何实质性的协议，但是不可否认，这次会议为各种差异极大甚至完全相反的观点之间的碰撞提供了一个很好的舞台，至少能够了解彼此之间最关切的事情，用联合国秘书长潘基文的话来说，这次会议仅仅是对话的开始，对话还要继续。

　　伽达默尔把对话过程比作翻译，"翻译的情况也与谈话完全相同，翻译者必须固守据以翻译的自己母语的权利，但同时也必须让外语对自己发生作用，甚至可以说，必须让原文及其表达方法的那种对立东西对自己发生作用……这就是说，翻译者必须找到一种语言，但是这种语言并不仅仅是翻译者自己的语言，而且也是适合于原文的语言。"① 所以，如果文化差异非常大，翻译就会非常困难，而且试图进行对话的努力就会意外地碰到例如语言上的、经验上的或者范式上的等方面的不可通约性。在翻译的过程中，那种因为误解或不理解而让我们感到沮丧的情况是很常见的。甚至在某些情况下，这种误解的鸿沟非常大，达到视域融合似乎是不可能的。但是翻译的经验告诉我们，通常情况下有效的共同意义是能够确立的，随着时间的推移相当程度上的对等是能够建立的，操持任何两种语言的交谈者都能获得相当程度上的相互理解。"翻译并不需要达到一种完全或完美的状态，在任何试图达到相互理解的持续努力之中，我们都将把以前的共同之处作为沟通差异的基础，这一过程可能包括类比、暗喻、重述或者间接引用。"② 当然是否能够成功还需要在实践中去验证。正如伽达默尔所说："翻译者经常痛苦地意识到他同原文之间所具有的必然的距离。他处理文本的情况也需要有那种在谈话中力求达到相互了解的努

---

　　① ［德］伽达默尔：《真理与方法》，洪汉鼎译，上海译文出版社 2004 年版，第 500 页。

　　② Burbules，N. C.（1993），*Dialogue in Teaching*：*Theory and Practice*. New York and London：Teachers College，Columbia University，p. 114.

力……正如在存在有这种不可排除的距离的谈话时可能会在交换意见的过程中达到一种妥协一样，翻译者也会在反复斟酌和磋商中寻找最佳的解决办法，不过这种解决也总只能是一种妥协。"①

许多人种志以及旅游日志都提供证据表明：尽管在语言和文化等方面存在着巨大的鸿沟，但是仍然有许多成功的交流和理解的例子。尽管存在着巨大的障碍，人们还是有可能被吸引进入到一种关系中，在这种关系中，他们承认和尊重彼此的差异，认为这些差异是获得新视角的契机，因为它们来自于与自己非常不同的一种世界观和经验。

在师生对话过程之中，因为观点差异巨大造成暂时的不可通约性是会存在的，但是这一事实不应该掩盖更为重要的事实：尽管存在着巨大的不同，师生对于这个世界的思考和表达方式也总是展现出惊人的相似之处，而这些相似之处可以让师生双方有充分的理由去努力克服这些存在的误解或不解，而不是放弃努力。更为重要的是，即使追求理解的努力失败了，对话也能够促进师生对于差异的宽容和尊重。在哥本哈根会议上，虽然各国在如何解决经济增长和环境保护这一两难问题时存在着巨大差异，但是各国也都意识到了保护环境的重要性，所以对话还需要继续。"没有任何理由认为具有不同观点的人之间的对话只能产生如下结果：或者消除这些差异或者把某一个或某一群体的观点强加于另一个或另一群体之上。对话能够在一种更加宽广的宽容和尊重精神之中将不同的观点保持下去。"②如果对话即使未能达成协议，但是能够为继续的对话创造和维持条件，这也不能意味着一次失败的对话。实际上在许多情境中，在人与人之间获得对话条件的惟一可能性就是需要一种对话的延迟，或者需要暂时避免某种议题或主题。

3. 成功的新谈话型对话教学意味着理解的整体性

新谈话型对话教学所主张的理解具有整体性。"阐释学想象力总是不断地追问有哪些东西以独特的言论和行动方式相互作用着，以期推动对于世界的总体性和整合性的不断深入的理解——只有这样才能进行思考和行

①　［德］伽达默尔：《真理与方法》，洪汉鼎译，上海译文出版社2004年版，第499页。

②　Burbules, N. C., & Rice, S. (1991), Dialogue across difference: Continuing the conversation. *Harvard Educational Review*, 61, pp. 393–416.

动。"① 解释学想象力总是在不断追问事物或观点之间的相关性或可对话性，这就是说新谈话型的对话必须不断追问事物之间的关联性和相互影响性，以期获得整体性理解。视域概念意味着，具有视域就不局限于近在眼前的东西，而能够超出这种东西向外去观看，"获得一个视域，这总是意味着，我们学会了超出近在咫尺的东西去观看，但这不是为了避而不见这种东西，而是为了在一个更大的整体中按照一个更正确的尺度去更好地观看这种东西。"② 笔者继续以哥本哈根会议为例加以说明。这次会议召开的一个重要原因就在于随着经济的发展，环境污染、气候变暖日趋严重，以至于严重威胁到地球村内所有人的生存。造成这种状况的一个原因在于人们缺乏整体性理解。为了经济发展，人类创造出先进的科技，这些科技在大大提高生产效率的同时，也造成了环境的污染，有时技术越先进，污染越严重。而解释学视角下的理解不但要知晓如何创造先进的科技，而且还要追问这些先进的科技对我们生活的影响。"面对着建筑在现代科学技术之上的整个文明，我们必须不断询问是否有什么东西被忽略了，如果使这些认识和创造成为可能的先决条件仍然处在半明半暗之中，对这些知识的应用难道不会造成破坏性的后果吗？"③

　　所以，在新谈话型对话教学中，任何的理解都应该被视为一个更大意义形成的过程的一部分。师生在对话中，不是去获得一个具体的共同目标，而是不断走在一个通过相互合作、相互参与而获得共同理解的过程之中。在这个过程中，对自己、他人、他事一直保持高度的敏感并形成新的理解。

---

① ［加］史密斯：《全球化与后现代教育学》，郭洋生译，教育科学出版社 2000 年版，第 125 页。

② ［德］伽达默尔：《真理与方法》，洪汉鼎译，上海译文出版社 2004 年版，第 394—395 页。

③ ［德］伽达默尔：《哲学解释学》，夏镇平译，上海译文出版社 1994 年版，第 10 页。

结语　以变革的精神迎接挑战

我们生活在一个科技迅猛发展、新知识层出不穷的时代，创新的重要性已经被提到了关乎一个民族和国家生死存亡的高度。世界各国都已开始对本国创造性人才的培养给予前所未有的重视和关注，"日本政府提出'创造力开发是通向 21 世纪的保证'，美国哈佛大学校长普西认为'一个人是否具有创造力，是一流人才和三流人才的分水岭'"[①]。学校教育就负有培养创造性人才的重任，然而我们的学校所培养的学生，一个非常薄弱之处就是缺乏创造性的个性品质，"为什么我们的学校总是培养不出杰出人才？"著名的"钱学森之问"再次激起了国人对我国教育为什么缺乏创新性的深思，正在制定中的《国家中长期教育改革和发展规划纲要》也体现出了对这一问题的高度关注，这一问题是沉重的，也是不容忽视的。诚然，对这一问题的破解是非常复杂的，需要考虑到社会文化、教育制度、学校、家庭以及个体等多个层面中存在的制约因素。重要的是要有一种变革的精神。从解释学的角度对对话教学进行研究在我们这个以传统的认识论占主导地位的时代就是一种变革，这一变革将为这一难题的破解提供一条可能的途径。解释学视域下的对话教学着眼于学生成为一个真正的完人，着眼于学生的充分、全面、多元、自由地发展，着眼于学生的独立思考和自由想象，这样的一种教学理念正是创新性的教育所需要的。

在新谈话型对话教学的实施过程中，同样需要一种变革的精神。新谈话型对话教学的实施对教师提出了许多新的要求：如教师应该提出"真问题"；应该倾听、宽容学生的"异向交往话语"，并且发挥教师的想象力，寻求与学生"异向交往话语"进行对话；应该努力去除自己的身份化的权威形象，创设"理想的课堂话语环境"，使学生敢于讲真话，讲自

---

① 郅庭瑾：《为思维而教》，教育科学出版社 2007 年版，第 242 页。

己的话。这些要求是新谈话型对话教学的顺利实施所必需的，但是倘若不考虑教师的现实生活处境，不对教师所遭遇到的各种制度上的、文化上的困境进行变革，仅仅认为只要对教师提出的各种要求具有道德性和正当性，教师就会心甘情愿地改变自己多年来习以为常的教学惯习而努力按照这些新要求去行动，那就是一种一相情愿的幼稚的想法。"有的教师会全身心地投入改革；有的教师会很有技巧地'应付'，尽量躲避改革可能对现状造成的冲击，但也努力避免让自己成为绩效不彰的替罪羊；还有的教师则以不变应万变，等待大家发展出固定运作模式之后，再来移植借用。"① 笔者曾经担任过多年的一线教师，对教师的现实生活处境有切身的体会，而且在实验学校中，也多次听到许多教师谈起他们在日常生活中所遭遇到的各种压力和无奈。"你是否士气低落、精神压抑、感到自己为社会病症承担了不公正的指责？如果是，那你肯定是位教师。"②

在学生看来似乎拥有许多特权的教师实际上在现实中必须面对来自社会、学校领导以及家长等多方面的要求和压力，而且经常面对许多两难的困境，如社会各界往往把教育缺乏创造力归因为教师的应试教育，要求教师给学生减负，焕发学生自主学习的生命力，但是对家长而言，他们更关心的是自己孩子的考试分数和排名。为什么许多教师在课堂中喜欢提问有标准答案的"假问题"，而不愿意提问开放性的"真问题"？这是因为在考试中经常考到的就是这些有标准答案的"假问题"，许多教师也知道仅仅提问这些带有"考查加背诵"性质的"假问题"会禁锢学生的思维，压制学生的创新意识，但是处在教学第一线的教师不但无权取消考试，而且也无权决定考试的内容；另一方面，学生的考试成绩不但影响学生的前途命运，而且还影响着教师的晋升、奖金以及绩效工资等与教师的现实生活息息相关的各个方面。新谈话型对话教学要求教师耐心倾听学生的各种声音，并且宽容学生的"异向交往话语"，但是假如考试中的问题都有确定的标准答案，而且教师已经事先掌握了这些标准答案，教师为什么要花费时间和精力去倾听和宽容学生的多元声音呢？更为严重的是，如果教师宽容了学生与标准答案不同的观点，而学生在考试中给出这个被教师所宽

---

① 甄晓兰：《课程理论与事物——解构与重建》，台北：高等教育文化事业有限公司 2004 年版，第 201—202 页。

② 《泰晤士报》教育副刊，转引自迈克尔·富兰著《教育变革新意义》，赵中建等译，教育科学出版社 2005 年版，第 121 页。

容的观点之后，却被判错，那么教师就只能背负着不负责任的骂名了。

所以，我们在要求教师宽容学生的同时，也要宽容教师。新谈话型对话教学的顺利实施需要深刻的教育变革，这不仅仅是教师单方面的责任，而是需要全社会的共同努力。从这个意义上讲，新谈话型对话教学作为一种新型的教学形态，在其实施过程中必定会遇到各种困难和挫折，但是我们也应坚定信念，敢于以一种变革的精神迎接各种挑战。

附　　录

附录Ⅰ　对 J 老师的采访记录

时间：2009 年 11 月 3 日上午 10：00

背景：在采访之前先听了 J 老师的两节课，课文的题目是《麋鹿》

采访缘由：J 老师曾获全国阅读教学比赛一等奖，在阅读教学过程中非常注重师生、生生对话，通过对话生成新理解，是一个新谈话型对话教学的典型案例。

W：笔者

J：J 老师

W：首先是一个比较宏观的问题，请您谈谈怎样才能上好阅读课？

J：大致来说，我有三个思考。

第一是提出有意义的问题。什么样的问题是比较好的或有意义的呢？我认为应该经历这么几个阶段：首先，刚开始的时候，教师应该比较多的提一些事实性的问题，很容易找到答案，如时间、地点，主人公是谁，结果怎样，这些问题在教学过程中也要占一定比例，不是说完全没有价值，这些问题在一定程度上能够调动学生的积极性，而且让学生有一种成就感，但是如果仅提这方面的问题，价值就不高了。我们许多教师就停留在这个层面。其次，是解释性问题，解释性问题需要学生的统整梳理，换言之，这种问题需要学生的独立思考，因为不可能在课文中直接找到答案。例如，今天提的问题，哪些特点使得麋鹿适合生活在沼泽环境当中？如果我直接问麋鹿有哪些特点，学生可以照搬书上。对学生来说，这样的问题碰到的太少，所以他们感到有难度，不太适应。解释性的问题应该多提。再次是延伸性的问题，增加与个人生活的关联。例如你有没有遇到过书中相似的情节？书中的哪个人物与你熟悉的人相近？在你看来，书中哪部分最切近现实生活？事实上，第二类问题和第三类问题也可以统称为解释性问题，因为这两类问题都需要学生自己独立的理解与解释，只是第三类问题更强调要结合个人的生活经验。当然，我的分类可能未必准确。最后，批判性的问题，让学生作一些批判性的思考。批判性思考的好处就是不盲从别人的观点。

第二是关于阅读策略。我国的阅读教学不注重策略，而大部分讲究感悟。强调反复阅读，强调书读百遍，其意自现，反复强调朗读，反复阅读。有时这种不注重阅读策略的阅读教学是有很大局限性的，特别是对小学生而言。阅读是讲方法的，有些人喜欢读书，但是却不得其法。从读写转化的角度来看，有些人读了许多书，但是文章写得不好，这说明读书是需要掌握方法的。例如，问自己问题就是一种重要的阅读策略：阅读前重视推测、阅读中自我提问，思考细节，阅读后，重读，重读自己喜欢的部分，重读自己感到困惑的部分。不同的题材有不同的策略。需要注意的是，策略不能技术化，而要上升成为智慧。策略需要根据课文内容和学生情况不断转换，如，找出一些表达作者思想的句子，找出一些言不由衷的例子，还有一些游戏的例子，等等，总之，策略不能技术化，应该与实践智慧结合起来，必须与真实的情境结合起来。

第三是有关教师的语言，即如何通过话语营造一个坦率、富有探索性的环境。这在研究性或对话教学中是非常重要的。词汇尽量要丰富一些，特别是与思维和理解有关的词汇。以前的教学注重词义、文采的华丽，例如，教师仅仅让学生说你的想法、想法，等等，就显得非常单调，然后我会改一改，出现一些解释、证明、角度等词汇，这样会对学生的思维有帮助。教师的用语是非常重要的，钱伯斯的书《说来听听》，就表达了一种教师好像很想知道学生的想法，邀请学生表达，不是质询，不判断，就是说来听听，很想知道学生的想法。"我待会儿再告诉你，但是现在我很想听听你的想法。"这种串场语营造了一种安全、富有探索的环境，教师的课堂用语是非常重要的，是非常值得研究的。

W：你认为语文教学中最重要的是教什么？

J：从语文学科来说，有两点是很重要的：一是体验，一是表达。表达肯定是重要的，学了语文，不会写，不会说，肯定是有问题的。但是语文还有一个重要的方面，那就是体验，我们语文教学存在的问题是：体验不够，或者是假体验。不会调动自己已有的生活经历去感受和理解。

W：你认为教科书的编排对体验有何影响？

J：现在教材编排是以主题单元的形式编排的。这样一种编排，不但限制了学生的体验，而且还强调教师在备课时必须按照主题来思考。例如，我参加比赛所讲的课文——《月光曲》。很多人给我提建议：这篇文章一定强调艺术对人的作用，因为该文放在艺术对人的影响这个单元里，你不要把主题生发出去。你一定要根据主题单元的编排来设计，可以迎合主题编排。倘若如此，问题就太多了，因为《月光曲》可以体验的东西太多了，如：碰到知音的高兴、即将失聪时的那种感受等，单单强调艺术对人的影响太狭隘了。有些教师不敢让学生讲出自己的观点，因为会害怕主线不清晰，目标不够完成，被认为是一堂失败的课。

W：如何看待教学或课程目标？

J：目标肯定是需要的，因为单位时间的教学，没有目标就会导致低效率，教师的主导作用还是要发挥的，但是完全按照目标来，把学生的独特想法排除在外，显然是不对的，还要注意生成的问题。现在太注重目标的达成，现在学生很聪明，他不敢打破教师的预设轨道，你哪怕嘴巴不说，他也心领神会，学生心里真实的想法不会跟你交流，教师即使不否定他，他也会从同学们的反应中自我否定。我为什么得不到重视？得不到回应？这已经是不错的教师了，至少没有否定，有些教师甚至讽刺挖苦否定。"你怎么会这么想呢？这是很明确的吗？你怎么会这么想呢？"当然有时我在教学中也有困惑，遇到过渡解释怎么办？这可能就是一个教师实践智慧的问题了。

W：我注意到，你在课堂教学中，基本上是以对话的方法，你能否把对话教学与传授式教学作个比较？

J：对话教学所强调的是：意义不在于得到知识的本身，更重要的在于知识的过程。例如"凤辣子"到底是一个什么人物，如何得到这个共识是非常重要的，通过对话也能达到讲授式的目标，但是对话教学能丰富过程，如阅读方法、过程的体验，而且学生在讲的时候，体验和记忆都更加深刻。

W：不可否认，当前学校和课程层面还有一些阻碍对话教学的因素，你认为都有哪些呢？

J：首先就是评价，或者老师们所谓的考试；许多教师认为对一个人物的理解可能有各种不同的观点，因为评价的唯一性，教师也不敢让学生的多元声音发出来。第二点，是教材方面的，最大的问题是文学作品教材化；本身文学作品的主题多元，召唤结构很强，可以有多种体验；比如说，我跟一个台湾教师讨论《巨人的花园》，里面巨人的形象非常丰富，但是课文里的第一句话就是"这是一个自私的巨人"，这就定位了，学生对他的了解只能是自私的，文本剔除掉了许多丰富的情节，文本本身就非常单一，教材参与性不强，文本本身就是限制性结构而非召唤性结构。一目了然地要表明他要讲什么，把一些形容词、一些细节都改光了。第三个就是教师自己的问题，教师很辛苦，另一方面得不到进修，不读书，对话教学对教师本身的能力提出挑战，他要去倾听，他要去回应，关键是真诚的回应，对话要真诚，有的课一听就会感到很假，学生能够很敏锐地感觉到教师是否是真诚的，只要教师足够真诚的话，即使批评学生，甚至骂学生，学生也会很开心的。老师今天关注我了，他也开心，那也没关系，他也不是随便骂我。学生分的很清楚，所以现在连简单的批评也不能做，是不对的。当然，为了自己的利益或简单粗暴地骂他是不对的，

W：对话对学生的最大收获是什么？

J：敢于说出自己的想法，学生在写作文时，能够写出自己的真实的体验，教学过程中，教师很开心，学生很开心，

W：如果学生的答案与你的标准答案不一致，你是如何做的？

J：我根据具体情况或者肯定，或者不作评价或稍作评价。但是现在的情况是：当教师提出自己的想法后，学生就很少再反驳教师的想法了。

W：为什么选择采用对话的方法？

J：发现师道尊严的不利影响，即使一些名师的课也会很巧妙地隐藏着霸权，老师眼里没有学生是不对的，学生为了迎合教师而不敢讲真话；我需要多听听学生，不能简单否定他；慢慢转变，后来慢慢就习惯了。反过来，再让我用讲授教学，我已经适应不了了。把公开课的语言移植到课堂中，所有的学生都笑场，学生受不了，话不好好说。我把公开课上的语言称之为过度结构和修饰化的语言，未必是好语言，因为这种语言不会给学生一种安全的感觉。一点一滴，通过反思，不断修改。点点滴滴的反思，点点滴滴的改变。最难的是改变原来的经验，本来是可以轻松应付教学的，通过反思之后，感觉不好，需要改变，这是很痛苦的。为什么许多教师反对新课程？因为发现原来的教案和经验不能用了，所以就抵制。改变老师很难。

W：我在听课时，发现了一个比较特别的现象：在阅读中，你喜欢让

学生提问题而不是教师提问题，这是出于什么考虑呢？

J：培养学生的问题意识，而且让学生讨论谁提的问题更有意义，让学生逐渐意识到哪些问题是有价值的或有意义的。

一方面，我发现，学生提的问题与我想提的问题是有很大的重合度的，一方面，学生又能提出许多我所想不到的问题，这样课程就有了生成。另一方面，在学生提问题方面，教师也需要引导，如果学生的问题太不着边际或者过于关注一些细枝末节的问题，虽然不能说这些问题没有价值，但是在课堂教学中，由于时间有限，如果在这些问题上花费时间太多，可能会影响对另外一些问题的思考，所以我在开始接手这个班的时候，适当作些引导，让学生意识到哪些问题是一些比较好的问题。可以通过教师提问时的暗示、通过对问题的评价，我们有时还做些小游戏，让每个小组四位同学都提一个问题，然后选出一个问题，选出问题的同学再组成一个小组，从中选出几个比较好的问题，由于时间有限，我们不可能在课堂上处理所有的问题，我们就分析为什么这些被选出的问题是好的，好在什么地方。

W：哪些问题是一些比较好的问题呢？

J：真问题，甚至会挑起认知冲突的问题，适合多元解读的问题，开放性的问题，没有绝对答案的问题，这样学生就不用担心教师马上作出判断，哪个是对的，哪个是错的，学生可以不断表达自己的理解。

W：如何让学生在教师表达了自己的观点之后，还能坚持自己的观点？

J：首先是很难的，但是有两点是很重要的：第一是教师的人格魅力，他是一个爱读书的人、一个宽容的人，一个真诚的人，那学生就敢于讲真话了，教师的个人魅力是非常重要的；第二，正如前面所讲，教师的一些课堂用语也很重要，它们可以营造安全和富有探索的环境。

附录Ⅱ 对 J 老师的课堂记录

1. 《麋鹿》

J：J 老师

J：昨天我们着重读了麋鹿的外形部分，这是一种很珍稀的动物，然后我们再仔细读一读有关它的传奇经历的部分。昨天刚开始读，下面为了回忆，请你们再读一遍，读的时候，我有个提议，如果你们有不明白的地方，有疑义的地方都可以提出来。我发现，提出一个问题比解答一个问题要困难。往往提出问题的人是对这篇文章比较了解的人。大家待会儿有什么问题都可以问。自己再轻声地把麋鹿的传奇部分读一读，开始。

学生轻声阅读。时间一分半钟。

J：我觉得提出问题很重要。

然后 J 老师再把课文读一下。J 老师边读边对课文的部分内容作出解释。如 J 老师在读到"汉朝以后麋鹿逐渐减少，到 1900 年之后，在国内几乎绝迹"，提醒同学注意大屏幕的表格。在读到"至今，全世界麋鹿总数已逾千头"时，解释道，"现在国内麋鹿总数实际上已达 2800 多头，实际上有一段时间，麋鹿比熊猫更珍贵。"

J：好，就这样，我们一起回顾了它的传奇经历，你们有什么问题？

S1：有人在北京南郊发现了 120 头麋鹿，那个"有人"是谁？

J：这个问题谁能回答？你们想知道吗？特别想知道的举手？你说说你为什么特别想知道这个人是谁？

SA：为什么他是第一个发现的？

J：好，他是第一个发现的，别人没发现，第一个发现的总是有本领的人？

SB：麋鹿所在的地方是很荒凉的，麋鹿也很警觉，他是怎么发现的呢？

J：好，对怎么样发现的好奇？是否还有其他原因？

SC：如果不是他发现，我国的麋鹿也不会被盗往欧洲？

J：如果没有这个人，麋鹿也不会有这么坎坷的命运。也不会漂洋过海到海外去生活。很多人专门研究这个人，这个人的名字叫大卫。他是个传教士，同时还是动物学家。他对自己没有看到过的物种特别感兴趣和敏锐警觉，当然看到麋鹿就特别喜出望外。课文里说"盗往欧洲"，其实是不对的，他不是盗，他其实是向当时的慈禧太后申请。而且慈禧太后也同意了，所以我觉着"盗"这个词从历史的角度来说，不是很确切。好，还有没有其他问题？

S2：为什么流落在国外的麋鹿大部分相继死去，只有英国贝福特公爵在私人别墅乌邦寺动物园里饲养的18头麋鹿生长良好？

J：他强调了一个词"只有"，为什么只有？也是很奇怪的一件事情，是不是？那我们作一个推测，因为我们对麋鹿的生活习性、外形都已经有一定的了解了。好，咱们来推测一下，为什么乌邦寺动物园的麋鹿生长良好？

SD：可能乌邦寺动物园与麋鹿喜欢的生活环境很相似。

J：麋鹿喜欢什么环境？

SD：沼泽。

J：对的，乌邦寺动物园本身就是一块很大的湿地。当然麋鹿生长良好了。还有没有其他原因？

SE：贝福特公爵可能跟别人不一样，别人是把麋鹿拿来展示，而贝福特公爵是来爱惜与呵护麋鹿的。

J：我查过资料，我可以回应你的推测，贝福特公爵真正喜欢动物。所以当第二次世界大战爆发战火弥漫到英国的时候，他想尽办法把麋鹿运往世界各国。他也曾想把它们运回中国，但是当时中国也在发生战争。他才放弃了这个想法，所以你的推测完全正确。好，还有没有其他原因？

SF：贝福特公爵的麋鹿是私人养的，没有多少人会知道。会减少一些打扰、干扰。

J：因为这是一个私人动物园，非常好。在中国的许多动物园里的麋鹿死得也很多，为什么？许多人乱扔尼龙袋，麋鹿吃了之后窒息而亡。这是第二个问题引发的讨论，很好。还有没有其他问题？

S3：为什么在汉朝以后逐渐减少，再后来竟然销声匿迹了呢？

J：大家再作一个推测，你觉得为什么？

SG：因为人类的捕杀，换取钱财，所以减少。

J：她认为是人类的捕杀而减少。好，这是她的推测，还有没有其他原因？

SH：因为汉朝前期，战争很多，打仗的人想把麋鹿卖掉，换钱来买装备。

J：由于战争的原因，但还是人类的捕杀，对不对？汉朝的时候捕杀猎物没有现在那么严重，但为什么会大量下降呢？老师解释一下。我也是查到之后才知道原因的，我的推测也不准确，因为汉朝统治者的想法很奇怪，他们把麋鹿视为皇权的象征，所以不允许麋鹿生活在民间，只允许它生活在皇家园林里，就类似于圆明园这样的皇家园林，明白吗？所以就大肆捕杀民间的麋鹿。所以导致这样一个后果。好，还有没有问题了？

S4：为什么麋鹿这么珍贵，八国联军还把它杀掉？

J：好，谁能回答。

SI：因为他们不能带走麋鹿，也不想留下它们，所以就把它们杀了。

J：好，不但是麋鹿，还有很多珍宝，他们带不走的，就破坏掉。好，通过这几个问题，我们对背景更加了解了。好，同学们有了这些背景知识，再来读一读关于它生活经历的这几段。我相信你们会有很多感受。可能悲伤，可能感动，待会儿我们就聊一聊我们内心最强烈的感受。

同学们默读。时间：一分半。

J：读一本书或读一篇文章，往往每个人最想说的不一样。有的人可能最想说他最高兴的地方，有的人可能最想说他最忧虑的地方。你们小组先聊一聊，过会儿告诉我你们小组产生了几种想法？

小组讨论。时间：二分钟。

J：我简单了解一下你们的感受。你们小组的感受一样吗？

SJ：不一样。四个愤恨，一个悲伤，一个高兴。

J：好，每个小组内的同学的感受都不一样。你看每个人的感受都不一样。那我们就集体交流，集体交流就更加注意倾听了。谁第一个说？谈谈你最想说的。

SK：高兴。

J：为什么呢？

SK：因为麋鹿在外面漂泊了许多年，终于回到祖国。

J：很好，他用了"终于"一词，麋鹿终于有了圆满的结局，所以感到高兴，非常好。我在这里插一句，麋鹿是属于重新引入，我国从国外重新引入的动物物种很多，但是成功的只有麋鹿。这意味着许多动物在我们国家就永远的消失了，当然高兴，这是发自内心的。

SL：我感到愤恨。因为八国联军入侵北京之后，杀戮了很多麋鹿，有的还被装上轮船，使麋鹿在我国国内几乎销声匿迹，所以我感到愤恨。

J：我刚才在教室转的时候，发现许多同学都感到愤恨，不但你们，就是他们自己国家的人都感到愤恨。法国有个大文学家雨果，他说：发现了两个强盗，一个叫英吉利，一个叫法兰西。好，很多人都感到愤恨。还有没有其他感受？

SM：感动。因为贝福特公爵非常喜欢麋鹿，精心饲养的18头麋鹿生长良好，并迅速繁殖，而且后来大公无私地把麋鹿运往世界各国，如果没有他，麋鹿可能真得销声匿迹了，我为贝福特公爵感动。

J：好，其实并不是所有的外国人都是坏人，不同国家的人都是差不多的，有强盗，也有很善良的人。还有没有其他感受？

SN：忧虑。我读过一篇课文，说麋鹿是我们的兄弟，我们应该把它们当做朋友一样看待，而不是看做奴隶。我担心麋鹿再遭厄运。

J：好，还有没有其他感受？

SO：惊讶，我原来只知道麋鹿是珍稀动物，但是没有想到原来麋鹿有那样子的经历。

J：你看，虽然语言一下难以表达，但是用了"那样子"的一词说明在心中的一波三折，它的命运极其坎坷。真是很难以想象。还有没有特别的感受？

SP：我也感到惊讶，这些麋鹿在伦敦、巴黎和柏林等地的动物园里展出，我们国家为什么不去把它讨回来？

J：是啊，为什么不去讨回来呢？大家看一下，这篇课文里说我国从什么时间开始重视将它们引进来？

S（群体）：新中国成立之后。

J：所以一个动物的命运是与我们的国家、民族的命运联系在一起的。

J：刚才有同学提到这个词"忧虑"，我们再围绕着这个词展开讨论？忧虑就是担心麋鹿以后的命运到底该怎样发展，大家不妨围绕这个问题展开讨论，我觉着很有意思。"你觉着麋鹿还会迷路吗？"先不要急于举手，先思考一段时间。

学生思考。时间：半分钟。

J：答案可能有两种，一种是会，一种是不会。认为"会"的请举手。不要左顾右盼看别人，坚持说出自己的想法，有时真理就掌握在少数人手中。好，有 10 位同学举手。你们这些举手的同学相互看一下，待会儿你们聚在一起再讨论一下。相反的，没有举手的同学认为是不会的，没有举手的同学占大多数，你们可以就近讨论一下。待会儿我们就这个问题展开讨论，到底是会还是不会？

学生讨论。时间：一分半钟。

J：大部分同学认为不会迷路，好，请同学说说你的理由。

SQ：现在国家强大了，不会像过去那样懦弱无能了，而且跟其他国家关系又和好了。

J：好，两个理由，国家强大，和其他国家关系和好。

SR：现在生活环境好了，现在国家至少有三个麋鹿自然保护区。

J：三个自然保护区。一个在江苏大丰，一个在湖北石首，一个在北京。好，有补充的请举手，如果理由相同，咱就不举手了。

SS：现在国家法律规定，捕杀麋鹿是违法犯法的行为，要受到法律制裁。

J：还有没有补充，没有了，好你们三位同学把理由给总结了。好，赞成麋鹿会迷路的同学请站起来。我觉着刚才这些同学的理由很有道理，我都被他们说服了，你们有没有同学改变主意，不站起来了？

S（群体）：没有。

J：好，谁先说？

ST：因为现在全球气候变暖，麋鹿即使在自然保护区内，数量也有可能会下降。

J：好，王越的知识面很宽广，已经联系到全球环境，是的，再这样下去，不但是麋鹿，而且我们人类的生存环境都困难，我们第一篇课文讲的就是"只有一个地球"。自己还有没有补充，好，你请坐，跟他一样没有其他补充的请坐下去。站着的还有其他理由，对吗？

SU：人们在自然保护区内乱扔垃圾，可能造成对麋鹿的伤害。

J：好，就是我们刚才提到的，你还记着，很好。

SV：有人连藏羚羊都敢偷猎，那麋鹿怎么不敢偷猎呢？保护区内又没有重兵把守。

J：对啊。大家想一下，为什么人们这么重视藏羚羊，还有另外一些人不惜冒着生命危险去偷猎藏羚羊啊？

SW：我看到有文章说在黑市上藏羚羊可以被卖得很贵。

J：嗯，这个问题真值得好好思考。

SX：人们现在乱砍乱伐，有一天自然保护区内可能都没有一棵树了。

J：对，还是一个自然环境的问题。

SY：人类将来还是有可能发生第三次世界大战，那样的话，麋鹿还是有可能被杀戮。

J：对啊，再次爆发战争的可能性还是有的，麋鹿最初的那种颠沛流离的生活不就是因为战争引起的吗？

J：很好，这是一个没有绝对答案的问题，大家通过讨论把自己的想法表达出来。作者写麋鹿的时候，不仅仅是介绍它的外形、生活习性，其实也是把自己的许多感情写出来了。

2.《这片土地是神圣的》

J：这篇课文适合大声朗读，这些是本篇课文的生字（在屏幕上出现），课后都有的，其实大部分生字我们都认识了。大家迅速浏览一下这些生字，有没有同学还有不认识的？

SA：这个字"脂"念 zhī 还是 zhǐ 。

J：大家说怎么读？

同学们的回答显然不一致。

J：拿出字典抓紧时间查一查。看是否是多音字？

SB：只有一个发音：zhī

J：好，通过查字典，我们知道了这个字不是多音字，只有一个发音 zhī，脂肪、松脂。对你们来说，还有哪个字拿不准？都认识了吗？那好，我考查一下。

点同学的名字，让同学自己读出在大屏幕上的生字。

S：回答（省略）

J：看来生字大家都会读了，那么，下面我们来读课文，请同学起来大声朗读。（每个同学读一段）

学生朗读，共五分钟。

J：好，你们读得很好。关于这篇课文，谁有问题，请举手，我把你们的问题写在黑板上。

S1：为什么课文中反复强调这片土地是神圣的？

J：这个问题很好，我记录下来。这句话出现了好多次是吧？你们迅速把课文读一读，把出现这句话的地方标出来，看看出现了几次？

S 共同回答：三次。

J：好，反复强调了三次，还有没有其他问题？

S2：这片土地是谁转让给谁的？

S3：我对最后一段不理解，为什么说"大地不属于人类，而人类是属于大地的"？

J：感觉这句话有点难，不太理解，对吗？这篇课文里难理解的句子挺多的，除了这一句，还有哪句难理解？

S4："任何降临在大地上的事，终将会降临在大地的孩子身上。"我对这句话不理解。

J：好，你们在课本中找到这句话，把它画出来。还有问题吗？

S5："我们和大地上的山峦河流、动物植物共同属于一个家园。"我对这句话不理解。

S6：作者是谁？是个怎样的人？

S7：第六段和第七段都写空气，为什么不把这两段合在一起？

J：好，我没想到会提出这样的问题，这是从写作的角度提出的问题，为什么河水、动物都是一段，而空气却分为两段？

S8：为什么这片土地是神圣的？

J：好，还有问题吗？没有问题了，我就把这些问题分分类，我们分组，对不同的问题进行针对性的讨论。请第一排的同学着重讨论这些困难的句子，第二排的同学着重讨论这两个问题：这片土地是谁转让给谁的？西雅图是一个什么样的人？最好根据课文进行推测。第三排的同学着重讨论第一和第七个问题。第四排的同学讨论这个根本性的问题：为什么这片土地是神圣的？先把自己的主要问题研究完之后，再去思考其他问题，最好每个问题都想想。好，现在分组讨论。

学生分组讨论。时间：四分钟。

J：先讨论到这里，许多问题很难，可能讨论不出一个结果，但是你们一定都思考过了。首先，我们来思考这两个问题：这片土地是谁转让给谁的？西雅图是一个什么样的人？课文里还是提供了一些信息的。第一个问题：你认为西雅图是一个怎样的人？

SC：可能是印第安人。

J：为什么这么说？

SC：课文中的第六段提到印第安人。

J：好，从这一段推测出是印第安人，不错，你们这组还有没有补充？

SD：他是一个热爱大自然，亲近大自然的人。因为课文中多次出现对大自然的赞美。

SE：是一个很为后代着想的人。

J：好，很为后代着想，还有没有补充？

SF：我认为这片土地不是转让给后代的。

J：好，那我们就转到下一个问题上来了。那我问你，这片土地到底是谁转让给谁的？

SF：是印第安人转让给白人的。

J：第二个问题也有答案了。西雅图是一个印第安人，其实从这幅插图也能看出，西雅图是一个印第安人的部落酋长。他确实热爱大自然，也确实为他的后代着想。第二个问题的答案的确是印第安人转让给白人。1851年一个白人的头领想买一大片印第安人居住的土地，当时出价是10万美金，西雅图最后写了一封信，最终同意了，但是希望白人好好珍惜这片土地。这封信现在遗失了，这篇文章是看到过这封信的人通过回忆整理出来的。所以这篇文章有许多版本，但是大部分的内容是一致的，这就是这篇文章的背景。后来白人为了纪念这个印第安酋长，就把一座城市命名为西雅图。好，这两个问题先到这里，下面我们着重理解这些难的句子。特别是课文的最后一句话，我认为是有点难的。我们把最后这句话一起读一读。"大地不属于人类，而人类是属于大地的。"先请同学谈谈他的体会。

SG：人类是属于大地的一部分。

SH：大地属于动植物的。因为动植物都是生长在大地上的，没有大地，它们是没有办法生长的。

SI：大地不是让人类随意破坏的。

SJ：人类没有任何权力去侵犯大地上的一草一木。

J：也就是说大地不仅仅属于人类，它属于生活在这个地球上的所有的生物。而且人类也没有权力去破坏这片生我养我的大地。那人类属于大地的又是什么意思呢?

SK:人类是大地的孩子。

SL:人类是靠大地上的一切生活的。

SM:人类是离不开大地的。

J:人类是离不开大地的,人类必须依靠大地上的动植物、空气、河水、山峦等生活。因为时间关系,对其他问题的理解,我们下节课继续。

附录 Ⅲ　教师访谈提纲

1. 你认为什么是对话教学？你认为对话教学的最主要特征是什么？

2. 你对对话教学持一种什么态度？你在课堂教学中经常使用吗？为什么？

3. 你认为对话教学与问答教学是否有区别？为什么？

4. 你能否把对话教学与传授教学进行对比？

5. 你认为开展课堂对话教学的目的是什么？

6. 在对话教学中，你是如何看待你的预设答案的？

7. 在你看来，如果把对话教学开展好，对教师来说应该做到哪些方面？

8. 你认为教师在课堂中应该多提哪些方面的问题？

9. 如果学生的回答与你的预设答案不一致，你一般如何回应？

10. 如果学生的回答与你的预设答案一致，你一般如何回应？

11. 你在班级内是否经常开展小组讨论？为什么？效果如何？

12. 你认为当前有利于对话教学的因素有哪些？

13. 你认为当前阻碍对话教学的因素有哪些？如，教师个体的、学生方面的、课程方面的、制度方面的，以及社会文化等方面的因素。如何克服这些不利因素？

14. 你认为对话教学在哪些方面对学生有正面影响？在哪些方面对学生可能带来负面影响？

附录 Ⅳ　学生访谈提纲

1. 你认为什么是对话教学？你认为对话教学的最主要特征是什么？

2. 你喜欢对话教学吗？为什么？

3. 你认为对话教学与问答教学是否有区别？为什么？

4. 你能否把对话教学与传授教学进行对比？

5. 在你看来，如果把对话教学开展好，对教师来说，应该做到哪些方面？

6. 你认为教师在课堂中应该多提哪些方面的问题？

7. 如果你的回答与教师的预设答案不一致，教师一般如何回应？

8. 如果你不赞同教师的观点，你一般如何做？

9. 你班级内是否经常开展小组讨论？为什么？效果如何？

10. 你认为对话教学在哪些方面对你有正面影响？在哪些方面可能对你带来负面影响？

参 考 文 献

一 中文部分

（一）著作

1. ［美］阿兰兹：《学会教学》，丛立新等译，华东师范大学出版社 2007 年版。

2. ［美］埃莉诺、格伦娜、杰勒德：《对话：变革之道》，郭少文译，教育科学出版社 2006 年版。

3. ［美］奥恩斯坦等：《当代课程问题（第三版）》，余强等译，浙江教育出版社 2004 年版。

4. ［俄］巴赫金：《陀思妥耶夫斯基诗学问题》，白春仁等译，生活·读书·新知三联书店 1988 年版。

5. ［古希腊］柏拉图：《柏拉图对话集》，王太庆译，商务印书馆 2004 年版。

6. ［美］邦德·M. H.：《中国人的心理》，张世富等译，云南人民出版社 1983 年版。

7. ［英］伯姆：《尼科编·论对话》，王松涛译，教育科学出版社 2004 年版。

8. ［德］布伯：《人与人》，张健、韦海英译，作家出版社 1992 年版。

9. ［德］布伯：《我与你》，陈维纲译，生活·读书·新知三联书店 1986 年版。

10. ［美］布卢姆等编：《教育目标分类学·认知领域》，罗黎辉等译，华东师范大学出版社 1986 年版。

11. ［美］布鲁克菲尔德、普瑞斯基尔：《讨论式教学法：实现民主课堂的方法与技巧》，罗静、褚保堂译，中国轻工业出版社 2002 年版。

12. ［美］布鲁克菲尔德（Brookfield S. D.）：《批判反思型教师 ABC》，张伟译，中国轻工业出版社 2002 年版。

13. 陈嘉映：《海德格尔哲学概论》，生活·读书·新知三联书店 2005 年版。

14. 陈向明：《教师如何作质的研究》，教育科学出版社 2001 年版。

15. 褚宏启：《杜威教育思想引论》，湖南教育出版社 1998 年版。

16. 崔允漷主编：《有效教学》，华东师范大学出版社 2009 年版。

17. ［美］达克沃斯：《多多益善——倾听学习者解释》，张华等译，高等教育出版社 2004 年版。

18. ［美］达克沃斯：《精彩观念的诞生》，张华等译，高等教育出版社 2005 年版。

19. ［美］邓金：《解释性交往行动主义》，周勇译，重庆大学出版社 2004 年版。

20. 邓友超：《教师实践智慧及其养成》，教育科学出版社 2007 年版。

21. 邓友超：《教育解释学》，教育科学出版社 2009 年版。

22. 刁培萼、吴也显：《智慧型教师的素质探新》，教育科学出版社 2005 年版。

23. 董小英：《再登巴比伦塔——巴赫金与对话理论》，生活·读书·新知三联书店 1995 年版。

24. ［美］杜威：《我们怎样思维》，姜文闵译，人民教育出版社 2005 年版。

25. ［美］杜威：《学校与社会》，明日之学校，赵祥麟等译，人民教育出版社 2005 年版。

26. ［美］杜威：《民主主义与教育》，王承绪译，人民教育出版社 2001 年版。

27. ［美］多尔：《后现代课程观》，王红宇译，教育科学出版社 2000 年版。

28. ［加］范梅南：《教学机智——教育智慧的意蕴》，李树英译，教育科学出版社 2001 年版。

29. ［加］范梅南：《生活体验研究》，宋广文等译，教育科学出版社 2003 年版。

30. ［巴西］弗莱雷：《被压迫者教育学》，顾建新等译，华东师范大学出版社 2001 年版。

31. ［西］弗莱夏：《分享语言：对话学习的理论与实践》，温建平译，华东师范大学出版社 2005 年版。

32. 傅道春、齐晓东编：《新课程中教学技能的变化》，首都师范大学出版社 2003 年版。

33. ［加］富兰：《教育变革新意义》，赵中建等译，教育科学出版社 2005 年版。

34. ［德］伽达默尔：《赞美理论——伽达默尔选集》，夏镇平译，上海三联书店 1988 年版。

35. ［德］伽达默尔：《哲学解释学》，夏镇平译，上海译文出版社 1994 年版。

36. ［德］伽达默尔：《科学时代的理性》，薛华等译，国际文化出版公司 1988 年版。

37. ［德］伽达默尔：《真理与方法（上、下）》，洪汉鼎译，上海译文出版社 2004 年版。

38. ［美］加拉格尔：《解释学与教育》，张光陆译，华东师范大学出版社 2009 年版。

39. ［美］古德莱德：《一个称作学校的地方》，苏智欣等译，华东师范大学出版社 2006 年版。

40. ［美］Good，T. L.，Brophy，J. E.：《透视课堂》，陶志琼等译，中国轻工业出版社 2002 年版。

41. 顾明远主编：《教育大辞典》第一卷，上海教育出版社 1990 年版。

42. 郭晓明：《课程知识与个体精神自由》，教育科学出版社 2005 年版。

43. ［德］哈贝马斯：《交往行为理论》，曹卫东译，上海人民出版社 2004 年版。

44. ［德］海德格尔：《存在与时间》，陈嘉映、王庆节译，生活·读书·新知三联书店 1999 年版。

45. 贺来：《宽容意识》，吉林教育出版社 2001 年版。

46. ［美］赫舍尔：《人是谁》，隗仁莲译，贵州人民出版社 1994 年版。

47. 洪汉鼎：《理解的真理》，山东人民出版社 2001 年版。

48. 洪汉鼎：《诠释学——它的历史和当代发展》，人民出版社 2001 年版。

49. 洪汉鼎主编：《理解与解释——诠释学经典文选》，东方出版社 2001 年版。

50. 洪汉鼎主编：《中国诠释学》第二辑，山东人民出版社 2004 年版。

51. 金生鈜：《规训与教化》，教育科学出版社 2004 年版。

52. 金生鈜：《理解与教育——走向哲学解释学的教育哲学导论》，教育科学出版社 1997 年版。

53. 靳玉乐：《新课程改革的理念与创新》，人民教育出版社 2003 年版。

54. 靳玉乐主编：《对话教学》，四川教育出版社 2006 年版。

55. ［美］卡茨登（Cazden，C. B.）：《教室言谈：教与学的语言》，蔡敏玲、彭海燕译，台北：心理出版社 1998 年版。

56. ［美］卡利尼：《让学生强壮起来——关于儿童、学校和标准的不同观点》，张 华译，高等教育出版社 2005 年版。

57. ［德］卡西尔：《人论》，甘阳译，上海译文出版社 1985 年版。

58. ［加］康纳利·F. M.，科兰蒂宁·D. J.：《教师成为课程研究者——经验叙事》，刘良华译，浙江教育出版社 2004 年版。

59. ［美］克里克山克等：《教学行为指导》，时绮等译，中国轻工业出版社 2003 年版。

60. ［印］克里希纳穆提：《一生的学习》，张南星译，群言出版社 2004 年版。

61. ［捷克］昆德拉：《小说的艺术》，董强译，上海译文出版社 2004 年版。

62. 梁漱溟：《中国文化要义》，上海人民出版社 2005 年版。

63. ［美］列文：《倾听着的自我》，程志民等译，陕西人民教育出版社 1997 年版。

64. 刘万海：《德性教学论》，华东师范大学出版社 2009 年版。

65. 陆有铨：《现代西方教育哲学》，河南教育出版社 1993 年版。

66. ［美］罗蒂：《偶然、反讽与团结》，徐文瑞译，商务印书馆 2003 年版。

67. ［美］罗蒂：《哲学和自然之镜》，李幼蒸译，商务印书馆 2003 年版。

68. ［法］莫兰：《复杂性理论与教育问题》，陈一壮译，北京大学出版社 2004 年版。

69. 倪梁康：《现象学及其效应——胡塞尔与当代德国哲学》，生活·读书·新知三联书店 1996 年版。

70. 宁虹：《教师成为研究者》，首都师范大学出版社 2002 年版。

71. ［美］诺丁斯：《教育哲学》，许立新译，北京师范大学出版社 2008 年版。

72. ［美］诺丁斯：《学会关心——教育的另一种模式》，于天龙译，教育科学出版社 2003 年版。

73. 欧力同：《哈贝马斯的"批判理论"》，重庆出版社 1997 年版。

74. ［美］派纳等：《理解课程（上、下）》，张华等译，教育科学出版社 2003 年版。

75. 裴娣娜：《发展性教学论》，辽宁人民出版社 1998 年版。

76. 彭启福：《理解之思：诠释学初论》，安徽人民出版社 2005 年版。

77. ［英］钱伯斯：《打造儿童阅读环境》，许慧贞，蔡宜容译，南海出版社 2007 年版。

78. 钱中文：《文学理论：走向交往对话的时代》，北京大学出版社 1999 年版。

79. 钱中文主编：《巴赫金全集（第二卷·周边集）》，李辉凡等译，河北教育出版社 1998 年版。

80. 秦光涛：《意义世界》，吉林教育出版社 1998 年版。

81. 瞿葆奎主编：《教育基本理论之研究》，福建教育出版社 1998 年版。

82. 饶见维：《教师专业发展：理论与实务》，台北：五南图书出版公司 1995 年版。

83. 上官子木：《创造力危机》，华东师范大学出版社 2004 年版。

84. ［美］舍恩·D. A.：《反映的实践者》，夏林清译，教育科学出版社 2007 年版。

85. 申继亮主编：《教学反思与行动研究》，北京师范大学出版社 2006 年版。

86. 施良方、崔允漷主编：《教学理论：课堂教学的原理、策略与研究》，华东师范大学出版社 1999 年版。

87. 石中英：《教育哲学导论》，北京师范大学出版社 2002 年版。

88. 石中英：《知识转型与教育改革》，教育科学出版社 2001 年版。

89. ［加］史密斯：《全球化与后现代教育学》，郭洋生译，教育科学出版社 2000

年版。

90. ［美］斯莱特里：《后现代时期的课程发展》，徐文彬等译，广西师范大学出版社 2007 年版。

91. 孙培清、李国钧主编：《中国教育思想史》（第 1 卷），华东师范大学出版社 1995 年版。

92. 唐君毅：《中国文化之精神价值》，广西师范大学出版社 2005 年版。

93. 滕守尧：《文化的边缘》，作家出版社 1997 年版。

94. 滕守尧：《对话理论》，台北扬智文化事业股份有限公司 1997 年版。

95. ［法］涂尔干：《道德教育》，陈光金等译，上海人民出版社 2001 年版。

96. 王成兵主编：《一位真正的美国哲学家—— 美国学者论杜威》，中国社会科学出版社 2007 年版。

97. 王建军：《课程变革与教师专业发展》，四川教育出版社 2004 年版。

98. 王向华：《对话教育论纲》，教育科学出版社 2009 年版。

99. 王岳川：《现象学与解释学文论》，山东教育出版社 1999 年版。

100. ［美］韦拉：《如何倾听，怎样沟通》，涂义才译，教育科学出版社 2007 年版。

101. 吴刚平、杨明华主编：《创新思维的助推器：上海市大同中学研究性课程案例研究》，华东师范大学出版社 2004 年版。

102. ［加］希尔兹、马克·爱德华兹：《学会对话：校长和教师的行动指南》，文彬译，教育科学出版社 2009 年版。

103. 夏征农主编：《辞海》，上海辞书出版社 1999 年版。

104. 熊川武、江玲：《理解教育论》，教育科学出版社 2005 年版。

105. 许力生：《语言研究的跨文化视野》，上海外语教育出版社 2006 年版。

106. 许启贤：《传统文化与现代背景》，中国人民大学出版社 1987 年版。

107. ［德］雅斯贝尔斯：《什么是教育》，邹进译，生活·读书·新知三联书店 1991 年版。

108. ［古希腊］亚里士多德：《尼各马科伦理学》，苗力田译，中国人民大学出版社 1990 年版。

109. ［英］扬：《未来的课程》，谢维和、王晓阳译，华东师范大学出版社 2003 年版。

110. 叶秀山：《思·史·诗》，人民出版社 1988 年版。

111. 殷鼎：《理解的命运》，生活·读书·新知三联书店 1988 年版。

112. 章国锋：《关于一个公正世界的"乌托邦"构想》，山东人民出版社 2001 年版。

113. 张华：《经验课程论》，上海教育出版社 2000 年版。

114. 张华：《课程与教学论》，上海教育出版社 2000 年版。

115. 张华等：《综合实践活动课程研究》，上海科技教育出版社 2007 年版。

116. 张隆溪：《二十世纪西方文论述评》，生活·读书·新知三联书店 1986 年版。

117. 张能为：《理解的实践》，人民出版社 2002 年版。

118. 张庆熊：《自我、主体际性与文化交流》，上海人民出版社 1999 年版。

119. 甄晓兰：《课程理论与事物——解构与重建》，台北：高等教育文化事业有限公司 2004 年版。

120. 郑金洲主编：《对话教学》，福建教育出版社 2005 年版。

121. 郅庭瑾：《为思维而教》，教育科学出版社 2007 年版。

122. 中冈成文：《哈贝马斯交往行为》，王屏译，河北教育出版社 2001 年版。

123. 钟启泉，崔允漷，张华主编：《基础教育课程改革纲要（试行）解读》，华东师范大学出版社 2001 年版。

124. 钟启泉：《现代课程论》，上海教育出版社 2006 年版。

125. 周淑卿：《课程发展与教师专业》，九州出版社 2006 年版。

126. 邹进：《现代德国文化教育学》，山西教育出版社 1992 年版。

127. ［日］佐藤学：《学习的快乐——走向对话》，钟启泉译，教育科学出版社 2004 年版。

128. ［日］佐藤学：《课程与教师》，钟启泉译，教育科学出版社 2003 年版。

129. ［日］佐藤学：《静悄悄的革命》，李季湄译，长春出版社 2003 年版。

130. ［日］佐藤正夫：《教学原理》，钟启泉译，教育科学出版社 2001 年版。

（二）论文（包含学位论文）

1. 蔡春、扈中平：《从独白到对话——论教育交往中的对话》，《教育研究》2002 年第 2 期。

2. 曹正善：《教育智慧理解论》，华东师范大学博士论文 2006 年。

3. 陈太胜：《巴赫金对话理论的人文精神》，《学术交流》2000 年第 1 期。

4. 陈向明：《实践性知识：教师专业发展的知识基础》，《北京大学教育评论》2003 年第 1 期。

5. 程广文、宋乃庆：《论教学智慧》，《教育研究》2006 年第 9 期。

6. ［日］池野正晴：《走向对话教育——论学校教育中引进"对话"视点的意义》，钟启泉译，《全球教育展望》2008 年第 1 期。

7. 邓安庆：《盖棺评说伽达默尔——来自德国的综合报道》，《哲学动态》2002 年第 5 期。

8. 邓友超、李小红：《论教师实践智慧》，《教育研究》2003 年第 9 期。

9. 邓友超、李小红：《哲学解释学教育学三题》，《外国教育研究》2003 年第 10 期。

10. 杜萍、田慧生：《论教学智慧的内涵、特征与生成要素》，《教育研究》2007 年第 6 期。

11. ［加］范梅南：《教育敏感性和教师行动中的实践知识》，《北京大学教育评论》2008 年第 1 期。

12. 冯苗、曲铁华：《教育对话的本体论解读——哲学解释学的视角》，《教育科学》2008 年第 1 期。

13. 冯苗：《论教育场域中的对话》，东北师范大学博士论文 2008 年。

14. 冯建军：《论交往的教育过程观》，《教育研究》2000 年第 2 期。

15. 冯建军：《人的道德主体性与主体道德教育》，《南京师大学报（社会科学版）》2002 年第 2 期。

16. 郭湛：《论主体间性或交互主体性》，《中国人民大学学报》2001 年第 3 期。

17. 黄志成、王俊弗：《莱莱雷的“对话式教学”述评》，《全球教育展望》2001 年第 6 期。

18. 巨瑛梅：《试析保罗·弗莱雷的教育思想》，《外国教育研究》1999 年第 4 期。

19. ［加］康内利、柯兰迪宁：《专业知识场景中的教师个人实践知识》，何敏芳、王建军译，《华东师大学报（教育科学版）》，1996 年第 2 期。

20. 李冲锋：《走向对话教学——对话教学基本问题探究》，《教育发展研究》2006 年第 5B 期。

21. 李镇西：《对话：平等中的引导》，《人民教育》2004 年第 3—4 期。

22. 李镇西：《共享：课堂师生关系新境界》，《课程教材教法》2002 年第 11 期。

23. 李政涛：《倾听着的教育》，《教育理论与实践》2001 年第 7 期。

24. 刘庆昌：《对话教学初论》，《教育研究》2001 年第 11 期。

25. 刘铁芳：《从独白到对话：传统道德教化的现代型转向》，《北京大学教育评论》2004 年第 1 期。

26. 《刘艳哲学解释学视野下的对话教学教育实践与研究》2007 年第 2A 期。

27. 刘耘华：《作为意义生成方式的“问与答”：孔子与苏格拉底》，《中国比较文学》2001 年第 3 期。

28. 马维娜：《意义对话：人与环境的有机构成》，《教育研究》2000 年第 10 期。

29. 米靖：《马丁·布伯对话教学思想探析》，《外国教育研究》2003 年第 2 期。

30. 潘德荣：《基于“此在”的诠释学》，《安徽师范大学学报（人文社科版）》1996 年第 2 期。

31. 钱中文：《巴赫金：交往、对话的哲学》，《哲学研究》1998 年第 1 期。

32. 沈晓敏：《对话教学的意义与策略》，华东师范大学博士论文 2005 年。

33. 宋建军：《对话，让教育实践智慧不再缄默》，《湖南师范大学教育科学学报》2008 年第 7 期。

34. 孙善广：《为什么不是中国创造?》，《中国社会导刊》2006 年第 23 期。

35. 田慧生：《时代呼唤教育智慧及智慧型教师》，《教育研究》2005 年第 2 期。

36. 王健：《对话教学何以难为——关于对话教学实践阻力的研究》，《当代教育科学》2006 年第 11 期。

37. 王鉴：《教学智慧：内涵、特点与类型》，《课程·教材·教法》2006 年第 6 期。

38. 夏正江：《对话人生与教育》，《华东师范大学学报（教育科学版)》1997 年第 4 期。

39. 肖正德：《我国对话教学研究十年：回顾与反思》，《高等教育研究》2006 年第 4 期。

40. 徐洁：《民主、平等、对话：21 世纪师生关系的理性构想》，《教育理论与实践》2000 年第 12 期。

41. 许丽莹：《中国大学英语课堂中的对话教学》，上海外国语大学博士论文 2008 年。

42. 闫守轩：《游戏：本质、意义及其教学论启示》，《教育理论与实践》2002 年第 5 期。

43. 杨启亮：《评古典儒学的人本主义教育观》，《中国社会科学》1990 年第 4 期。

44. 杨小微：《课堂变革中教师智慧的成长》，《中国教育学刊》2006 年第 6 期。

45. 叶澜：《让课堂焕发出生命活力——论中小学教学改革的深化》，《教育研究》1997 年第 9 期。

46. 张法：《作为后现代思想的解释学》，《中国人民大学学报》2000 年第 5 期。

47. 张光陆：《教师理解与教师实践智慧的生成》，《教师教育研究》2009 年第 4 期。

48. 张光陆：《解释学视角下的实践智慧的生成与超越》，《全球教育展望》2008 年第 8 期。

49. 张光陆：《试论对话教学的课堂文化重建：基于外语交际教学法的反思》，《济南职业学院学报》2009 年第 1 期。

50. 张光陆：《学习日志：一种解释学视角下的对话教学模式》，《现代教育论丛》2009 年第 11 期。

51. 张广君：《本体论视野中的教学与交往》，《教育研究》2000 年第 8 期。

52. 张华:《对话教学:涵义与价值》,《全球教育展望》2008 年第 6 期。

53. 张华:《试论对话教学的知识基础》,《全球教育展望》2009 年第 3 期。

54. 张家军:《论教育宽容》,《教育研究与实验》2004 年第 4 期。

55. 张天宝、王攀峰:《试论新型教与学关系的建构》,《教育研究》2001 年第 10 期。

56. 张天宝:《试论理解的教育过程观》,《教育学》2002 年第 3 期。

57. 张增田、靳玉乐:《论对话教学的课堂实践形式》,《中国教育学刊》2004 年第 8 期。

58. 张增田、靳玉乐:《论解释学视域中的课程实施》,《比较教育研究》2004 年第 6 期。

59. 张增田、靳玉乐:《论新课程背景下的对话教学》,《西南师范大学学报(人文社科版)》2004 年第 5 期。

60. 张增田、靳玉乐:《马丁·布伯的对话哲学及其对现代教育的启示》,《高等教育研究》2004 年第 2 期。

61. 张增田:《对话教学的课程设计:理念与原则》,《课程·教材·教法》2008 年第 5 期。

62. 张增田:《对话教学实践的问题与改进》,《中国教育学刊》2009 年第 4 期。

63. 张增田:《对话教学研究》,西南大学博士论文 2005 年。

64. 赵昌木:《教师成长:实践知识和智慧的形成及发展》,《教育研究》2004 年第 5 期。

65. 钟启泉:《对话与文本:教学规范的转型》,《教育研究》2001 年第 3 期。

66. 钟启泉:《教师实践性知识问答录》,《全球教育展望》2004 年第 4 期。

67. 钟启泉:《社会建构主义:在对话与合作中学习上海教育》2001 年第 7 期。

68. 周益民:《无法预约的精彩》,《人民教育》2004 年第 1 期。

69. 周云龙:《幼儿的权利》,《内蒙古教育》2008 年第 5 期。

二 英文部分

1. Alvermann, D. E. , O' Brien, D. G. &Dillon, D. R. (1990). What teachers do when they say they are having discussions of content reading assignments: A qualitative analysis. *Reading Research Quarterly*, p. 320.

2. Atkins, E. (1988). Reframing Curriculum Theory in terms of Interpretation and Practice : A Hermeneutical Approach. *Journal of Curriculum Studies*, Vol. 20 , No. 5 , pp. 437 – 448.

3. Atkins, E. S. (1988). The relationship of metatheoretical principles in the philoso-

phy of science of metatheoretical explorations in curriculum. *Journal of Curriculum Theorizing*, *Vol.* 8, No. 4, pp. 60 – 86.

4. Audi, R. (1989) . *Practical reasoning*. New York: Routledge.

5. Bauer, D. M. (1988) . *Feminist dialogue: A theory of failed community*. Albany: State University of New York Press.

6. Benhabib, S. (1987) . The generalized and concrete other: The Kohlberg-Gilligan controversy and moral theory. InE. F. Kittay&D. T. Meyers (Eds.), *Women and moral theory*. Totowa, NJ: Rowman & Littefield, pp. 154 – 177

7. Bernstein, R. J. (1983) . *Beyond objectivism and relativism: Science, hermeneutics, and praxis*. Philadelphia: University of Pennsylvania Press.

8. Bernstein, R. J. (1986) . *Philosophical Profiles*. Philadelphia: University of Pennsylvania Press.

9. Bridges, D. (1988) . *Education, democracy and discussion*. New York: University Press of America.

10. Brookfield, S. D. (1999) . *Discussion as a way of teaching*. Buckingham: SRHE and Open University Press.

11. Bruffee, K. (1984) . Collaborative Learning and the "Conversation of Mankind", *College English* Vol. 46.

12. Burbules , N. C. (1993) . *Dialogue in Teaching: Theory and Practice*. New York and London: Teachers College, Columbia University.

13. Burbules, N. C. , & Rice, S. (1991) . Dialogue across difference: Continuing the conversation. *Harvard Educational Review*, 61, pp. 393 – 416.

14. Carr, D. (1995) . Is understanding the professional knowledge of teachers a theory-practice problem? *Journal of philosophy of education*, Vol. 29, No. 3, pp. 311 – 331.

15. Crapanzano, V. (1990) . On dialogue. In T. Maranhao (Ed.), *The interpretation of dialogue* Chicago: University of Chicago Press , pp. 269 – 291.

16. Dascal, M. (1985) . The relevance of misunderstanding. In M. Dascal (Ed.), *Dialogue: An interdisciplinary approach*. Philadelphia: Benjamin's, pp. 441 – 459.

17. Dunne, J. (1993) . *Back to the rough Ground: practical judgment and the lure of technique*. Notre Dame: University of Notre Dame Press.

18. Elbaz, F. (1983) . *Teacher thinking: a study of practical knowledge*. London: Croom Helm.

19. Ellsworth, E. (1989) . Why doesn't this feel empowering? Working through the repressive myths of critical pedagogy. *Harvard Educational Review*, 59, pp. 291 – 324.

20. Fullan, M. & Hargreaves, A. (1992). Teacher development and educational change, in: Fullan, M. & Hargreaves (ed.) *Teacher development and educational change*. London: The Falmer Press, pp. 1 – 10.

21. Gadamer. (1970). On the Scope and Function of Hermeneutical Reflection. trans. G. B. Hess and R. E. Palmer, *Continuum* 8. p. 92.

22. Gallagher, S. (1992). *Hermeneutics and education*. New York: State University of New York Press.

23. Giroux, H. A. (1983). Theories of Reproduction and Resistance in the New Sociology of Education: A Critical Analysis. *Harvard Education Review* 53, p. 260.

24. Goodson, I. F. (2003). *Professional knowledge, professional lives: studies in education and change*. Maidenhead: Open University Press.

25. Green, J. M. (1999). *Deep democracy: Diversity, community, and transformation*. Lanham, MD: Rowman & Littlefield.

26. Grimmett, P. P. & Crehan, E. P. (1992). The nature of collegiality in teacher development: the case of clinical supervision. Fullan, M. & Hargreaves (ed.). *Teacher development and educational change*. London: The Falmer Press.

27. Habermas, J. (1971). *Knowledge and Human Interests*, trans. Jeremy J. Shapiro. Boston: Beacon Press.

28. Hirsch, E. D. (1967). *Validity in Interpretation*. New Haven: Yale University Press, p. 25.

29. Hostetler, K. (1991). *Connecting techne and praxis in teaching*. In D. P. Ericson (Ed.), *Philosophy of education1990: Proceedings of the forty-sixth annual meeting of the Philosophy of Education Society*. Normal, IL: Philosophy of Education Society, pp. 337 – 345.

30. Jackson, P. W. (1993). *The moral life of schools*. San Francisco, Jossey-Bass.

31. Johnson, R. S. (1959). Isocrates's methods of teaching. *American Journal of Philosophy*, p. 29.

32. Maranhao, T. (1990). Introduction, In T. Maranhao (Ed.), *The interpretation of dialogue*. Chicago: University of Chicago Press.

33. Merleau-Ponty, M. (1962). *The phenomenology of perception*. New York: RKP.

34. Millar, S. (1968). *The Psychology of Play*. Baltimore: Penguin.

35. Neiman, A. (1991). Irony and method: Reflections on dialogue. In D. P. Ericson (Ed.), *Philosophy of education1990: Proceedings of the forty-sixth annual meeting of the Philosophy of Education Society*. Normal, IL: Philosophy of Education Society, pp. 132 – 135.

36. Noddings, N. (1984). *Caring: A feminine approach to ethics and moral educa-

tion. Berkeley: University of California Press.

37. Noel, J. (1999) . On the varieties of phronesis. *Educational philosophy and theory*. Vol. 31, No. 3, pp. 273 – 289.

38. Noel, J. (1999) . Phronesis and Phantasia: Teaching with Wisdom and Imagination. *Journal of Philosophy of Education*, Vol. 33, p. 2.

39. Oakeshott, M. (1975) . The voice of Poetry in the Conversation of Mankind, in *Rationalism and Politics*. New York: Methuen, pp. 198 – 202.

40. Quantz, R. A. , &O' Connor, T. W. (1988) . Writing critical ethnography: Dialogue, multivoicedness and carnival in cultural texts. *Educational Theory* 38.

41. Ricoeur, P. (1981) . *Hermeneutics and the Human Sciences*, trans. John B. Thompson Cambridge: Cambridge University Press, p. 113.

42. Rorty, R. (1987) . Science as solidarity. In J. S. Nelson, A. Megill, &D. N. McCloskey (Eds.), *The rhetoric of the human sciences*. Madison: University of Wisconsin Press, p. 40.

43. Schwab, J. J. (1978) . *Science, curriculum, and liberal education: selected essays*. Westbury, I &Wilkof, N. J. (ed.) Chicago: The University of Chicago Press.

44. Sherman, N. (1989) . *The fabric of character: Aristotle's theory of virtue*. Oxford: Clarendon Press, p. 10.

45. Schofield, M. Aristotle on the imagination, in: Jonathan Barnes *et al.* (eds.), *Articles on Aristole*, Vol. 4 London, Duckworth.

46. Shor, I. , &Freire, (1987) . What is the "dialogical method" of teaching? *Journal of Education*.

47. Shulman, L. S. (2004) . *The wisdom of practice: essays on teaching, learning, and learning to teach*. Wilson, S. M. (ed.) , San Francisco: Jossey-Bass.

48. Smith, R. (1999) . Paths of judgment: the revival of practical wisdom. *Educational philosophy and theory*, Vol. 31, No. 3, pp. 327 – 340.

49. Tannen, D. (1989) . Talking voices: Repetition, dialogue, and imagery in conversational discourse. New York: Cambridge University Press.

50. Tom, A. R. (1984) . *Teaching as a moral craft*. New York: Longman.

51. Toulmin, S. (1990) . *Cosmopolis: The hidden agenda of modernity*. New York: Free press, pp. 199 – 200.

52. Ulmer, G. (1985) . *Applied Grammatology: Post (e) Pedagogy from Jacques Derrida to Joseph Beuys*. Baltimore: Johns Hopkins University Press.

53. Urban, G. (1990) . Ceremonial dialogues in South America. In T. Maranhao

(Ed.), The interpretation of dialogue Chicago: University of Chicago Press, pp. 99 – 119.

54. Van Manen, M. (1994). Pedagogy, virtue, and narrative identity in teaching. *Curriculum inquiry*, Vol. 24, No. 2, pp. 135 – 170.

55. Weimer, M. (2001). Learning more from the wisdom of practice. *New directions for teaching and learning*, Vol. 86, pp. 45 – 56.

56. Wiggins, D. (1980). Deliberation and practical reason. In A. Rorty (ed.) *Essays on Aristotle's Ethics*. Berkeley, University of California Press.

57. Wood, G. H. (1984). Schooling in a Democracy: Transformation or Reproduction? *Educational Theory* 34, p. 231.

58. Young, I. M. (1990). *Justice and the politics of difference*. Princeton, NJ: Princeton University Press.

后　记

三月的丽娃河畔早已郁郁葱葱，春暖花开，微风吹过，河面上荡起阵阵涟漪。每天站在窗前，静静地凝望着丽娃河，听着鸟儿的歌唱，看着岸边老人们的欢快舞蹈，思考着研究中的困惑，这已经成为我近三年当中最享受的事情。随着文稿的完成，我也深知这样的生活很快就要画上句号了。

时光荏苒，一千多个日日夜夜悄然逝去。2007年秋天，早已过了而立之年的我再次成为一名学生，来到了美丽的丽娃河畔，有幸拜于张华教授门下。入学不久，张老师就针对我的学科背景和研究兴趣，对我未来三年的研究生涯进行了指引和规划，特别是《解释学与教育》一书的翻译让我体会到了张老师的高瞻远瞩。三年来，张老师的宽容、亲和、睿智以及卓越的学术才华给我留下了深刻的印象，他对问题深刻的洞察力总使我有一种高山仰止的感觉。我的博士论文的完成是与张老师的悉心指导分不开的，从论文的选题到结构和内容的构思，无不体现着张老师的心血和智慧。在论文撰写过程中，张老师时时帮我排疑解惑，三言两语的点拨，总能使我有茅塞顿开之感。张老师的师长典范和为人风格将是我一生学习的楷模。感谢师母李雁冰老师在学术上和生活上所给予的关心和帮助，她的诚恳、亲和、睿智和微笑给我留下了深刻的印象。

我很荣幸成为华东师范大学课程所的一员，成为这个朝气蓬勃、富有智慧、充满温暖和不断创新的大家庭的一员。感谢课程所的各位老师，三年来他们给予了我真诚的指导和无私的帮助。感谢钟启泉教授、崔允漷教授、吴刚平教授、胡惠闵教授、赵中建教授、尹后庆教授、谢利民教授、周勇老师、王小明老师在我论文开题以及答辩时所给予的悉心指导和中肯建议，感谢安桂清老师、杨向东老师在我论文撰写过程中所给予的指引和帮助。

　　感谢我的各位同门，三年以来，不管是在去实验学校的路上，还是在学校的学术沙龙中，他们睿智而富有创造精神的观点总是不断地给我启发。

　　感谢实验学校的老师和同学们所给予的帮助和支持，三年的合作研究让我深深体会到了他们的开放、合作、敬业与奉献精神。由于研究伦理的关系，恕我在此不能将他们的名字列出。

　　感谢杭州临平一小的 J 老师，是他让我知道了新谈话型对话教学不仅仅是一种理念，而实际上早已在我国的教育实践中生根发芽。感谢 J 老师为我的调研所提供的物质上和精神上的支持。

　　感谢我的妻子，在我三年前离开济南前往上海求学时，我们的儿子刚刚出生 10 个多月，在这三年当中，她承担了许多本该由我承担的家庭责任，由于劳累过度，甚至影响了她的健康。感谢我的儿子，儿子总能带给我最大的感动和克服困难的勇气。我还要真诚地感谢为我的求学给予帮助的其他亲人们。

　　文稿的完成同时也意味着新的思考的开始，我将牢记导师张华教授的告诫："要不断思考、思考、再思考"。路漫漫其修远兮，吾将上下而求索。

　　时间飞逝，不知不觉我来到宁波大学已经快两年的时间了，很幸运能够成为宁波大学教师教育学院这个充满智慧、活力与温暖的大家庭的一员，感谢宁波大学教师教育学院为本书的出版所给予的支持与帮助。本书是在我博士论文的基础之上修改而成。中国社会科学出版社的副编审田文女士为本书的出版付出了大量心血，在此深表谢忱。

张光陆

2010 年 3 月 30 日初稿于丽娃河畔

2012 年 1 月 6 日修改于宁波大学教师教育学院博观楼